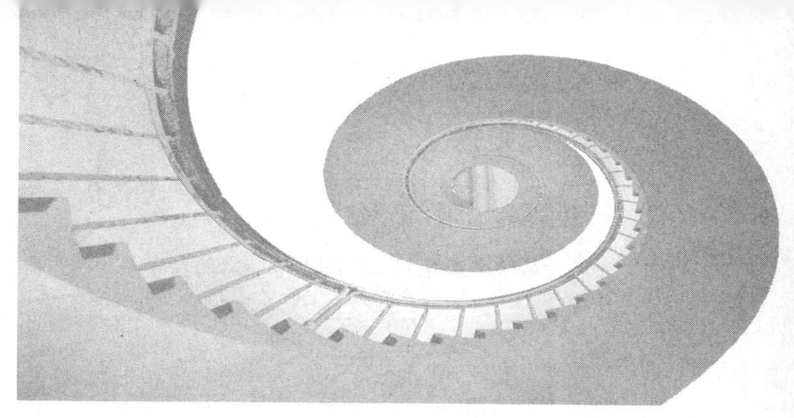

林　勤　主编

物理教学中培养学生高阶思维能力的探索与实践

华东师范大学出版社
·上海·

图书在版编目(CIP)数据

物理教学中培养学生高阶思维能力的探索与实践/林勤主编. —上海:华东师范大学出版社,2021
ISBN 978-7-5760-1719-9

Ⅰ.①物… Ⅱ.①林… Ⅲ.①中学物理课—教学研究—高中 Ⅳ.①G633.72

中国版本图书馆CIP数据核字(2021)第086173号

物理教学中培养学生高阶思维能力的探索与实践

主　　编　林　勤
责任编辑　刘　佳
特约审读　关敏世
责任校对　时东明　王婷婷
装帧设计　钱蔡玥

出版发行　华东师范大学出版社
社　　址　上海市中山北路3663号　邮编200062
网　　址　www.ecnupress.com.cn
电　　话　021-60821666　行政传真　021-62572105
客服电话　021-62865537　门市(邮购)电话　021-62869887
地　　址　上海市中山北路3663号华东师范大学校内先锋路口
网　　店　http://hdsdcbs.tmall.com

印 刷 者　上海锦佳印刷有限公司
开　　本　787×1092　16开
印　　张　16
字　　数　281千字
版　　次　2021年5月第1版
印　　次　2022年10月第2次
书　　号　ISBN 978-7-5760-1719-9
定　　价　68.00元

出 版 人　王　焰

目 录

第一章 课题研究的基础内容综述 / 1

一、课题的提出与意义 / 1

二、核心概念的界定 / 2

（一）核心概念的界定 / 2

（二）“高阶思维”与“高级思维” / 2

三、国内外相关研究评述 / 3

（一）关于高阶思维的起源 / 3

（二）高阶思维的可培养性 / 4

（三）高阶思维能力培养的意义 / 4

（四）高阶思维能力培养的途径 / 5

（五）高阶思维能力培养的实践研究 / 5

四、课题研究的思路 / 6

（一）认知维度与问题解决维度 / 6

（二）立足课堂教学开展行动研究 / 6

第二章 认知维度的教学中培养学生高阶思维的探索 / 9

一、概念规律教学为例，探索高阶思维能力培养 / 9

（一）物理概念和规律的教学特点与高阶思维培养的核心要素 / 9

(二) 物理概念、规律教学中培养高阶思维能力的实践探索 / 10
二、实验教学为例,探索高阶思维能力培养 / 15
(一) 实验教学是思维发展的重要途径 / 15
(二) 关注目的评价,辨析器材功能 / 16
(三) 关注条件评价,分析选择器材 / 17
(四) 关注原理评价,体验思维发散 / 18
(五) 关注设计评价,感悟思维迁移 / 21
(六) 关注现象评价,重视问题发现 / 23
(七) 关注操作评价,注重步序分析 / 25
(八) 关注结果评价,开展误差分析 / 27
三、课堂教学方法分析为例,探索高阶思维培养 / 30
(一) 倡导高阶学习活动方式组织教学 / 30
(二) 有意识在物理课堂中渗透思维的内容 / 32
(三) 关注学生讨论发言的批判性思维成分 / 34
(四) 让"一题多解"指向学生思维的发展 / 35
(五) 重视对学生探究性实验方案的评价 / 36
(六) 教师行为模式的垂范 / 37
四、教学与技术的融合,助力高阶思维的培养 / 39
(一) 信息技术对于物理课堂教学的影响 / 39
(二) 信息技术的课堂使用,助力高阶思维能力的培养 / 42
五、参与校本课程建设为例,探索高阶思维能力的培养 / 44

第三章　问题解决维度培养高阶思维能力的探索 / 49
一、劣构问题解决能力的培养简述 / 49
(一) 良构问题与劣构问题 / 49
(二) 良构问题与劣构问题解决的差异 / 51
(三) 良构问题劣构化 / 52
(四) 劣构问题解决的教学策略 / 66
二、远迁移能力的培养 / 88

（一）迁移能力的简述 / 89
（二）近迁移与远迁移 / 90
（三）物理学习中的迁移 / 92
（四）迁移能力培养的教学策略 / 100
（五）真实问题的远迁移 / 109
三、发散思维能力的培养 / 111
（一）发散思维的特征标志和意义 / 111
（二）发散思维能力培养的教学策略 / 117

第四章 高阶思维能力评价的研究 / 124
一、思维发展评价的困难 / 124
二、实验评价的案例 / 124
三、实验评价的分析 / 130

第五章 课题研究的反思 / 132
一、高阶思维与科学思维的关系问题 / 132
二、高阶思维能力的评价研究 / 133
三、教学中的各类考试对思维培养的评价不足 / 133

第六章 子课题研究报告 / 135
一、高中物理实验中高阶思维能力的评价研究 / 135
二、在初中物理教学中用建模学习提升高阶思维 / 158
三、初中电学复习课中培养学生高阶思维能力的实践研究 / 167
四、高中物理习题课教学中培养学生的高阶思维能力的探究 / 185
五、高、初中物理学习衔接中的学生思维培养 / 204
六、初中物理探究性实验教学中培养学生高阶思维的研究 / 222
七、探究性物理实验教学培养学生高阶思维的实践研究 / 234

第一章
课题研究的基础内容综述

一、课题的提出与意义

青少年学生思维能力的培养,历来是古今中外教育家关注的问题。

中国古代教育家孔子(公元前551年—公元前479年)就曾指出:“学而不思则罔,思而不学则殆。”可见他把思维、思考、思辨放在了学习的重要地位。捷克著名教育家《大教学论》作者夸美纽斯(1592年—1670年)也说过:“智慧比宝石和珍珠还珍贵,教师必须重视‘开发心智’。”瑞士近代最有名的儿童心理学家、认知发展理论的代表皮亚杰(1896年—1980年)则指出:“只有在学习者仔细思考时才会导致有意义的学习”,把“仔细思考”看成了有意义学习的基本条件。《给教师100条建议》的作者、苏联卓越的教育家苏霍姆林斯基(1918年—1970年)也说过:“学生的脑力活动中,摆在第一位的并不是背书,不是记住别人思想,而是让学生本人进行思考。”从这些教育大家的叙述中,我们可以清晰地看到思维的培养,正是学生“学力”发展中极为关键的内容。

2016年9月,受教育部委托,北京师范大学林崇德教授课题组在“我国基础教育和高等教育阶段学生核心素养总体框架”报告中,也将“理性思维、批判质疑、勤于反思”列为了“中国学生发展核心素养”中“科学精神、学会学习”的重要条目。

教育部《普通高中物理课程标准(2017版)》中,“科学思维”则作为学科核心素养的重要内容被明确提出,并架构了由“物理模型、科学推理、科学论证、质疑创新”组成的具体内容,与2011版《物理课程标准》对学生思维进行培养的目标相比,不仅更为具体,也有了大跨步的提升。

学生思维的培养内容是丰富的,要求也有所差异,指向性也不尽相同。而高阶思维能力的发展,则是思维能力培养中应该予以关注的方向。

2012年3月19日至23日,第46届国际英语外语教师协会(IATEFL)国际学术年会在苏格兰最大的城市——格拉斯哥举行。年会吸引了全世界2 300余位代表参加，另有近 10 万人通过互联网注册参与了“格拉斯哥在线”的直播。国家基础教育实验中心外语教育研究中心也选派了由五人组成的代表团参加此次盛会。本次年会上提出了要在教学中培养学生高阶思维的目标，成为了教育的热点与命题，成为了国内外教育教学改革的发展方向，引起了国际国内教育界人士的普遍关注，也成为了我们物理学科教学中的重要内容。

二、核心概念的界定

（一）核心概念的界定

钟志贤的《教学设计的宗旨：促进学习者高阶能力发展》（《电化教育研究》2004 年第 11 期）在国内最早定义了高阶思维——发生在较高认知水平层次上的心智活动或较高层次的认知能力，主要由问题求解、决策规划、批判性思维、创造性思维这些能力构成，并以劣构问题解决能力、远迁移能力和发散思维能力为标志。

浙江大学、东北财经大学教授汪丁丁的《行为社会科学基本问题》（上海人民出版社 2017 年）指出：高阶思维是较高认知水平层次上的心智活动或认知能力，是一种跨学科、跨知识领域、批判性思维与生成性思维互补运用的思维。

香港城市大学公共及社会行政系陈浩文博士也对高阶思维予以了定义，是能够对思维予以评价的思维，是自富于创造性的跨学科知识的思维。

综合上述这些内容，我们认为，高阶思维可以从认知维度和问题解决这两个维度来理解。从认知的维度来看，它是与较高认知水平层次上的心智活动或认知能力对应的思维。这种较高的认知水平层次，是指认知过程中以非单纯的记忆、回顾、再现形式所反映的思维，是超越简单回忆事实性知识的思维过程，是以分析基础上的理解、评价、综合为标志的思维过程。而从问题解决的角度看，则是以解决劣构问题、远迁移能力和发散思维为标志的思维。所以，高阶思维支撑着创新能力、问题求解能力、决策力和批判性思维能力，集中体现了现代社会对人才素质提出的新要求，是适应信息时代、知识时代发展的关键能力。

（二）“高阶思维”与“高级思维”

高阶思维，英语的翻译为 higher-order thinking；高阶思维能力，则翻译为 Higher-order thinking skills。它是对应于布鲁姆认知目标分类表中“分析、评价、创造”的认知水平的。

高级思维，它的英语翻译是 high-level thinking，或者 advanced thinking，这是一个

具有相对性的概念，是一种思维相对另一种思维比较而言的。例如抽象思维相对于形象思维，可以称之为高级思维；逆向思维相对于直线思维，可以称之为高级思维；立体思维相对于平面思维，也可以称之为高级思维。同时，高级思维不仅具有相对性，而且会随着思维者的年龄、阅历、思维水平的提高而变化。如思维者的中学思维水平相对于他本人小学时的思维水平，可以称为高级思维；思维者的大学思维水平相对于他本人中学时的思维水平，可以称为高级思维。

高阶思维则不同，它是对应着认知水平和层次、根据教学目标分类而确定的。认知是各个不同学段、在不同知识学习中都需要完成的任务。举例来说，对于初中直流电路的欧姆定律内容，教学认知要求当然包含了记忆、了解、应用、分析、评价、创造不同的层次，如果加强了欧姆定律学习和应用中的分析、评价、创造环节的教学指导，这就是注重了初中阶段高阶思维的培养。再比如，初中数学的直角三角函数教学。如果只是记忆和知晓了所谓的正弦、余弦的定义及其应用，而不是对这个函数的使用进行分析、评价乃至创造，这就弱化了高阶思维的培养。所以高阶思维的培养，一定可以在所有的学段实施，每一个学段也一定都有自己学段所对应的、可以开展高阶思维培养的内容和操作。

三、国内外相关研究评述：

截止到 2020 年 5 月，在网上打入“高阶思维能力”后，相关索引为 334 万条，扣除部分相同内容的索引外，索引总数超过了 300 万条。

正式出版或发表的相关文献资料中，大体上可以分为这样几类。

(一) 关于高阶思维的起源

高阶思维(Higher-Order Thinking)的概念源自本杰明·布鲁姆(Benjamin Bloom)及罗伯特·加涅(Robert Gagne)等人的学习理论。但在具体描述上，不同的教育理论家却又不尽相同。

杜威认为高阶思维即是反省思维。

思维训练领域的国际权威爱德华德·德邦(Edwardde Debono)认为高阶思维能力是超越简单回忆事实性知识的思维。

加州大学洛杉矶分校的伊娃·贝克(Eva Baker)认为高阶思维是指所有超越信息检索的智慧活动任务。

麻省理工学院教授米切尔·雷斯尼克(Mitchel Resnick)认为所谓高阶思维，是这样类型的思维——其问题解决路径没有确定，问题的解决有多种而不是单一的方案。

1956 年，布鲁姆的《教育目标分类认知表》面世。布鲁姆对于认知的水平进行了划分，把认知的水平分为了六个层次：认识、理解、应用、分析、综合和评价。并指出前三个层次是低思维水平的层次，后三个层次是高思维水平的层次，给出了对高阶思维的初步描述。

2001 年由安德森等人主编出版了认知领域教育目标分类学修订版。认知的水平和层次被重新进行了划分：记忆、了解、应用、分析、评价、创造。同时提出了认知过程的四类知识：事实性知识、概念性知识、程序性知识、元认知知识，使高阶思维特点中的“多种能力综合”、“任务真实复杂”、“心智努力”、“反思调控”等要素有了较清晰的对应关系(华师大梁凯华)。

2018 年，华东师范大学汪茂华在其博士论文《高阶思维能力评价研究》中，对高阶思维能力的要素也进行了提炼，即理解(总结、推断、比较、说明)、应用(实施、决策)、分析、评价、创造。

所以高阶思维从认知的维度看，对应了“分析、综合、评价”三个认知层次的思维水平。而“问题求解”、“批判性思维”、“决定决策”、“创造性思维”，则对应了问题解决维度的思维水平。

(二) 高阶思维的可培养性

较为典型的有华东师范大学杨九诠的《学科核心素养与高阶思维》(《中国教育报》2016 年 12 月 22 日)和长春市教育局教育教学研究室的《高阶思维课堂教学研究实验报告》(《长春教育》2013 年第 10 期)。杨九诠指出，复杂情境与高阶思维，是学科核心素养的两个关键词。如果说复杂情境是学科核心素养的“场域”，高阶思维则是学科核心素养在这个场域的“机制”和“结晶”。长春市教育局教育教学研究室的《高阶思维课堂教学研究实验报告》则指出，思维是可以培养和教授的，通过教育得以改善和提高的。高阶思维作为思维的高级形式，自然也可以在教学中获得提升。并以 1960 年美国教育协会在《美国教育的中心目的》一文中的声明和哈佛大学心理学教授戴维(D. Perkins)的研究结果作为佐证，论证了学习者的高阶思维能力是可以培养和训练的。

(三) 高阶思维能力培养的意义

东北师范大学解月光教授指出：高阶思维能力是创新能力、问题解决能力、决策力和批判思维能力的核心。斯坦利(Stanley Pogrow)则指出：如将批判和创新思维的教学注入中学科学教学，就可以“使教学产生最大化的影响，使所有学生，即使他们不打算成为科学家，也能通过在自己的生活中使用高阶技能，成为仔细、熟练的科学思想家”(王帅)。申昌安、刘政良在《浅谈高阶思维能力》(才智 2011 年 36 期)一文中也指出：促进学习者高阶思维能力的发展是一种弘扬人的主体性，开发人的潜能，发展人的创造性，培养健全人格的素质教育的具体体现，也是新课程改革的主要精神之一。

更有甚者，由入驻搜狐公众平台的作者于 2016 年 5 月撰写的论文，提出了《教育的终极目标是培养高阶思维》。文中指出，高阶思维教学是国内外教育教学改革的发展方向，教育的主要目标就是要发展学习者的高阶思维能力。倡导学生主动参与、乐于探究、勤于动手，培养学生搜集和处理信息的能力、获取新知识的能力、分析和解决问题的能力以及交流与合作的能力，就能够使得学习者具有独立思考的能力去面对遇到的问题。学习成为一个能够发现问题、解决问题的学习者，成为一个学会怎样学习的人，成为一个“批判性思维工作者”和“有创新能力的终身学习者”。

(四) 高阶思维能力培养的途径

华东师范大学钟启泉教授指出：“发展高阶思维，要以高阶学习活动予以支持。要以学习者为中心，要开展问题求解的学习活动，要形成知识共享、互动合作的学习模式。同时还应该注重交叉学科知识的学习，注重环境营造，注重教师有意义地引导。”香港陈浩文博士在谈到如何提升高阶思维时也指出：要提升高阶思维，就要培养学生的论证、反驳、筛选和利用信息的能力，要培养学生的公民意识、判断、决定能力，要理解学科的思维方式。北京大学文秋芳教授则指出：要将创新思维能力与逻辑思维能力相结合。因为逻辑思维能力包括“分析与综合能力、抽象与概括能力，辩证思维能力包括多角度分析问题的能力，换位思维能力，从发展和变化的角度分析问题的能力，一分为二看问题的能力”。创新思维能力包括“发现问题的能力，批评能力，解决难题的能力”。

(五) 高阶思维能力培养的实践研究

2012 年在格拉斯哥召开了 IATEFL 大会，来自世界 100 多个国家的学者云集在英国格拉斯哥。大会上多个分主题论坛探讨了在外语学习中学生思维能力的培养问题，使高阶思维能力的培养成为现代外语教学关注的重心。

2011 年 9 月—2013 年 5 月，吉林省长春市开展了全市的基于全日制普通高中高阶思维能力培养的课堂教学研究活动。通过高阶思维论坛、高阶思维教学展示、高阶思维教师教学行为的观察研究、高阶思维教学策略有效性研究等形式,丰满了研究活动的内容,并且完成了研究报告。

2013 年—2014 年,福建省莆田市也进行了组织,并取得了一定的成果。

2013 年以后,随着课改"核心素养"中"理性思维"目标的提出,我国教育工作者对于高阶思维能力培养予以了更多的审视与关注。

尽管国内的研究工作起步于 21 世纪前后,与国际教育相比有一定距离(即使是影响力较大的钟志贤教授的论文,也是 2004 年才首次发表)。但 2010 年以后相关研究成果的论文数量大幅度增加,说明了越来越多的教育工作者,对高阶思维研究的重视和实践的自觉。

四、课题研究的思路

(一) 认知维度与问题解决维度

考量高阶思维的内容与特性,对于高阶思维能力的培养,可以聚焦在两个维度上。第一,认知过程的目标维度。认知过程中要避免对知识内容的单纯的记忆、回顾、再现模式,要加强知识构建过程中的分析、评价环节,最终达到思维的创造。第二,问题解决过程的能力维度。要逐步培养学生解决劣构问题的能力、远迁移能力和发散思维的能力,在问题解决的实践中,发展高阶思维能力,提升思维的品质。

需要指出的是,我们这里的认知维度主要指认知的过程,包括感觉、知觉、记忆、思维、想象等,泛指的是基本知识、基本技能的学习过程。这与教育学和教育心理学中所描述的认知内容,不完全重合。例如,我们将问题解决从认知维度中做了分离。这主要是我们研究中的分类所决定的。

尽管认知与问题解决属于不同维度,但它们一定是相辅相成的。认知过程中不可缺少的会有问题解决的内容,而问题解决又必然需要以认知的内容为基础。反映在教学中,仅是教学中的要求和侧重点有所差异。我们对物理教学中学生高阶思维能力的探索与研究,也在这两个维度方面进行了实践。

(二) 立足课堂教学开展行动研究

本课题的研究将立足于中学物理教学的基础上,通过对高阶思维要素、环节的学习理解,开展对课堂教学的听课与评课,分析和研讨教学中对于高阶思维培养的操作与方法;开展对于教学设计的评价与解剖,从典型案例中提炼高阶思维能力培养的教学指向与设计；对课堂教学效果进行分析与评价，从高阶思维的培养的角度，研究教学过程的有效性。

特别是在“用高阶学习活动方式组织教学”（钟启泉）的方面，以“分析、评价、创造”为线索，建构“概述、构造、检查、表述”（分析的动词描述）的课堂环境，搭建学生相互合作“评论、判断”（评价的动词描述）思维碰撞的平台，从而达到“产生、假设、规划、设计、创作、发明”（创造的动词描述）的指向目标。

同时课题研究的实践中，将更加明确高阶学习活动中教学设计的七个方面的主要内容。

1. 教学中要有情景、有任务。可以是问题情境的建构，也可以是学习氛围的营造。而问题求解的任务应当有一定的难度，能够激发学生的求解欲望，把分析、评价、创造自觉运用到问题求解的过程中，从思维提升的角度发展高阶思维能力。

2. 学生要有学习控制权。这是以学生的学习为中心、把学习主动权交给学生自己的必需做法。只有当学生具有了学习的主动权，才能根据自己的经验背景，对外部信息进行主动地选择、加工和处理，进行积极的、有意义的、双向的相互作用过程的建构，获得练习和运用高阶思维能力的机会，提升自己的思维品质。

3. 教师要通过恰当的教学干预提供“支架”。包括提供及时的反馈；提供多元化的观点，使学生通过争论培育独立思维；提供为知识建构展开必要的讨论；根据过程的需要，及时发问，提供建议，评论并对关键的概念进行清晰的阐释；提供学习者共享经验（如争论等）的机会，以促进相互之间的理解和建构新知。

4. 要开展合作互动的学习方式。在这种合作互动环境中，当学生必须相互解释观点时，不论他们的能力如何，都能产生比较清晰的和有组织结构的理解结果。这种导致认知变化的共同建构活动，是高阶思维过程发展的关键。

5. 给学生有表达和解释的机会。表达和解释是思维结果的外化，需要学习者做出相关的陈述，理解他人的陈述，相互论证或挑战各自的观点。所有这些过程都将直接导致高阶思维的活动和高阶学习开展。

6. 要有效运用信息技术的支持。以技术为介质的学习环境，有利于学生同伴之间通过共享观念，复习概念和展开讨论，从而促进描理和高阶认知水平的发展。通过内化思想，技术能有效地作为智慧活动和团队合作的支架，并且使学生以多种多样的方式促进建构和展示知识。

7. 充分借鉴认知学徒模式。认知学徒模式是一种“做中学”的最早的形式，“认知学徒制”就是要改变传统的脱离现实生活的教学以及传统的学徒制的一些弊端。

正是对高阶学习活动的理解，才使得我们在高阶思维培养的教学实践中，对于教学的活动组织，也有了基本的思路与方向。

（上海市市西中学林勤）

第二章
认知维度的教学中培养学生高阶思维的探索

一、概念规律教学为例，探索高阶思维能力培养

物理学科是对客观物理现象、物理规律认识、了解、描述、进而加以应用的学科。中学物理的教与学，需要培养学生科学的自然观、让学生掌握物理学的基本知识和基本规律，发展学生的实践能力，还需要在过程与方法的引导中，着力对学生的思维、特别是高阶思维能力进行有意识地培养。

（一）物理概念和规律的教学特点与高阶思维培养的核心要素

物理概念是物理现象和物理过程本质属性和共同特征在人脑中的反映，是人们通过抽象化的方式对所感知的事物共同本质的科学思维和概括。对应着物理量及物理学中的名词和术语，如：速度、力、电场、功等等。物理规律则是物理现象、物理过程，在一定条件下发生、发展和变化趋势的反映。它揭示了在一定条件下，物理量之间内在的、必然的本质联系，例如：定律、定理、原理、定则、公式等。物理概念和物理规律，是支撑起整个物理世界大厦的基石，也是中学生物理学习中必须面对的学习任务。

从教学法的角度分析，物理概念和物理规律的教学应该关注：

第一，增加学生的经历和体验，让学生获得事实的依据。因为概念和规律总是孕育在大量的现象和事例中，丰富的感性认识才能成为科学思维的基础。

第二，要学习和运用科学思维的方法。概念和规律都是抽象思维的产物，只有通过思维活动凸显物理现象和物理过程的本质，摒弃非本质因素进行建构，才能获得事实基础上的抽象结论。因此要加强类比、推理、抽象、概括等方法的学习和运用。

第三，理解物理概念和物理规律的物理意义。物理意义是用通俗易懂的语言对物理量的描述，或物理上引入该物理量的意义。理解物理意义，就是要由具体到抽象，由抽象再到具体，由感性到理性，由理性再到感性，如此反复，使具体的现象和过

程上升至思维的认知，使概念和规律落实到诠释物理现象和过程中。

第四、要理解物理概念的内涵与外延，理解物理规律的条件和范围。注意物理量与物理量、规律与规律之间的区别与差异。

除此而外，概念和规律教学中，还应该注意前后学习内容的衔接，注意吻合学生的认知水平，采用高阶学习活动方式组织学生学习等。

物理概念和规律的教学特点，决定了学生高阶思维能力的培养中，应该将高阶思维认知层次对应的"分析"、"评价"、"创造"三个教育目标分类的指标作为教学的要点。

"分析"对应的动词主要有"辨别、区分、选择"等，就认知的过程而言，这组动词体现出的是思维的发现和确认。"分析"就是要在认知中，对概念、规律的条件、现象、要点之间的关系进行解析：理清它们之间的联系和逻辑关系，理清它们的适用范围和内涵与外延，辨别概念与规律形成的过程因素和思想方法，使思维或者由形象进入抽象、或者由逻辑推理进入辩证推理。

"评价"对应的动词主要有"检查、评论、判断"等，它体现的思维特征则是鉴别和批判。"评价"的教育目标，就高阶思维的本质而言，是"能够对思维进行评价的思维"，是"批判性思维和生成性思维的互补运用的思维"，所以是最为核心的指标。因为如果不能对原有的思维进行评价，在评价中发现原有思维的不足和缺陷，就不会形成批判性的思维。而当评判性思维的发现得以对原有结论进行修正、弥补甚至重构时，就实现了从原有思维基础上的思维升华，达到认知的"创造"。"创造"对应的动词主要有"产生、假设、设计"等，这正是鉴别和批判基础上的思维的飞跃。

因此，思维"评价"的过程，是一个承上启下的环节。"评价"的基础是"分析"，"评价"的呈现为"批判"，"评价"的结果是"创造"。

（二）物理概念、规律教学中培养高阶思维能力的实践探索

1. 概念和规律的形成过程中，加强对现象、事实、猜想的评价

生活经历、学习经历和实验经历等感性认识，是学生概念形成、规律掌握的基础。生活经历的再现和实验过程的构建，不仅能营造问题情境的氛围，激发学生的兴趣和探究欲望，也能为学生的思维抽象，进行预设和铺垫。但如果对于现象或过程仅仅停留在观察、描述、结果猜想的水平，还达不到培养学生高阶思维能力的要求。教师应该在学生体验感悟的过程中，加强学生对现象与规律观察、描述、猜想的评价，在评价中去伪存真、突出本质、抽象建构。

例 1：左手定则 F、B、I 关系的教学

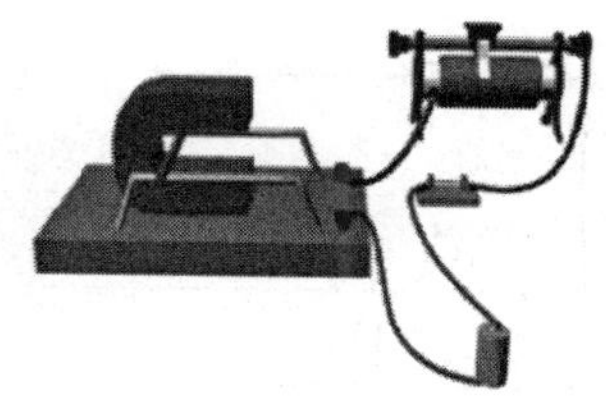

图 2－1－1

如图为学生分组实验仪器。通过磁场方向和电流方向的变化，可以观察导体棒的不同运动方向。以不同颜色的轻杆表示 B、I、F 方向，得到了四个分组实验的四个“方向球”。将这四个“方向球”放在一起，发现这四个“方向球”标识的方向可以完全重合。

对这一现象的评价环节，教学中应特别关注：四个“方向球”标识的方向完全重合，与外界条件有关吗？说明了什么？

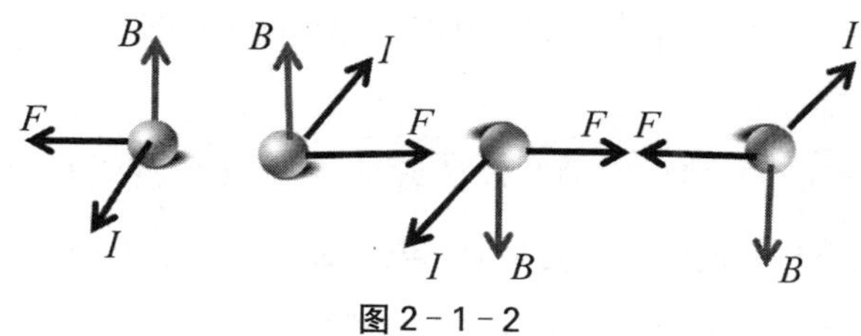

图 2－1－2

四个“方向球”标识的方向，不受实验条件（磁场方向、电流方向）差异的影响，也不涉及某一组别方向标识时的个性化操作（先标明 B 方向或 I 方向或 F 方向），甚至“方向球”与组别的对应也无需考虑——这就是批判性思维，对条件影响结论的批判。

四个“方向球”标识方向能够完全重合，那就说明通电直导线在磁场中受力时，一定存在着 F、B、I 方向的某种特定关系，而这种特定关系一定满足“方向球”标识的方向——这就是生成性思维。

关注到这一现象的学生评价活动，就可以用形象化的事实催化学生的抽象思维，由实验现象的本质抽象得到左手定则。

例 2：感生电流方向判断的教学

电磁感应现象中感生电流方向判断的教学，是由如图 2－1－3 的学生实验来进行的。通过磁铁不同极性在闭合线圈中的插入拔出，观察电流计指针的偏转，完成实验的记录表格。

图 2－1－3

表 2-1

	磁感线的方向	磁铁运动方向	线圈磁通变化	感生电流方向
磁铁 N 极				
磁铁 S 极				

但是表格的分析完全找不出任何规律。此时对于“无规律”这个结论的评价，又是学生高阶思维能力培养的一个契机。

批判性思维：批判了实验操作步序确定的、由因至果的关系。

生成性思维：还有什么条件可以利用——感生电流的磁效应。

至此，上述表格中再增加一列“感生电流的磁场方向”的内容，就得到了感生电流方向判断的楞次定律。

电磁感应现象中感生电流方向判断的教学，是高中物理教材中的一个难点。按照步序、由因至果也是人们思维的习惯性步骤，如果不经历上面的评价过程，从评价中生成，而由教师从一开始就帮助学生设计“感生电流磁场的方向”，让学生去发现，这就是另一类意义上课堂教学的“灌输法”。

通过分析、进行评价、达到创造的事例，在物理学发展史上屡见不鲜，高中物理教材中《原子的核式结构》、《中子的发现》等内容，都是非常好的案例，值得我们在学生高阶思维能力的培养工作中借鉴。

2. 概念和规律的辨析过程中，加强对问题的分析与评价

物理概念和规律的辨析，是教学中一个不可缺少的环节，它不仅有助于加深对概念规律本身的认识，也有助于理解概念和规律的物理意义，理解物理量或物理公式引进的目的，了解物理概念之间的区别，明晰物理概念的范围和物理规律的使用条件。

概念和规律的辨析，需要个案分析的支撑。只有通过个案的分析研究，才能使概念的形成和规律的掌握，从具体走向普遍，从普遍走向具体。

个案分析中的评价，在个案教学中有着特殊的意义。一方面它可以鉴别学生对概念和规律掌握的情况，在真实或模拟情境中发现学生概念和规律掌握的误区。另一方面，评价中学生的思维要经历信息接收、判断、鉴别、批判和生成的过程，这无疑是高阶思维能力培养的良好途径。

例如在区别速度与加速度两个概念时，教学中常会以“竖直上抛运动的物体在最高点的状态”这个个案为例，通过物体不再上升（速度为零）和其后的向下运动（加速

度不为零)的特点,来分析这两个物理概念之间的差异。而“速度为零”和“加速度不为零”,就是对这一个案现象的评价,从而生成“速度与加速度之间无因果关系”的结论,加深了对“物体运动的快慢”与“物体速度改变的快慢”两个不同物理概念意义的理解。

例 3: 洛伦兹力不做功,而安培力做功问题的辨析

这是电磁学中一个经典的佯谬问题。问题的产生主要由于一些教科书或课外读本,是用洛伦兹力来推导安培力,把安培力作为洛伦兹力的宏观效果总和,从而引起学生在认知上的误区。

对这个问题的分析评价,是基于运动电荷在磁场中的受力来展开的。以直导线垂直于磁场方向,电荷在导线中运动时的情景分析,电荷的受力除了安培力、形成电流的电场力(电源电动势的作用)外,还有霍尔效应产生的电场提供的力。电流稳定运行时,霍尔效应产生的电场力与洛伦兹力平衡,而霍尔效应产生的电场力的反作用力的宏观表现,就形成了安培力。

这一个案例的分析与评价中,批判性思维的指向极为清晰——尽管霍尔效应的电场力数值上与洛伦兹力大小相等,安培力大小可以由洛伦兹力推导得出,但是安培力并不是洛伦兹力的合力。评价中的生成性思维的结论也很明确——安培力就是作用于电荷上的霍尔效应产生的电场力的反作用力的宏观表现,所以洛伦兹力不做功,安培力可以做功并不矛盾。

再如: 动能和动量两个概念的辨析,往往是学生觉得困难的问题,一方面它们都是运动物体自身的属性,都与物体的速度有关。另一方面,它们又从不同侧面反映了物理现象不同的本质特性。为了能较好地辨析这两个概念,教学中可以通过图示的个案来进行分析。

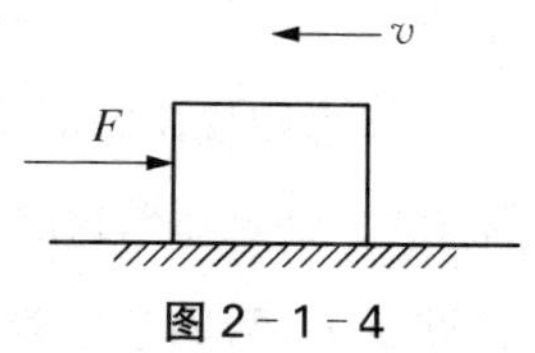

图 2-1-4

质量为 M 的木块放在光滑的水平面上以速度 v 左行,在物体上作用一个向右的水平力,经过多少时间物体速度为零,经过多少位移物体的动能为零。

对于所求时间和位移结果的评价,是辨析动能和动量两个概念的关键。物体从速度 v 到速度为零,动量的变化反映的是外力的时间积累效应,表征了物体反抗阻力时能行进多久。而从速度 v 所具有的动能,到速度为零时的动能为零,动能的变化反映的是外力的空间积累效应,表征的是物体反抗阻力时能行进多远。个案评价的意义,得到了充分的体现。

概念和规律的辨析中，评价是以分析为基础的，但是分析不能替代评价。分析主要是对个案的条件、环境、过程、特点等进行描述，评价则是对分析所产生的观点、结论等进行判断和考量，可以是支持原有观点和结论的，也可以否定原有观点和结论。但不论是哪一种情况，都是思维活动后得到的生成性成果，这是我们在学生高阶思维能力培养中，应该注意区别的。

3. 概念和规律的应用中，加强对条件和方法的评价

物理概念和规律的应用，是对学生是否真正理解物理概念、物理规律的物理意义的“检验”。在这个过程中，加强对于条件和方法的评价，有助于学生从本质上更加深入的理解物理概念和规律的物理意义。

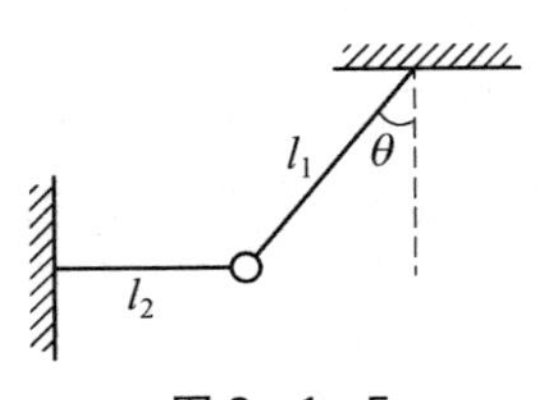

图 2-1-5

例 4：三力平衡破坏后小球的加速度

如图 2-1-5 所示，质量为 m 的小球在 l_1、l_2 两根细绳的作用下静止。其中 l_1 与竖直线的夹角为 θ，l_2 为水平。试求剪短 l_2 绳的瞬间，小球的加速度。

如果根据“三力平衡、撤除其中一个力，合力与所撤除的力的大小相等、方向相反”思维惯性，这个问题的求解将是错误的。小球在细绳剪断瞬间的加速度，取决于绳剪断瞬间瞬间小球的受力情况。因此“微小形变”与“宏观性变”产生的弹力的差异，就成为了对条件进行评价的关键。注意到这一点，学生对“弹力”与“平衡的破坏”将会有新的理解，形成新的生成性思维。

概念和规律的应用中，要加强对条件和方法的评价。但有时学生的评价，往往做不到“一针见血”，这时就需要教师的引导和启发，可以通过对照、比较、推理等方法，逐步深入，帮助学生养成评价的习惯，做出正确的判断。

本案例中为了帮助学生开展评价，可以采用对照、比较的方法：将 l_1 细绳改为轻弹簧(如图 2-1-6)，重复上面的问题，这样就会引发学生对细绳和弹簧产生弹力差异的深度思考，感悟“微小形变”与“宏观性变”的不同条件对平衡的影响。

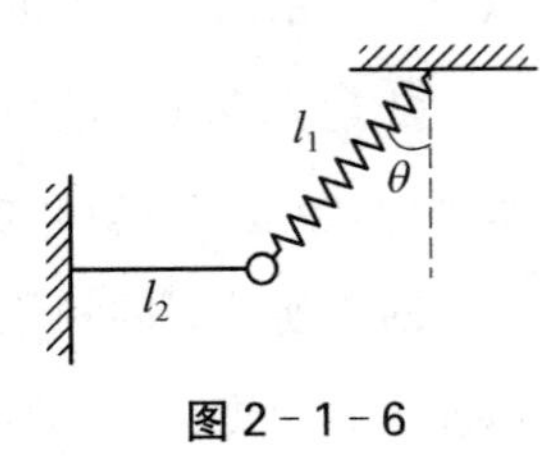

图 2-1-6

例 5：“准复摆”的静止释放

一根长为 $2L$ 的轻杆，一端在 O 点被悬挂，使杆可绕 O 点在竖直平面内转动。杆的中点和另一端，分别固定了质量为 m 的小球 B 和 A，如图 2-1-7。将杆拉至水平

静止释放，求 A 球到达最低点时的线速度。

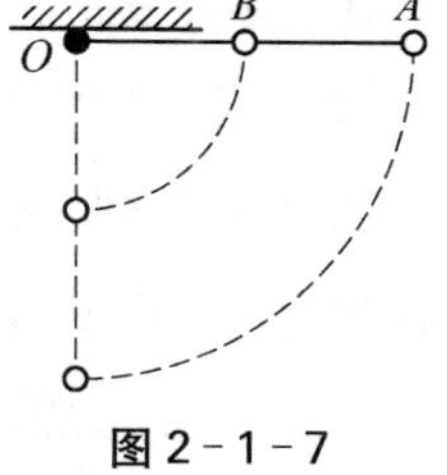

图 2-1-7

本案例是机械能守恒定律和圆周运动线速度及角速度有关知识的应用。但就核心问题而言，则是 A 球隔离后能否满足机械能守恒条件的问题。

“A 球隔离后的运动符合机械能守恒”，这是基于单摆运动的特点而得出的结论。

“A 球隔离后的运动不符合机械能守恒”，这是发现与单摆模型有差异得出的结论。

对于结论的评价，首先来源于对于条件的评价。

单摆的摆线与“准复摆”摆杆的差异在哪里？摆线与摆杆给小球的弹力有什么不同？小球所受摆杆的力是什么性质？沿什么方向？这样几个问题分析后，A 球隔离后能否满足机械能守恒定律条件的问题，就有了评价的依据和结论。在这个基础上，A 球隔离后使用机械能守恒定律的方法被放弃（批判性思维），采用系统机械能守恒的方法（生成性思维）和圆周运动相关知识，就可以求出 A 球到达最低点时的线速度。

概念和规律的应用中对条件和方法的评价，不同于概念形成中对现象、结果、猜测的评价，也不同于对概念规律辨析时的评价。概念形成过程中的评价主要是抽象、归纳，概念规律辨析过程中的评价主要是区分、辨别，而概念和规律应用中的评价则更具有综合性、针对性，更具有催生学生生成性思维的环境和线索。

二、实验教学为例，探索高阶思维能力培养

从物理教学内容的角度看，物理实验的原理、内容、方法等，本身就属于学科知识的范畴，它不仅是许多物理基本理论的出发点和依据，也是物理知识应用的模拟和推广，如玻意尔定律、机械能守恒定律、等效替代、间接测量等等。缺少实验的物理教学，不仅有悖于学科的教学要求，也有悖于物理学科实践性、实验性的基本学科特点。

（一）实验教学是思维发展的重要途径

从认知规律看，物理实验则是物理概念与物理规律认知形成的基础。

物理概念是物理现象和物理过程本质属性和共同特征在人脑中的反映，是人们通过抽象化的方式对所感知的事物共同本质的科学思维和概括。对应着物理量及物理学中的名词和术语，如：速度、力、电场、功等等。物理规律则是物理现象、物理过程

在一定条件下发生、发展和变化趋势的反映，揭示了在一定条件下，物理量之间内在的、必然的本质联系。是在物理过程发生、发展和变化过程中，通过抽象化思维的总结、归纳而得到，如：定律、定理、原理、定则、公式等。物理实验正是这些物理现象和物理过程的再现，有助于学生在感性认识的基础上，完成抽象思维，形成概念、规律的过程，使抽象思维获得形象化的支撑。

从教学法的角度看，物理实验在教学中不仅能够创设良好的环境氛围，激发学生的学习兴趣、问题意识和探究欲望，而且能提高学生动手操作的实践能力，培养学生观察、发现能力，帮助学生体验科学探索的方法，丰富学生的经历，发展学生的思维能力。值得指出的是，加强学生的动手实验能力，还将有效促进大脑半球的开发，从脑科学角度看，这是思维能力发展的必要和前提条件之一。

物理实验还有助于克服学生认知过程的前科学性和后科学性错误。例如发波水槽的演示就可以打破前概念性错误的“水波使浮叶游动，波的传播过程中质点在迁移”的“启蒙”。串联电路中灯泡的同时亮起的实验，则批判了后概念性错误的“串联，是用电器首尾相接，电流依次通过每一个用电器的电路连接方式”的描述。而这种认知过程的前科学性和后科学性错误的批判，正是高阶思维“分析、评价、创造”所对应的环节，实验教学的过程，正是提供了学生高阶思维发展的契机。

（二）关注目的评价，辨析器材功能

提高物理实验教学的效率，指导学生做好物理实验，首先应该使学生对常见实验器材有所识别、了解，需要有基本认识、基本识读等过程，要注意在认知的基础上辨析器材的用途功能。

例 1：配置单摆实验中的直尺，有什么作用？

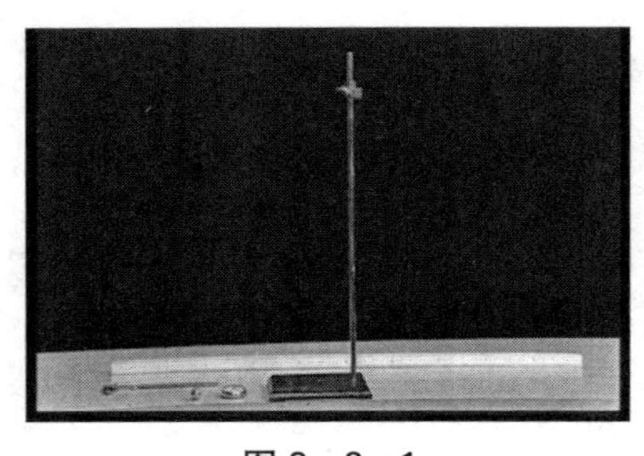

图 2－2－1

如果仅仅知道是为了衡量单摆拉开时的水平距离，保证摆球的摆角小于 5 度，那还是不够的。这个实验中，对于摆球的摆动要求，应该是一条直线，不能出现圆锥摆情况。因此，摆球摆动后，可以沿着直尺观察小球，鉴定小球的运动情况是直线或是圆锥摆。

对于直尺用途和功能的认识了解，就是高阶思维分析、评价的典型过程。

例 2：弹簧的作用

有固定转动轴物体平衡条件的实验中，力矩盘上有一个斜向上拉的弹簧秤，它的功能又是什么呢？仅仅是为了读数的直观？还是因为方向可自动调整便于平衡？这些回答都是正确的。

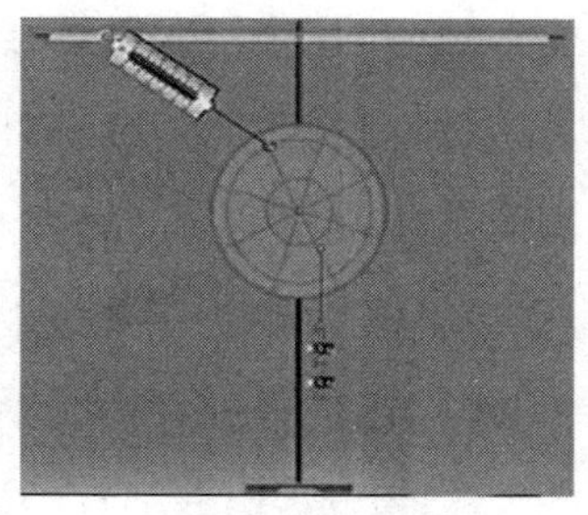

图 2-2-2

但是如果再仔细“评价”一下，为什么弹簧秤要斜向上拉，而不是斜向下拉？这就涉及了力矩盘转动的进一步“分析”。力矩盘在转动中与轴一定存在着摩擦力，斜向上的力是能够减小这个摩擦力的。当学生能意识到这个问题，思维就达到了“创造”的指向。

螺旋测微器和多用电表也是中学物理实验中的器材。利用它们进行测量时，需要对测量结果、测量仪器的精度、是否需要估读等问题进行识别。例如精度确定的意义、不需要估读的原因等，教学中都可以请学生进行思考，成为对器材提供的分析、综合、评价过程。

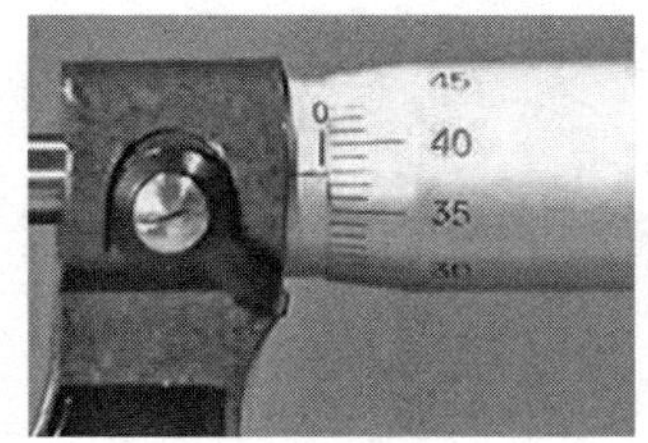

图 2-2-3

图 2-2-4

事实上，对于大部分的学生实验或演示实验，实验器材的提供基本上都是确定的。如果仅仅能满足对器材的认识，那基本上仍停留在知道、了解层次的思维要求。加强对实验器材用途、功能的深度分析、评价，关注实验指导的思维要求，才能将学生高阶思维能力的发展，落实在具体的操作环节之上。

(三) 关注条件评价，分析选择器材

对于实验器材的选择，也存在着“分析、评价、创造”的过程。

从实验教学的指导看，器材的选择一般需要考虑三个方面的内容。功能性：器材要满足实验功能的需要。安全性：保证器材的使用安全，并考虑量程、限流、温度范围等。灵敏度：涉及到器材的最小刻度、单位长度变化量等。

以电流测量时电流表选择为例，在安全基础上选择合适的量程，就可以提高测量的精度，电流表指针摆动的幅度较大，其观察效果一定比微微摆动要好，精度也就越高。这就是辨析与评价。

例：电流表与变阻器的选择。

有一个小灯泡上标有“4 V 2 W”的字样，现在要用伏安法描绘这个灯泡的 $U-I$ 图线，提供电池组 4.5 V（内电阻不计），有下列器材供选用；

A. 电压表（0～5 V，内阻 10 kΩ）；　　B. 电压表（0～10 V，内阻 20 kΩ）；

C. 电流表（0～0.3 A，内阻 1 Ω）；　　D. 电流表（0～0.6 A，内阻 0.4 Ω）；

E. 滑动变阻器（5 Ω，10 A）；　　F. 滑动变阻器（500 Ω，0.2 A）。

为使实验误差尽量减小，要求电压表从零开始变化且多取几组数据，滑动变阻器应选用，实验中电压表应选用，电流表应选用（用序号字母表示）。

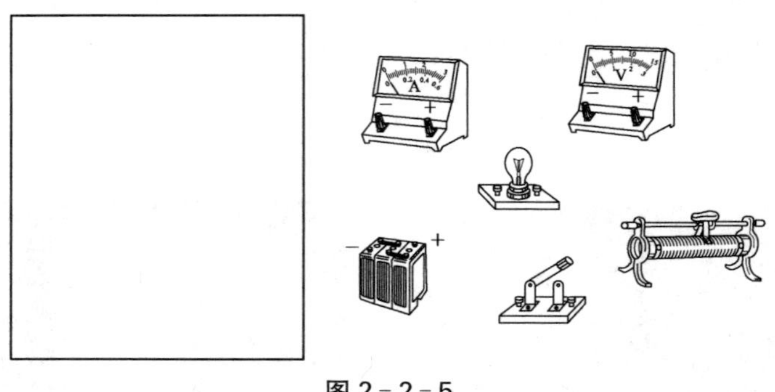

图 2-2-5

因为本题要求电压表必须从零开始变化，所以电路选择应为分压电路。这是对结果的分析、评价。

根据题设的电源 4.5 V，电压表即可选择 A（0～5 V，内阻 10 kΩ），这是对条件的分析、评价。

又因为小灯泡上标称值为“4 V 2 W”，额定电流计算为 0.5 A，所以电流表选择为 D（0～0.6 A，内阻 0.4 Ω）。此时的滑动变阻器也只能选择 E（5 Ω，10 A），再次对条件与结果进行分析、评价。

这个例题中的电流表、滑动变阻器的实验器材选择，首先根据安全性的要求来进行分析、评价。电压表之所以选择 A，则涉及到了灵敏性的分析。理论上讲，选择电压表 B 也没有错误。但是如果接入 B 表，测量电压时的指针摆动，一定没有接入 A 表时的效果明显，因此从现象、观察结果的角度分析、评价，A 表的接入较 B 表更为合适。

（四）关注原理评价，体验思维发散

对实验器材工作原理的学习，也是认知学习的内容之一。注重这一环节的教学，不仅可以丰富学生的知识，开拓学生的眼界，还可以增加发散思维的培养与学习迁移能力的培养。

例 1：位移传感器原理

位移传感器对于位移测量，是利用了红外线与超声波的传播速度差异而导致的对接收信号时间的差别。再由这个时间差，完成了对运动物体的测距。

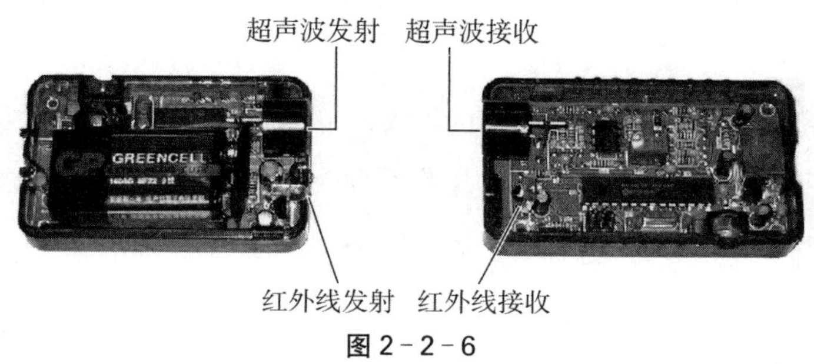

图 2-2-6

如果能将这一原理在分析过程中让学生理解，那么就可以迁移到车速的测定—两束激光对不同位置车辆测量的时间差使用，以及地震测报时对震源距离的确定——利用横波与纵波速度差导致接收时间差。使实验器材的工作原理在评价过程中指向创造。

例 2：电压表的内阻测量

有一内阻未知(约 20 kΩ～60 kΩ)量程(0～3 V)的直流电压表。某同学想通过一个多用表中的欧姆档，直接去测量上述电压表的内阻，该多用表刻度盘上读出电阻刻度中间值为 30，欧姆档的选择开关拨至倍率________档。先将红、黑表棒短接调零后，选用图 2-2-7 中________(选填："A"或"B")方式连接，读出欧姆表的读数为________Ω，这时电压表的读数为 1.6 V，由此算出此欧姆表中电池的电动势为________V。

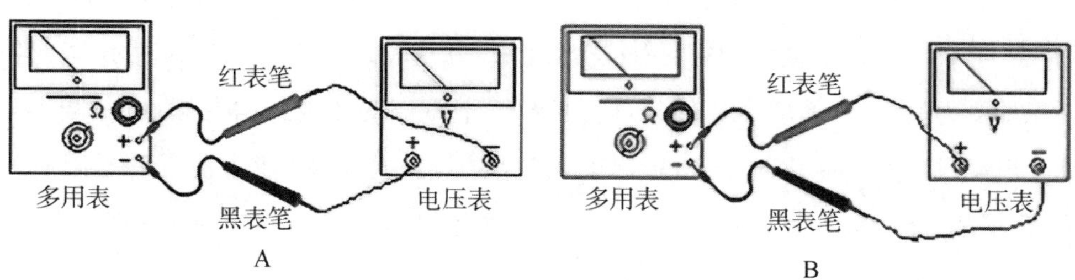

图 2-2-7

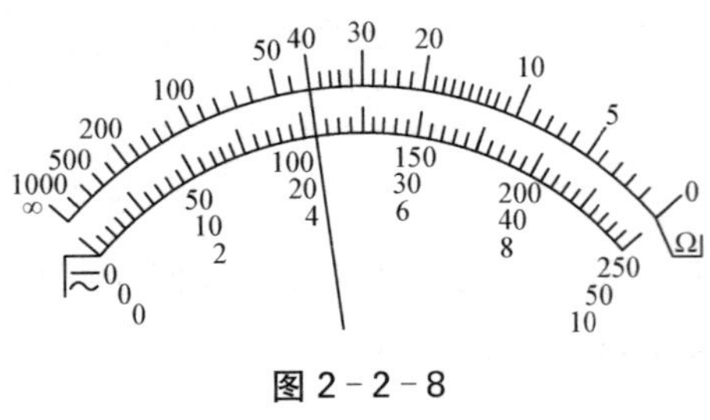

图 2-2-8

这是涉及到多用表工作原理的问题。第一个问题，在电阻值约为 20 kΩ～60 kΩ 时，倍率应调至×1k 档。第二个问题就涉及到多用表测电阻时的内部原理。此时多用表的黑表棒对应多用表内部电源的正极，所以与电压表连接时，黑表棒应接电压表的正极，即图 2-2-7 中的 A。

第三个问题是多用电表测量数据的识读为 40 kΩ。

第四个问题仍然涉及到多用表的工作原理。欧姆档调零意味着表头通过的电流最大。此时，设欧姆表内阻 r，伏特表电阻 R，

满足 $E = I_{max} r$

当输出 1.6 V 时，电流为最大电流的 $\frac{105}{250}$

满足 $E = \left(\frac{105}{250}\right) I_{max}(r + R)$

解得：$E = 2.8$ V

像这样一些问题，如果对实验器材的工作原理不了解，是没有办法进行实验操作或完成类似问题的解答。但这个问题的模型还反映了另一个思维价值：它采用了“自己创造”的方法进行电压表内阻测量，是对电压表工作原理了解基础上的一种“创造”，这种在了解器材原理基础上的测量方法的拓展，应该是教学中予以认可和肯定的。

例 3：力传感器与加速度传感器

力传感器进入课堂后，其原理有不少学生曾经猜测过压的工作原理。就有学生根据市面上能见到的“压电鞋”，判断力传感器的原理是利用压电效应。

事实上力传感器的原理是利用了上下两对应变片(图 2-2-10)，再配以电桥电路(图 2-2-11)而形成的。这两对应变片图 2-2-10，原来都具有一定的电阻，当传感器受力后，上方的应变片伸长，电阻变大，下方应变片被压缩变短，电阻减小。四个电阻没有发生变化时，电桥输出电压 U 为零，当 R_1、R_4(上方应变片电阻)变大，R_2、R_3(下方应变片电阻)变小时，U 就会产生输出电压。这与压电原理完全不是一回事。

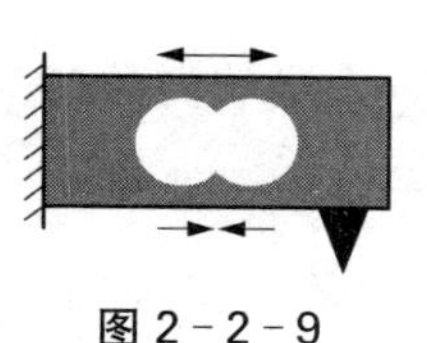

图 2-2-9

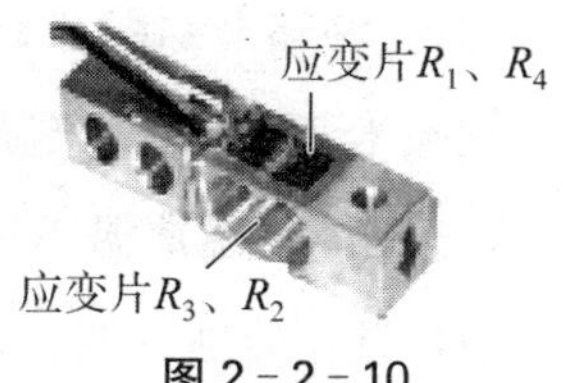

图 2-2-10

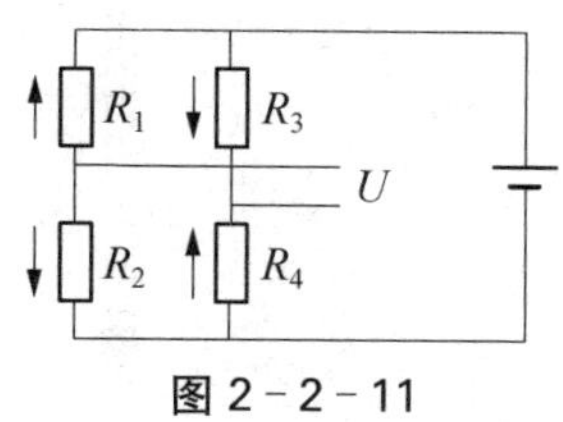

图 2-2-11

再来看一下加速度传感器，传感器内有一个用弹簧片支撑的质量块，可以上下活动。固定电极 1 与质量块之间构成电容 C_1，质量块与固定电极 2 之间构成电容 C_2(图 2-2-12)。当传感器在竖直方向有加速度时，质量块与固定电极的距离就会变化，从而导致 C_1 与 C_2 的电容值变化，输出形成不同的电压。

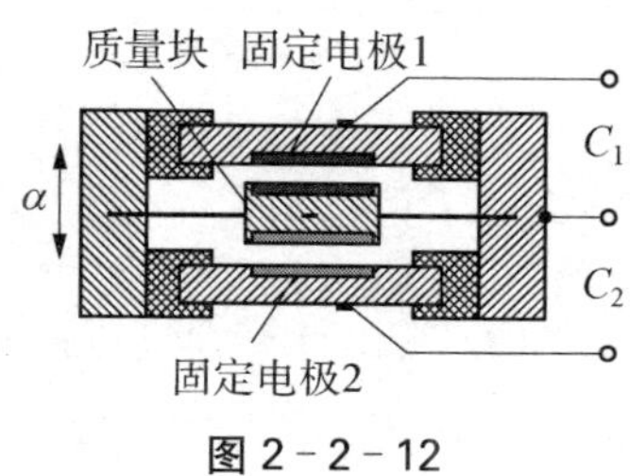

图 2-2-12

加速度传感器的原理，也有学生根据曾经碰到过的问题：细金属丝悬挂小球形成单摆，加速运动时小球后偏，与接触的电阻丝形成回路，根据不同电流转换成小车加速度大小(图 2-2-13)。

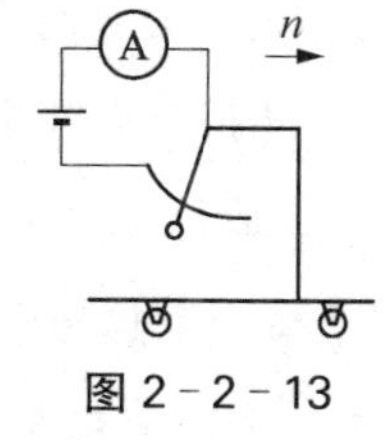

图 2-2-13

学生的这种猜测或假设，尽管与真实传感器的工作原理相差甚远，但至少说明了学生对学科知识已经具备了一定的经验，并且能够进行迁移性的解释，这是难能可贵的。所以教学中，我们一方面要鼓励学生的这种猜测，鼓励学生开展知识迁移的尝试。另一方面，也要对实验器材的原理进行分析和评价。例如，力传感器，压电能使力的大小与压力成正比吗？加速度传感器如果不是在竖直平面还能进行测量吗？从而在评价中纠正学生的前科学性错误(力传感器原理)和后科学性错误(加速度传感器原理)，帮助学生提高分析水平，反省自己的思维惯性。

(五) 关注设计评价，感悟思维迁移

我们现在接触到的诸多中学物理实验，绝大部分是经过多年物理教学和研究以后，沉淀下来的经典实验。不仅包括了许多重要的科学思想，也在知识的应用、原理的解释、装置的构思、操作的便利等方面，做了长期的探索，成为物理实验教学中宝贵的财富。实验教学中，学习每一个实验的原理，感悟物理知识的运用，体验可能的实验设计，是对学生思维能力提升的有效内容。

例 1：设计估测当地大气压强实验

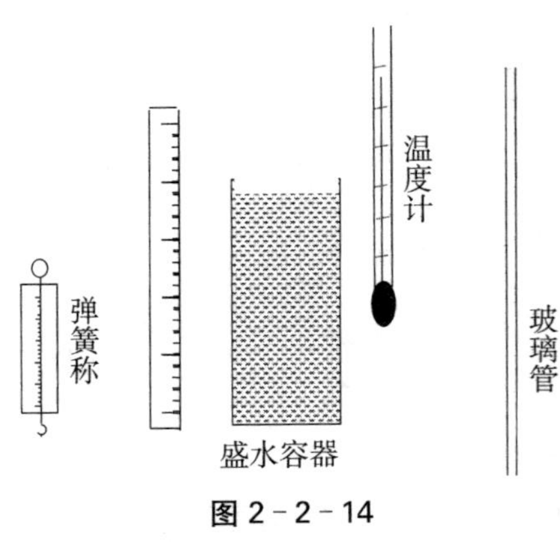

图 2-2-14

现有如图 2-2-14 所示器材：一根粗细均匀、两端开口的细玻璃管，一个弹簧秤，一把毫米刻度尺，一个温度计，一个足够高的玻璃容器，内盛常温下的水，设水的密度为 ρ。请你选用合适的器材，设计一个简单实验，估测当时的大气压强 p。

(1) 上述器材中不需要的是________；

(2) 需要测定的物理量是________；(写出物理量的名称及符号)

(3) 写出计算大气压强的表达式。

这个问题中，首先需要对托里拆利管在测量大气压时的实验原理由较为清晰的认知。在这个基础上，就可以用类似的思路，进行实验的设计。将玻璃管放入盛水容器中，用手指堵住玻璃管一端，形成“类托里拆利管”，完成大气压的测定。

例 2：火警报警的逻辑电路图

如图 2-2-15 是一个火警报警装置的逻辑电路图。R_t 是一个热敏电阻，低温时电阻很大，高温时电阻很小，R 是一个阻值较小的分压电阻。

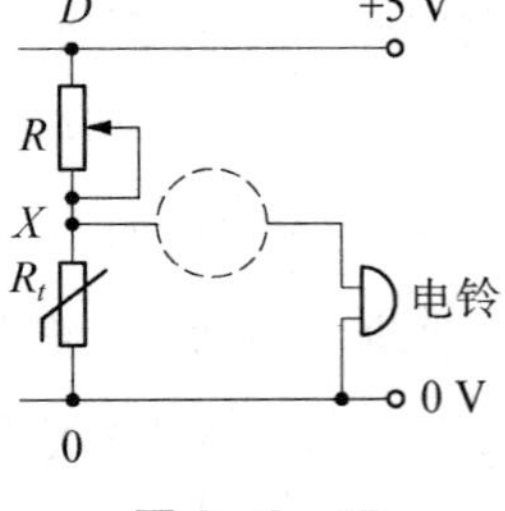

图 2-2-15

(1) 要做到低温时电铃不响，火警产生高温时，电铃响起，途中虚线处应接怎样的元件？

(2) 为什么温度高时电铃会被接通？

(3) 为了提高电路的灵敏度，即报警温度调得稍低些，R 的值应该大一些还是小一些。

本题尽管有三个问题，但核心是要学习逻辑电路原理。

第一个问题很简单，是对逻辑门结构的认知判断。因为逻辑门的单线输入和输出情景，只存在于“非”门电路中(中学教材范围)，所以这个答案很容易确定。第二个和第三个问题，涉及到热敏电阻特性与分压电路的原理。对于热敏电阻，温度高时，R_t 变小，X 点电势下降，“非”门输出高电势，电铃发声。第三问则与分压比有关，X 点电势越低，电铃越容易发声(提高了灵敏度)，所以分压时要求 R 电阻上获得更高的电压，亦即 R 电阻大一些较好。

从这个电路出发，将电路中的热敏电阻改为光敏电阻，就能够实现光电报警电路(图 2－2－16)。R_L 是一个光敏电阻,没有光照时电阻很大,有光照时电阻很小。R 是一个分压电阻,N 是非门。对于光敏电阻,有光照时(光电门无遮挡),R_L 变小,XC 间电势差变大,“非”门输出低电平,电铃不发声。反之,“非”门输出高电平,电铃发声,这就形成了报警。

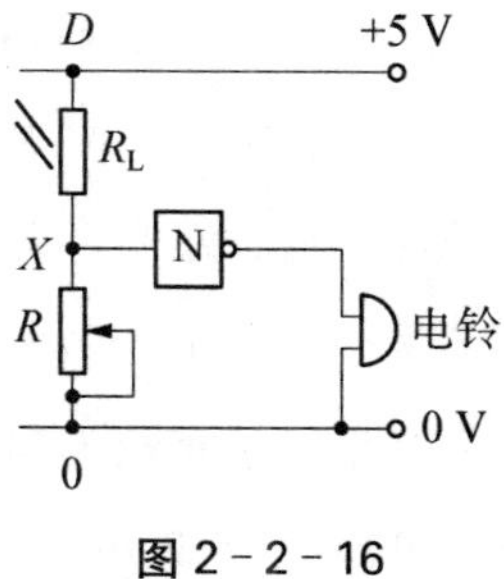

图 2－2－16

例 3:学生实验设计案例

在做过了利用磁通传感器测量螺线管内部磁通后的实验后,学生设计了利用磁铁下落过程中的重力势能与电能之间的相互转化的研究(图 2－2－17)。在做过了利用发射与接收的传感器研究平抛运动的实验后,学生设计了 DIS 二维运动实验系统,研究单摆在运动过程中机械能的转化和守恒(图 2－2－18)。这两个实验的设计是非常优秀的。前者利用了磁通变化引起感生电动势的法拉第定律,后者则是利用了传感器信号的发射、接收原理。

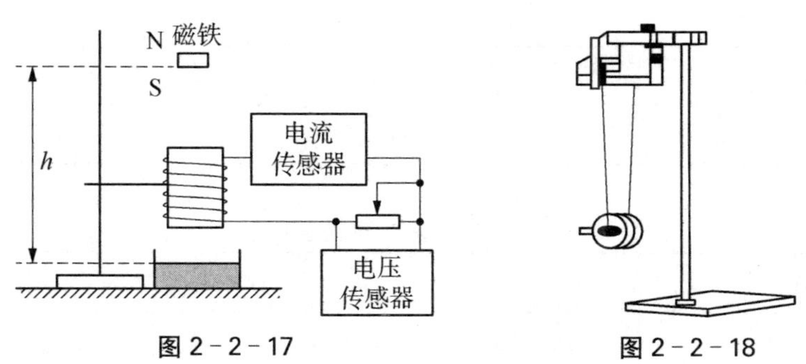

图 2－2－17　　图 2－2－18

这些学生实验的设计,首先需要对原基本实验的原理有较为清晰的认识和了解,能够分析、评价原有实验设计的思路,分析和评价原有实验的架构,才能在原有实验学习、领悟的基础上,延伸出新的实验的设计,达到思维的“创造”。这一过程就是高阶思维的培养,也是由“分析、评价”升华至“创造”的路径之一。这对于实验的指导有着良好的示范效应。

(六) 关注现象评价,重视问题发现

实验故障的判断(或排除),是实验教学中常规的教学任务和要求,往往需要根据障碍的现象(或实验数据),进行分析、推理、评价,进而判断故障所在或原因。这一过程既包含有观察、分析、评价、逻辑推理等的内容,也包含了学生对实验原理的了解和掌握,是学生思维发展中具有挑战性的内容。

例：变阻器故障的判断

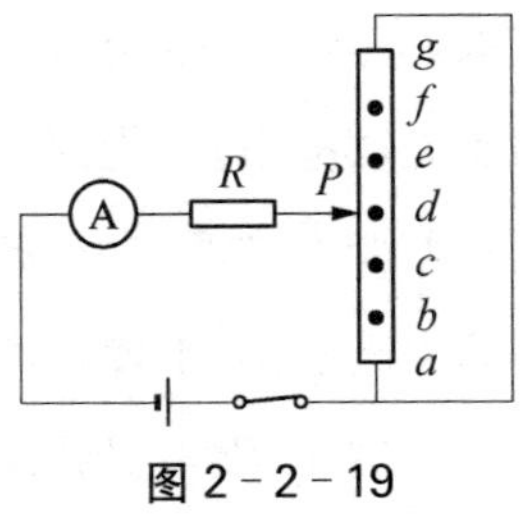

图 2-2-19

两实验小组使用相同规格的元件，按图 2-2-19 电路进行测量。他们将滑动变阻器的滑臂 P 分别置于 a、b、c、d、e、f、g 七个间距相同的位置(a、g 为滑动变阻器的两个端点)，把相应的电流表示数记录在表一、表二中。对比两组数据，发现电流表示数的变化趋势不同。经检查，发现其中一个实验组使用的滑动变阻器发生断路。

(1) 滑动变阻器发生断路的是第________实验组，断路发生在滑动变阻器的________段。

(2) 表二中，对应滑臂 P 在 X(f、g 之间的某一点)处的电流表示数的可能值为(　　)。

(A) 0.130 A　　(B) 0.250 A　　(C) 0.350 A　　(D) 0.500 A

表一 (第一实验组)

P 的位置	a	b	c	d	e	f	g	
A 的示数(A)	0.840	0.458	0.360	0.336	0.360	0.458	0.840	

表二 (第二实验组)

P 的位置	a	b	c	d	e	f	X	g
A 的示数(A)	0.840	0.420	0.280	0.210	0.168	0.140		0.840

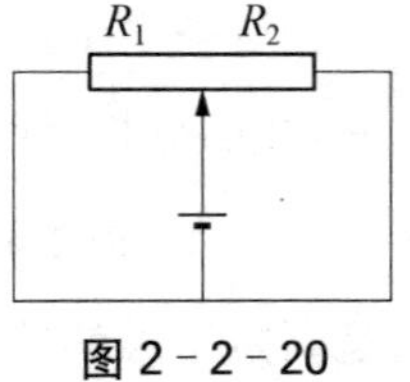

图 2-2-20

这个实验问题所涉及的首先是读数的分析评价，其次则是对滑动变阻器的电路接法其及特性的了解。我们知道，滑动变阻器如果接在电路中形成“两翼环抱”的接法(如图)，当 $R_1=R_2$ 时，电路的外电阻最大，而当 R_1 与 R_2 差值越大时，外电路电阻最小。这个实验的电路就是“两翼环抱”的电路。所以当滑动头在 d 时，电路总阻值最大、电流最小。由此可确定第一实验组的数据是正常数据，电路也是正常电路。第二实验组从 a 点至 f 点，电流一直减小，反映了电阻一直增大，说明了 a 点至 f 点完好，故障发生在 f、g 段。

再从数据的分析评价看，因 f 点电流为 0.140 A，假设短路点偏近 g 位置，电流就会从 0.140 A 继续减小，而 g 点电流为 0.840 A。若短路点靠近 f 点，电流会从

0.840 A 减小，但由于对称性，即使电流减小，也不会超过 b 点电流，所以选项只能是 A、D。

这个实验问题，表面上看起来是故障的发现与判断，但本质上却是对基本电路原理的认识，只是问题的提出和设计，选择了另外的出发点。而对故障、电流、对称性等的解读，正是高阶思维要求中对现象、条件、结果、关联性等内容的分析、综合、评价。类似这样的问题还有很多，是就题讲题还是从高阶思维培育的角度关注分析评价的过程，使实验教学立足于更高的出发点，应该引起教学中的思考。

（七）关注操作评价，注重步序分析

让学生走进实验室，真正动手、真实操作，是落实中学物理实验教学的基本要求。重视在实验操作中学生问题的发现，就要关注实验操作的分析、评价过程，使实验操作中的教师指导和学生思维培养形成有机的融合。

例 1：波义耳实验的操作

波义耳的实验，是一定量的理想气体在温度不变时，压强与体积关系的测定。通过针管内气体体积变化的刻度与压强计显示的读数，完成数据获取与图象描绘，得到波义耳定律。

图 2-2-21

这个实验的操作要求是比较严格的。气体的密封要严；改变气体体积时必须要缓慢移动活塞；实验中不得用手握住玻璃管；改变气体时不仅要有体积减小的过程，还要有气体体积膨胀的过程。

为什么这个实验操作会有这样的要求？这就是实验指导中教师要关注的问题。如果仅是按实验说明的规定操作，那就失去了让学生充分思考的契机。

缓慢移动活塞可以避免绝热过程，不得用手握住玻璃管则保证了气体的温度不变，而气体体积正反方向的变化，则保证了波义耳定律的普适性。只有让学生对这些问题有充分的思考、分析，才能使学生在理解这些操作规范的意义的同时，开展思维的活动。

例 2：牛顿第二定律实验

牛顿第二定律的实验，涉及到多种科学方法的学习。实验教学指导中，不仅要让学生获得实验的结论，还应该感悟其中的科学方法，感悟问题发现。组织学生对实验中的问题通过讨论来完成。

控制变量法：外力不变时改变小车的质量，小车质量不变时改变外力；

图象处理法：获取加速度与外力关系的数据（小车质量不变），以及加速度与质量的关系（外力不变）后，利用图象进行分析；

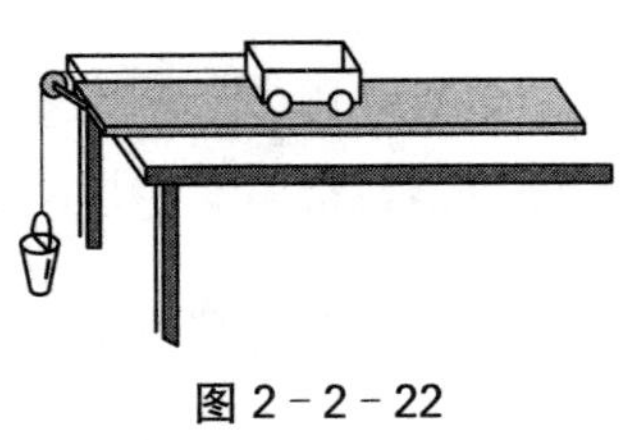
图 2－2－22

间接测量法：利用位移的测量确定小车的加速度；

物理模型的方法：这里有两个部分的内容，第一是抵消摩擦力使系统成为光滑系统，第二则是要求沙桶质量 m 远小于小车质量 M。这是由于实验测量的小车的加速度，实际上是系统加速度，为了减小系统误差，使系统加速度近似等于小车加速度，就必须满足 $m \ll M$。

在实验操作中，对于物理模型的获得，如果仅仅是理论上的分析，学生是没有感受的。当学生动手实验后，他们就会发现改变外力的变化用的“砝码片”，是以“克”为单位的。而改变小车质量时，则采用了“钩码”，它是以 50 克或 100 克为单位的。为什么实验的操作设计是这样处理？这样的操作意味着什么？开展学生对这一问题的分析、评价，就使得 $m \ll M$ 的物理模型在学生自己实验操作中，被无形地体验了。

例 3：电池的内电阻和电动势的测量

测量电池内电阻和电动势是电学实验中的重点内容。实验指导中以问题形式开展教学，组织学生对原理、方法、操作等进行分析、评价，就能够激发学生的思维活力，提高思维的辨析力。

问题一：按照图 2－2－23 的办法，能否完成电池电动势和内电阻的测量？

问题二：如按图 2－2－23 的测量可以得到结果，为什么测量电池电动势和内电阻时，要采用图 2－2－24 用滑动变阻器做负载，而且要改变滑动变阻器的阻值，获取多组电流与电压的数值，再用图象来处理？

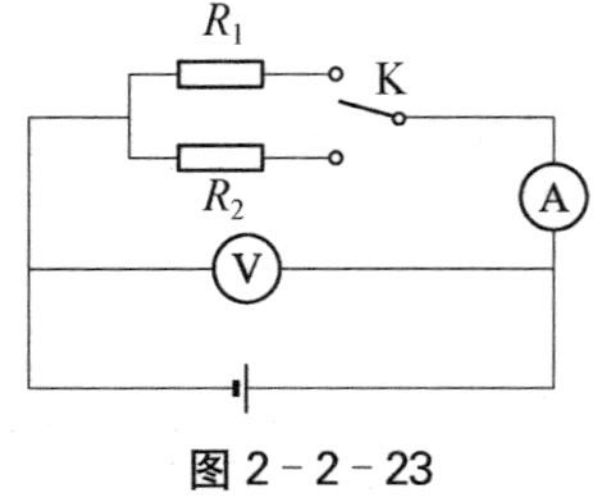

图 2－2－23

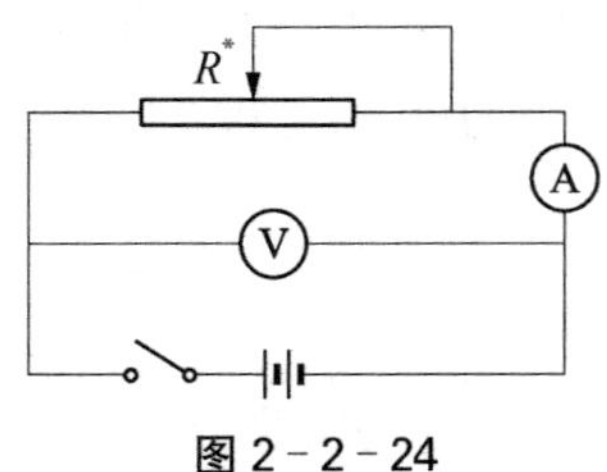

图 2－2－24

问题三：实验获得数据后，描绘图象时，为什么要调整坐标，使坐标原点并非是电压和电流的零点？

问题四：为避免实验操作中的电源短路，可以增加一个已知阻值的保护电阻，如图 2-2-25。这时仍利用图象测出的电源内电阻，与真实值之间有区别吗？

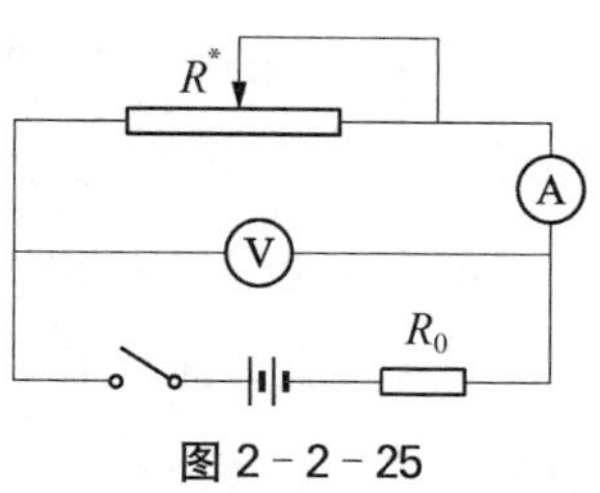

图 2-2-25

这样的实验教学已经不再是单纯的实验操作指导了。它需要学生的思考，对问题的评价，使得实验的操作与思维的发展进行接轨。

学生讨论的答案是肯定的。第一个问题：当 K 接入 R_1，可在伏安表上分别读出 I_1、U_1；当 K 接入 R_2，可在伏安表上分别读出 I_2、U_2。设电源电动势为 E、内电阻为 r，则有：$E=U_1+I_1\cdot r$，$E=U_2+I_2\cdot r$。连解即可得到 E 和 r 的结果。第二个问题：讨论使学生意识到了，实验数据获得应该采用多组形式，避免实验过程中的偶然误差(如测量误差、读数误差、计算误差)。图象处理一方面直观，另一方面图象在描绘的过程中，可以自动排除某些误差点，使实验的结论更为可靠。第三个问题：在实验数据绘图的基础上，可以看出，调整坐标是为了使图象的显示更具有可视性，更便于测量。而第四个问题，则涉及到了等效处理的方法，测得的内容包含了电源内阻，也包含了定值电阻阻值。

这就使实验教学从操作层面，提升到了思维发展的层面。

(八) 关注结果评价，开展误差分析

实验误差分析，是物理实验教学的一个重要内容。从这几年国外的物理教材体系看，误差分析(如绝对误差、相对误差、偶然误差、系统误差等)，都是许多教材的首篇内容。现行的初中教材，也将此内容放在了教材的开篇位置。学习和分析了解实验误差的简单知识，是提高学生分析问题和解决问题能力、培养学生思维的缜密性、敏感性的重要途径。所以在学生高阶思维能力的培养过程中，应该重视对于这个问题的教学。

例 1：实验图象的误差分析

图 2-2-26 分别是牛顿第二定律与波义耳定律的两组实验图象。图象为什么没有通过原点，就是一个很好的思维辨析点。

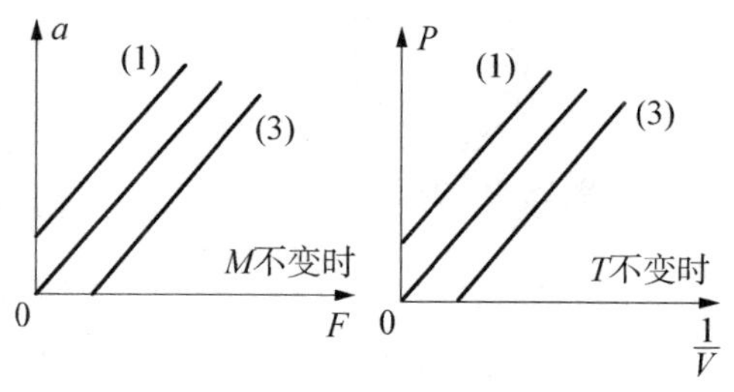

图 2-2-26

牛顿第二定律实验图象中，(1)线表明轨道可能不够平整，物体静止在斜面上时，就已经受到了重力的分力的影响；(3)线则说明物体在运动中受到了不可忽略的摩擦力的影响。

波义耳定律的实验图象中，也有这样的问题。不过原点的图像，或是说明待测气体中可能包含有体积不可忽略的杂物，这些杂物不随温度变化改变体积，从而使气体总量的变化出现误差。或是这个实验中有一部分气体未能测得(如导管中的气体)，导致了气体体积测量的误差。

这就是对实验结果分析的结论。如果不去仔细推敲，仅以“可能有操作误差”这样的简单解释，是无法激活学生的深度思维活动的。

例 2：二力合成的小平板实验

二力合成的平板实验中，一定存在着系统误差。那么：

为了减小误差，两个分力 F_1、F_2 的大小是大一些好，还是小一些好？

两个分力 F_1、F_2 间夹角是大一些好，还是小一些好？

如果两个分力大小不相同，作出的合力可能向哪一个方向偏移？

这个实验的系统误差可能存在的原因是什么？

这些问题都可以让学生进行较为深度的讨论。

实验的误差分析，可以提高学生的认知水平、操作水平，培养学生良好的科学态度，也是分析评价基础上实现创造的出发点和途径。不论是实验器材的小发明、小改造，或是实验的新设计，往往都会体现在对误差分析、评价的环节。

例 3：测量易溶于水的粉末状物质体积

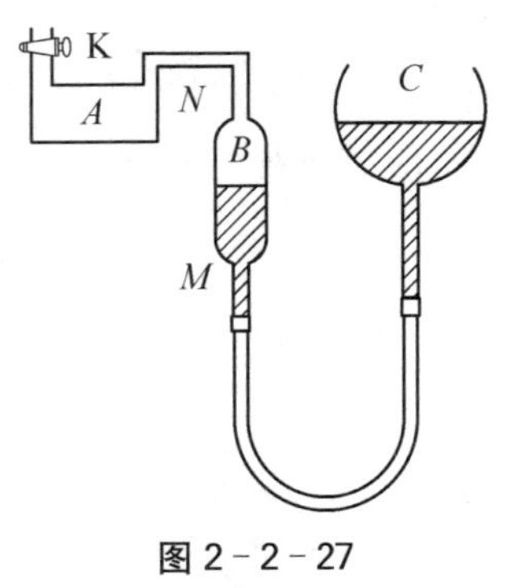

图 2-2-27

如图 2-2-27 所示是一个体积计。它是测量易溶于水的粉末状物质实际体积的装置。K 是连通大气的阀门，C 是水银槽，通过橡皮管与 B 容器相通，连通 A、B 的管道很细，容积可以忽略。A 容器和 B 容器全部容积之和为 V_0 cm^3，B 容器粗细均匀，其横截面积为 S cm^2。下面记录了测量操作的过程。

A. 从气压计上读得当时大气压为 H_0 cmHg；

B. 打开 K，将待测粉末装入 A 容器中，移动 C，使 B 中水银面降低到 B 容器的最低位置；

C. 关闭 K，缓慢提升 C，使 B 中水银面在 B 容器中上升 L cm 高度。记录此时 B 中水银面与 C 中水银面的高度差 H cm。

(1) 设整个过程温度保持不变，请根据以上数据求出 A 容器中待测粉末的实际体积为________ cm^3(用给定的物理量 V_0、H_0、H、L、S 表示)。

(2) 为了提高粉末体积测量的精确度，可以测量若干组 B 中水银面在 B 容器中上升的高度 L_1、L_2、L_3、L_4……，以及对应的 B 中水银面与 C 中水银面的高度差 H_1、H_2、H_3、H_4……，再用图象法处理实验数据求得 A 容器中待测粉末的实际体积。令 $V=V_0-SL$(以 cm^3 为单位)，$p=H_0+H$(以 cmHg 为单位)，则应以物理量________为图象的纵轴，以物理量________为图象的横轴(用 p 或 V 的表达式表示)，图象在________(选填“纵轴”或“横轴”)上的截距表示 A 容器中待测粉末的实际体积。

教学中首先需要让学生思考的，就是为什么要采用这样的装置。这种粉末状物质易溶于水的，所以只能在气体环境下测量。

第二个问题就是，待测粉末的实际体积是多少。这只需要根据波义耳定律，将粉末体积与气体体积看成气体体积的整体，在不同压强下写出其状态方程就可以得到答案了。所以粉末的实际体积为：$V_X=V_0-LS-LS\dfrac{H_0}{H}$。

第三个问题则是学生们容易产生疑惑，也是能促进学生开展思考的问题。

设：粉末体积 V_X，

则气体体积为：$V-V_X$

且 $V=V_0-LS$(空间体积)

因为 $p(V-V_X)=K$

可得 $V=\dfrac{1}{p}K+V_X$

由此可画出 V-$\dfrac{1}{p}$ 的图象(如图 2-2-28)。

而当 $\dfrac{1}{p}=0$ 时，粉末体积就是图象与纵轴的交点。

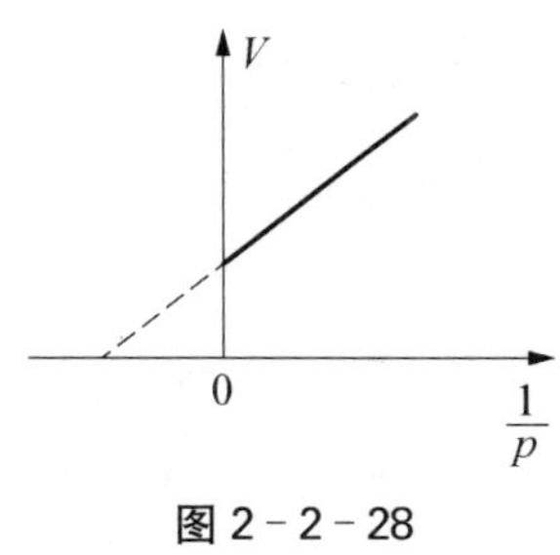

图 2-2-28

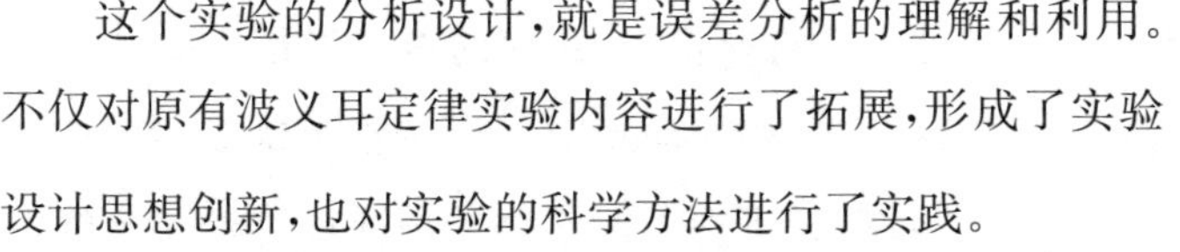
这个实验的分析设计，就是误差分析的理解和利用。不仅对原有波义耳定律实验内容进行了拓展，形成了实验设计思想创新，也对实验的科学方法进行了实践。

实验是物理学的基础，也是发展学生动手能力、实践能力的重要内容。物理学离不开实验，物理教学也离不开实验的教学与指导。如何在培养学生实验技能的同时，发展学生的高阶思维，将是实验教学指导中值得研究的长期任务。

三、课堂教学方法分析为例，探索高阶思维培养

课堂教学是学生学习的主阵地，课堂教学方法则是教师在教育理论引领下，为落实教学任务和目标所实施的手段。课堂教学方法包括了课堂教学的组织和流程设计、物理问题的解决，也是教师教学风格的呈现。从课堂教学改革的理念出发，开展课堂教学方法的研究，对学生物理学习中高阶思维的培养有着十分积极的意义。

（一）倡导高阶学习活动方式组织教学

经过多年课改的实践，高阶学习活动方式对于广大物理教师来说是非常熟悉的。“问题教学法”、“抛锚式教学”、“脚手架教学”、“合作学习”、“讨论式学习”、“探究式教学”、“头脑风暴”、“学徒式学习”等等，许多都是老师们耳熟能详，并已广泛用于课堂的行之有效的教学方法，只要在这些教学方法使用过程中，不流于形式、能体现高阶思维培养的核心要素，注重“分析、评价、创造”的目标，高阶思维能力培养就能落实在物理课堂教学中。

例 1：某教师电场教学后的体会

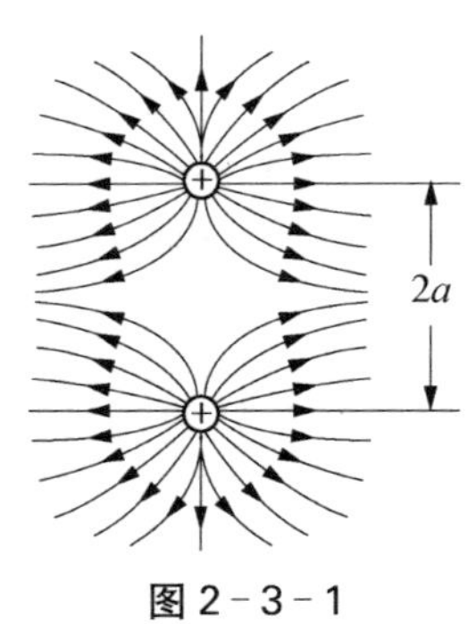

图 2-3-1

静电场复习时，我布置了一道练习题。如图 2-3-1，两个带 $+Q$ 的电荷相距 $2a$，在它们分布的场中，有一带负电的粒子（不计重力）正在做匀速圆周运动，试问该粒子的轨道应在哪里？呵，这下可是热闹了。有的说是围绕两个点电荷之外的距离较远的圆周上；有的说是绕着某一单个点电荷的圆周上；有的说是绕着一个核转动且正对另一个核的位置上；也有的说是在垂直于点电荷连线中点的平面上；还有的则拿出了二价原子（核内有两个质子）核外电子的模型作为佐证……我没有简单地对哪一种说法直接否定，而是组织学生自己辩论、自己判断。辩论中我要求学生讲清自己的理由，找出他人的错误，以理服人。经过一番激烈的论争，学生们从核外电子轨道的佯谬到电子云的形状，从几率的意义到衍射条纹的实质，进行了条理分明的阐述，明确了这两者模型的不可比性，以及粒子绕双荷匀速圆周运动的不可能性。辩论中，同学们还对粒子重力不能忽略的情况做了进一步的发挥——可以在以点电荷连线为轴的上方平面旋转，并计算了这种情况下的回转半径以及与点电荷的距离。这节课给学生留下了深刻的印象，不仅这一部分的知识要求

得到了落实,学生的思维发展也得到了较好的训练。尽管这样的教学,在课时使用上较为“奢侈”,但从培养学生高阶思维的角度看,确实是值得的。

演讲、点评、辩论等教学活动,都是有别于传统课堂的教学形式。这些教学组织形式的特点,就是提供了开放、宽松、自由的思维环境,让学生去自由思考、自由批判、自由表述,这对于学生高阶思维能力的培养具有积极的意义。

例 2: 地球同步卫星的教学

万有引力定律教学即将结束的时候,教师没有像常规教学那样要求学生进行单纯的课本预习,而是为学生讲述了这样几个故事。

2009 年 2 月 10 日,同步卫星轨道上,美俄卫星相撞,这成为了全球首次卫星相撞事件;

2013 年 4 月 26 日,厄瓜多尔首颗自主研制的卫星在中国酒泉卫星发射中心发射升空,卫星带来的通讯信息和质量,使厄瓜多尔的国民欢呼雀跃。然而 5 月 24 日,这颗卫星与太空垃圾相撞,失去了功能。为了弥补这一困境,9 月,中国再次为厄瓜多尔重新发射了一颗新的卫星。

接着,教师又提出了一系列的问题:

地球同步卫星的原理是什么?

为什么同步轨道会出现“星满为患”的现象?

地球同步卫星轨道上最多可容纳多少颗卫星?

能否开辟第二高度的地球同步卫星轨道?

下一节课,物理老师瞠目结舌了,学生们一个个依次走上讲台。

“关于同步卫星的原理,就是万有引力提供了向心力。”黑板上一行行公式出现了。“由此可知同步卫星的高度、运行平面一定是唯一的”。

“根据国际卫星组织的规定,为了防止卫星间的互相影响,卫星间距所对的圆心角必须大于 3 度。由此可知,同步卫星的轨道上最多只能存在 120 颗卫星。”

“星满为患的原因,是同步卫星轨道在赤道上方的同一平面,如果卫星的数量增加,只能考虑第二高度的地球同步轨道的设想。”

“根据万有引力定律,如果仅仅依靠地球的引力是不可能形成轨道第二高度的。可以采用太阳风利用的方式,这也是国外最新研究方向之一”。

“太阳风技术目前仅是设想。当卫星与地球角速度相同、地球质量、引力恒量不变时,提高轨道高度,可以采用气体喷射技术,增加向心力。但这样卫星的喷射剂用完时，轨道的第二高度也就不能够实现了”。

“卫星的种类很多，也有不同的功能，我也来为大家介绍几种卫星：例如极地卫星、太阳卫星。原则上也是万有引力的作用，但又不完全……”。

“从万有引力中可以看到，卫星的发射要达到临界速度，为此利用地球自转是一个好办法。这就是为什么卫星发射场总选择在低纬度的原因”。

……

这一节课的教学，属于问题教学的一类，当然也属于高阶学习活动方式的教学组织。不仅激发了学生学习的兴趣，也发挥了学生自主学习中的积极性。理论的掌握、生活中的应用和拓展的研究，源于课本而超越课本，正是教学中我们希望学生达到的境界。

(二) 有意识在物理课堂中渗透思维的内容

高阶思维的培养中，是可以开设一些专设课程的，例如思维课程。在这个课程中，可以让学生学习思维方法，体会不同思维方式的差异，更好地理解思维科学的意义。但是物理教学毕竟不能等同于思维专设课程的教学，只能在教学中利用物理问题、有目的地渗透思维学习的内容，提高学生的思维品质。

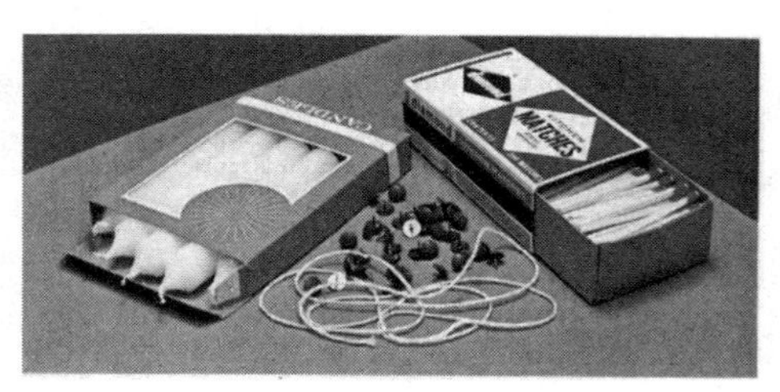

图 2-3-2

例 1：发散性思维的欣赏

这也是物理课堂教学中的小故事。如图 2-3-2 所示，给出了一根蜡烛、一盒火柴、一盒图钉、一段绳子。教师的问题很简单，如何把蜡烛竖直在墙面？进而分析蜡烛所受的力。

蜡烛所受的力，除重力外取决于蜡烛竖直在墙面的方式。蜡烛竖直在墙面的方法很多，利用绳钉悬挂法、利用蜡油粘合法等等，这也是学生首先选择的回答。但教师给出的另一个答案却与学生完全不同。

将蜡烛竖直放在地面、靠在墙面(虚接触)。蜡烛的受力仅为重力与地面支持力。这个问题真有点像“脑筋急转弯”。

不同的操作方法使得蜡烛的受力不完全相同，如果仅仅只从物理角度分析力的性质、大小、方向等问题，这样的教学是标准的。教师对于蜡烛竖直在墙面方式的回答，则打破了学生长期形成的固有思维定式。

所谓思维定势是指人们习惯使用以往常用的思维方式来看待和解决问题，形成固有的思维习惯。在解决问题的过程中，人们能否改变事物固有的功能以适应新的问题情景的需要，常常成为解决问题的关键(功能变通)。原有的一些习惯有时会节省时间，提高效率，但有时却会阻碍思维的发展。

教师接下来的点拨，则更具有针对性：看见绳钉就想到了悬挂，看见火柴蜡烛，就想到了点燃，这就是思维定势。突破思维定式，需要换位思考、需要头脑风暴、需要对环境分析和评价，更需要具有创新的意识。

蜡烛竖直在墙面的方式和教学，是物理教学中对于思维方法的渗透。

例 2：牛顿第一定律的教学

牛顿第一定律的教学，一般都是以亚里士多德的结论、伽利略的质疑、理想实验、笛卡尔的补充为线索，再到牛顿第一定律的。但在某次物理教学中，教师却提出了一个问题，第一定律的提出，体现了怎样的思维方法？

我们先来看一下物理学发展史的内容。

惯性原理是伽利略在 1632 年出版的《关于托勒密和哥白尼两大世界体系的对话》书中提出的。金属球在斜面上滚动的实验，使他再次发现了惯性。

伽利略在质疑"力是维持物体运动的原因"和理想实验基础上提出，平面对小车的阻力使小车停了下来。如果有一块十分光滑的水平面，阻力为零。小车滑行的速度将不会减慢。

笛卡尔则提出，不受任何力作用的物体，不仅速度大小不变，而且运动方向也不变，将沿原方向匀速运动下去。

正是在这样的基础上，牛顿提出了第一定律。

所以牛顿第一定律的提出，从思维角度看，是"组合思维"的结果。

组合思维是在思维过程中通过对若干要素的重新组合，产生新的事物或创意，具有突出的创新性。它可以具体分为同类组合、异类组合、重组组合等。许多科学家都认为知识体系的不断重新组合是人类知识不断丰富发展的主要途径之一。例如，近现代科学的三次大创造是由三次大组合所带来的。

第一次大组合是牛顿组合了开普勒天体运行三定律和伽利略的物体垂直运动与水平运动规律，从而创造了经典力学，引起了以蒸汽机为标志的技术革命；第二次大组合是麦克斯韦组合了法拉第的电磁感应理论和拉格朗日、哈密顿的数学方法，创造了更加完备的电磁理论，因此引发了以发电机、电动机为标志的技术革命；第三次大组合是狄拉克组合了爱因斯坦的相对论和薛定谔方程，创造了相对量子力学，引起了以原子能技术和电子计算机技术为标志的新技术革命。

这一节课的教学，既关注了第一定律的发生发展过程，又渗透了思维科学的方法，对高阶思维的培养，起了良好的助推作用。

（三）关注学生讨论发言的批判性思维成分

现在的课堂教学方法，绝大多数都具备“问题教学”特征。这一类型的教学方法中，学生的合作学习、讨论交流环节是不能缺失的。但如果学生在交流过程中，仅仅只是将自己的方法或方案与其他人分享，那还是不够的——至少缺失了对方案的评价。通过观察、倾听、分析，发现他人问题解决方法的不足和缺陷，进行及时的指出（评价），并能作出修改，甚至另辟蹊径重新设计（创造），重新予以评价，这样的思维过程既包含了生成性思维过程，又张扬了批判性思维的过程，符合了高阶思维能力培养的基本要素。

例：静电除尘现象的解释

通过实物投影仪，讲台上的装置被清晰的投放在大屏幕上。一个广口瓶，橡皮塞中央插了一根铜棒，瓶身外绕了几圈粗导线。一个直流高压电源通过开关，一端和铜棒相连，另一端和粗导线相连。老师向同学们介绍了整个装置后，打开橡皮塞向瓶中喷入了浓烟，然后塞紧瓶塞。只见瓶中烟雾弥漫、一片浑浊。然而随着开关闭合、五万伏高压的加载，瓶中的烟雾浑浊立刻消失，瓶中又重新恢复了清澈透明。

同学们被这样魔术般的“表演”完全吸引住了。数秒的沉寂后，教室里开始了热烈的讨论。同学们三人一组、四个一群，一边分析、比画，一边争论、说理，几个同学甚至还围住了讲台，仔细地审视着各个装置，大家都想尽快搞明白这烟雾是怎样消失掉的。几分钟后，老师将同学们的观点进行了集中：(1)瓶中形成了磁场，烟雾分子因磁场吸引而消失；(2)瓶中形成了电场，带电粒子因电场力作用被吸附到铜棒和瓶壁上。

“瓶中怎么会有磁场呢?”有同学开始质疑了。“铜棒和导线没有构成回路，没有电流，不可能形成电流的磁场”、“我们撤消观点”，也许是被“点中了要害”，提出磁场的同学接受了其他同学的观点。全班同学的意见开始趋于统一了。

“烟雾中有带电粒子吗？通常的物体都是电中性的呀。”不知哪位同学嘟囔了一句。教室里寂静了，也许是同学们都没有想到的缘故吧，大家都不知该怎样回答，讨论也开展不起来了。

“我为大家再重新做一遍实验。不过，这次我要调整电压，请大家注意瓶中的效果”。老师说着重新开始了操作，只是瓶中充满烟雾后，电压调到了三百伏。“没什么效果嘛”，有同学开始小声议论着。电压继续上升了。五百伏、八百伏……每隔几秒，电压都重新调节一次，上万伏了——瓶中的“魔术”再次出现了。

“为什么电压低的时候没有效果，一定要加到几万伏的高压呢？”“是啊，几百伏也应该有电场，照理说也应该对带电粒子有电场力呀。”同学们的情绪又一次被激发了。这次，问题的关键变成了为什么要加载高压，高压的作用效果到底在哪里？

“即使是低压，电场还是存在的，没有效果，只能说明烟雾粒子不是带电粒子。”

“高压产生了效果，说明高压时烟雾粒子应该是带电的”。

“低压时粒子不带电，高压时粒子带电，难道粒子是被催化了吗？”

“电离，对，是电离。高压使电中性的分子电离了。”

“电中性的分子被电离，形成了带电粒子，带电粒子在电场中受电场力作用运动，吸附到瓶壁和铜棒上，烟雾就消失了。”

同学们的讨论、研究，终于完成了“静电除尘”的解释。

在随后的课堂点评中，教师一方面确认了学生的讨论结果，另一方面，则重点对学生的讨论过程进行了分析，特别是对“磁场作用”和“烟雾带电”两个假设的否定过程，进行了点评。他鼓励学生通过实验、观察、分析，去否定、去批判、去假设，从而提高自己的认知水平和思维水平。

（四）让“一题多解”指向学生思维的发展

“一题多解”是教学中经常采用的教学方法。它要求学生不为解题定势左右，通过生成性思维的过程和方式，获得更多的解题方法。但是新的解题方法是技巧上的提高，还是解题思维上的变化，是在他人基础上的改进，还是自己全新设计，这是需要教师有所关注，进而才能正确点评和激励学生的。

例 1：物体匀变速直线运动时的加速度

某做匀变速直线运动的物体，在通过两个连续相等的位移 S 时，经历的时间分别为 t_1 和 t_2，试求该物体匀变速直线运动时的加速度。

该题的常规做法是设初速度、加速度和时间，按运动学基本公式代入，即可求出。另一种做法则是利用平均速度的概念，分别求出两段位移的时间中点的即时速度，然后根据加速度定义求出结果。

关注到了教学的思维培养，教师请学生介绍他们是如何思考的。

学生 A：我也试着用基本方法求解，可是方程中几处都出现了二次函数，求解太麻烦了，我相信应该有更简单的办法，于是就想到了用平均速度来解。

学生 B：我仔细地审题，发现题设条件隐含了平均速度的概念，我就选择了用平均速度的方法求解。

可以看出，B 同学从接受信息开始，“分析”、“评价”的过程就开始同步，而 A 同学“分析”过程不够仔细、也未能及时评价，碰到钉子后才进入“评价”过程，所以效率较低。当然 A 同学在对原求解方法的评价中表现出来的明显的批判性思维，是应该值得肯定的。如果本题教学中教师的关注点仅仅是两种解题方法本身的比较，那就不可能对思维的发展做出较为有效的评析。

例 2：悬挂的大环

光滑大环被轻绳悬起，从环的上端释放两个套在大环上的小球（如图 2－3－3）。环与球的质量不能忽略。小球滑至何处，轻绳张力为零？

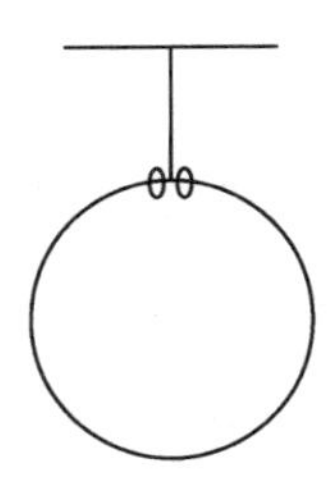

图 2－3－3

按照正常解题逻辑分析：环必受小球给其沿径向的弹力，因此球只能在上半环时使大环受到斜向上的弹力（与球受向心力方向相反），也才有可能使悬线张力为零。利用能量守恒、向心力、平衡、隔离法、力的分解等知识点，可以求出结果。

但如果换个角度思考：有重量的物体被悬挂起，为什么悬绳张力可能为零呢？这只有在失重的状态下才能实现。利用系统分析、失重、分解等方法，也可以求出结果。

这两种求解，在方法上差异较大，但是思维的差异更为明显。前者在问题研究时选取了独立对象，后者则采用了系统分析；前者的解题思维按部就班可以称为直线思维，后者的思维则是由结果反问属于逆向思维。本题教学中如果在注重求解方法差异的同时，有意识地从思维角度去分析类似的问题，就可以形成高阶思维能力培养的切入点。

（五）重视对学生探究性实验方案的评价

研究性学习中开展实验方案设计，对于中学生物理核心素养的提升，有着积极的作用。探究性实验中对于学生猜想的验证，形成的是“事实评价”。而在“事实评价”形成之前，加强对实验方案（或设计）的“思维评价”，则是凸显“分析、评价、创造”的过程，强化了学生的思维活动。所以，研究性学习中应注重组织学生，开展实验前对于实验方案的评价。

例：滑动摩擦系数的测定

为了测量物体间滑动摩擦系数，两位同学分别设计了两种不同的实验方案。

方案 A：

在水平桌面上，用测力计水平拉动一个已知质量的滑块，使滑块匀速运动，读出测力计的读数。再根据物体平衡时的受力关系，即可得出此时滑块所受滑动摩擦力的大小。更换相同材料、质量不同的滑块，重复操作，可以得到若干组滑动摩擦力的数据。将摩擦力数据和对应的滑块质量列表，就可以测得滑块与桌面的滑动摩擦系数。

方案 B：

水平桌面上铺有一张白纸，白纸上放着一个已知质量的滑块，滑块一端被水平绳拉住，水平绳则与固定的测力计相连。沿水平绳向滑块另一端方向拉动白纸，即可读出此时的测力计读数——滑动摩擦力的大小。更换相同材料、质量不同的滑块，重复操作，可以得到若干组滑动摩擦力的数据。将摩擦力数据和对应的滑块质量列表，可以测得滑块与纸面的滑动摩擦系数。

对这两个实验方案的分析评价值得组织学生的讨论活动。讨论中，两个实验操作的稳定性、可持续性、可视性、测量结果的不一致性等等，一个个问题都被提了出来，而随着问题的发现，新的设想也诞生了。实验 B 中的测力计可以由力传感器替代，实验 A 中滑块的拉动改为过滑轮的砝码下落……学生的思维通道被打开了。两个实验最终都进行了操作，也验证了学生对方案的评价。但就整个教学过程而言，最为出彩的就是对实验方案的评价过程。

（六）教师行为模式的垂范

高阶思维的一个重要特征是能够“对思维进行思维和评价”，这就需要培养学生不拘束缚、敢于思考、敢于批判、敢于评价、敢于挑战的勇气和态度。作为教师就应该更加关注自身的行为模式，不迷信权威、敢于挑战课本、敢于挑战已有结论，敢于对教材进行“批判性”评价，以自己的学术上的思维方式，感染学生，在培养学生高阶思维能力的过程中，为学生做出表率。

任何一种教学策略，都需要教师的组织和落实，都需要教学理念和教学方法的支持，也一定需要教师自身行为模式的支持。具体来说，教师的行为模式应该包括：

1. 尊重学生，向学生学习，教学相长。

2. 遵循建构主义的理论，注重对学生自习自研兴趣的激发，鼓励学生积极主动认真地参加自习自研过程，形成良好的学习习惯，建立良好的学风。

3. 起到引领、帮助作用，对学生自习自研的过程进行适时地点拨，如难点问题的辨析，主线和中心的把握，方法的概括等，帮助学生提高自我建构的水平。

4. 利用高阶学习活动方式组织教学。可以成立讨论小组、课题组等，运用集体讨论、相互启发、头脑风暴等方法，进行合作学习的引导。

5. 形成具有激励作用的评价方法，鼓励学生持续性地开展自习自研的建构过程，并在这一过程中加强师生互动、做到教学相长。

6. 具有不断学习和钻研业务的人格魅力，也应成为学生积极参与自习自研不断提高自身学力的典范。

例：学生给予的帮助

这是教学交流时几位物理老师讲述的故事。

片段 1：早在几年前，我就听说美国科学家正在研究通讯卫星的第二轨道问题。从物理教师的角度看，这似乎是不可能的。多年来，我也曾翻阅过一些文献，但始终没有详细的资料。后来在进行太阳能知识教学时，一篇学生论文再次提出了这个问题。我找到这个同学，请他为全班做了专题发言，原来这是利用太阳帆船所受到的光压来实现的。学生的帮助，使我解决了多年缠绕心头的问题。

片段 2：离子筛发电技术、水果发电技术，都是近年来国外研究的新兴技术。对这些问题，我只是知其然而不知其所以然。教学中，我老老实实向学生们讲述了这一情况。也许是真诚的态度打动了学生，时隔不久，几位同学就送来了专为我收集的有关的这方面的资料。看着这些资料，我由衷地感谢这些同学，也深深地为我们同学的成长而骄傲。

片段 3：圆周运动的向心力教学，以前使用的是向心力的大小与物体的质量、速度平方、转动半径有关的教学演示装置。这个装置基本上能给出定性的结论，但从定量的角度看总觉得不尽人意。教学中，我演示了现有的四种向心力装置，进行了比较，最后向同学们表示了我希望进行改良的想法。时隔一周，同学们就画出了电脑控制、激光控制、频率控制的近十种设计的草图，并在课堂上进行了热烈的交流。尽管从教师的角度看，有些设计显得比较幼稚，考虑的因素还不够全面，但从教师行为模式引发的学生主动创造的效果看，却是非常有意义的。

教师行为模式的另一个问题，是要舍得“教学时间的奢侈”。

学生的交流与总结，在教学中占有越来越大的比重。从形式上看，学生的交流与总结是学生对知识内容的自我建构与整理提炼，是学习的反馈与促进。从功能上看，则又包含了合作学习、师生双方共同发现问题，提出问题，促进思维发展的导向。因此对概念规律等的释疑、解惑，对所学知识的进一步深化和应用，对物理问题多层次的审视分析，对物理规律多角度的理解认识，对物理过程多方位的比较研究，应该成为培养学生高阶思维的基点。

正因为这样，教师就必须拿出足够的教学时间，安排学生的探究、交流、分析、评价等活动，舍得教学时间的“奢侈”。

四、教学与技术的融合，助力高阶思维的培养

现代社会是知识爆炸和网络信息的社会。随着信息技术的迅猛发展，教学中使用越来越多的信息化设备，构建信息化的教学环境与学习环境，已经成为了教学一线广大教师自觉的教学行为。课堂中，微视频的播放、教学软件或课件的展现、PPT文稿的演示、智能手机或平板电脑录像的实时投影、信息化技术模拟实验的操作、智能白板以及智能触摸屏的使用等，使课堂的教学环境与学生的学习环境发生了重大变化。

从教育心理学的角度分析，学习者多感官的信号接收刺激，一定会比单一感官或少数感官的信号接收刺激，印象更为深刻。外界信息获取的丰富程度，也一定是前者超过了后者。学习者学习过程的注意力集中，也一定是前者环境下的状况超过了后者环境下的状况。所以信息技术的广泛使用对于学习者的学习建构过程，给予了积极的支持。

除此之外，信息技术手段的使用，可以给学生提供身临其境的环境氛围，丰富学生的学习方式，增加学习的内容、促进多种学习形式的结合，形成翻转课堂的教学，升华课堂教学的质量。

人工智能技术进入教学后，线上线下结合的学习，可以记录的学生学习过程的学习，可以对学生学习予以评价，可以根据学生学习程度精准推送的学习等，都将对教与学的变革，产生深刻的影响。

（一）信息技术对于物理课堂教学的影响

具体到物理教学的课堂，信息技术环境建构也有着特殊的意义。

第一、营造良好的、真实的问题场景

物理学科的学科特点是实验性和实践性，物理学研究的问题，来源于生活，物理

学规律的验证，也离不开生活。所以，物理课程的学习，物理观念获得、辨析、应用，需要真实问题的场景建构。这正是信息技术可以强力支持的内容。

例如，马德堡半球实验场景、赛车在圆弧赛道上翻车的场景、火箭发射升空的场景、电磁弹射的场景、原子弹爆炸的场景等等，都为相关教学内容的展开，提供了良好的环境烘托，既激发了学生的兴趣，也开阔了学生的视野。

第二、支持了互动式教学

互动式教学包含了两层意思。一是指课堂教学中学生与软件之间的互动。如教学软件演示过程中出现了需要学生回答的问题（如选择题）时，学生通过点击按钮选择答案后，系统就会以笑脸、声音或音乐进行表扬鼓励。第二层意思则是学生之间、师生之间的互动。在学生合作学习时，局域网可以将学生的学习终端网络化，使教师发布的资源、学生个人提交的学习结论等，能在全体学生的终端上显示，既可以开展网上学习的交流讨论，也实现了学习过程中的资源共享。

第三、实现了翻转课堂

翻转课堂的教学，是指通过网络在指定的资源库上提前或在课间进行微视频观看、进阶习题的练习，再以网络、微信、QQ等形式与教师或同伴进行交流沟通，提出自己的困惑。教师则根据学生网络学习的统计数据或学生提交的问题，在课堂上有目的地进行重难点分析及拓展式教学。

例如，力的分解微视频学习后，对于逆风行船问题、风筝获得竖直方向最大升力问题、四旋翼飞机的转弯问题等，就可以进行较为深入的讨论与分析。

第四、形成了课堂教学的全景记录

信息技术手段可以对教学全过程的板书进行记录。如果再配合教师讲课和学生问答的录音、录像（手机模式或微格教室配备），就形成了课程教学的全景记录，不仅可以方便学生课后的再次学习和复习，也可以为缺课学生的学习提供条件。

第五、教学难点的解剖更具直观性

信息技术手段的使用，可以使教学难点的解剖更具有直观性。使空间场景的抽象，通过视觉成为了可视的形象，从而验证学生思维的分析判断。

例如，气体压强成因的微观解释软件的应用。在一个立方体中，无数的气体分子在做无规则的热运动，随着气体分子对于器壁的碰撞，器壁上就会出现一个红色的斑点，表示了分子给器壁的冲力。随着时间推移，整个器壁都呈现出了红色，较为直观地解释了气体压强的成因——单位面积上分子给器壁的平均作用力。

再如，对于全电路欧姆定律的教学，利用相关的软件，就可以使内电压、外电压、电动势、电场力做功、非静电场力做功等的关系，通过动画，形象生动地展示出来，有效突破了教学难点。

第六、配合了物理实验的教学

物理实验中的有些内容是教学中不能或不易完成的。如危害性实验（放射性物质的射线观察）、危险性实验（原子弹爆炸观察）、微观物理实验（卢瑟福 α 粒子散射实验）、时间长度不允许课堂操作的实验（查理定律实验，一定质量的气体等容时压强随温度变化而变化），以及不稳定性的实验（手摇柄转动的实验）和变化微小的实验（动量教学时碰撞物体的形变）等。对于这些实验，最好的办法就是利用信息化手段进行处理。

例如，万有引力定律实验，这是物理教学中不太可能完成的操作实验。借助于微视频，就可以重现卡文迪许的扭秤实验，为学生万有引力定律的学习提供感性认识。

再如，卢瑟福 α 粒子散射实验，也是高中物理实验室不可能操作的实验。借助于微视频，就可以清晰地看到“少数粒子”和“个别粒子”的轨迹。对于“大多数粒子”，视频采用了第二画面的方法，在分画面中呈现了大量粒子到达的情况。

除此以外，利用信息化技术手段还可以使实验的细节得以放大，使实验的进展成为“慢动作播放”，使所有学生的实验设计（书面）同时展示。

例如，在进行学生分组实验时，就可以利用手机或平板电脑的摄影功能，将实验的操作用投屏的方式实时传输并投影在大屏幕上。使用手机或平板电脑的这一功能时，可以不受连线的限制，在不同的学生小组中自由移动。

而水滴的自由下落视频，则是“慢动作播放”的例子。通过“慢动作播放”，水滴下落中的分裂现象，可以清晰地看出。

在这里，还要重点提及实验教学中的 DIS 系统。它以传感器、数据采集器、电脑软件为核心，构建了信息化实验系统，在传统物理实验的基础上，将数据采集、数据分析融为了一体，极大地提高了实验的效率。DIS 系统现在已经基本覆盖了高中物理演示性实验和学生实验，不仅在基础型课程中广泛使用，更为学生的研究性学习和课题研究提供了条件，成为了物理学科中教与学变革的重要介质。

第七、实现了课堂上的个别化指导

个别化教育，使学生成为富有个性而全面发展的人，是现代教育的追求，也是课堂教学中物理教学的追求。这里不妨以“蓝牙笔”为例来说明课堂上信息技术对个别化指导的支持。

“蓝牙笔”是近年来信息化教学的另一种工具。它的形状就是一支笔，可以在普通的纸张上书写，同时能将书写的内容通过蓝牙方式传输给教室的接收器。它的使用，需要在一定的空间范围（蓝牙发射、接收区）内，并配置专用的蓝牙接收器、专用服务器和专用服务软件。当学生使用蓝牙笔进行书面书写或实验设计时，所有学生的书写内容都可以被同时接收，并由大屏幕投放。教师在观察全体学生学习情况的同时，可以立即发现学生个别化学习的困难，并通过软件切换，与学生个别对话或进行专门指导。

事实上，由于信息技术的发展和学习方式的变革，个别化指导通过微信、视频、QQ 等方式已经在越来越多的学校教育中实施。但在课堂上，在尊重大部分学生学习的前提下，进行个别化指导，最为关键的是学习中困难学生的发现。所以类似于“蓝牙笔”、“平板实时投屏”、“手机投屏”的技术，对这种发现的困难，予以了突破，帮助了教师对学困生的个别化指导。

第八、实现了课堂上对学生的实时评价

课堂上对学生学习情况的及时评价，也是信息技术手段使用的一个优势。通过手机或平板电脑的专用软件或定制的答题按键器，配合系统软件，就可以对学生问题的回答或练习题的解答进行判断与统计。另外，学科试卷的机器阅卷、英语的听说测试的电脑模式、英语写作的机器批改，语文学科作文的电脑阅卷，以及正在研发即将面世的数学主观题阅卷系统等，不仅能完成机器阅卷，还将完成数据的统计和分析，也都是信息技术手段在教学评价方面的应用。

（二）信息技术的课堂使用，助力高阶思维能力的培养

信息技术手段的使用，最为凸显的特点就是大容量信息的输入，这对于高阶思维的培养，有着积极的意义。首先，大容量信息的出现，提供了学生信息接收、筛选的过程。对输入信息的分析、评价，选择性的获取关键内容，成为了学生思维的良好训练。其次，各种信息的展现，为学生提供了更多可以观察、比对、判断的场景，为分析与评价增加了可以参照、借鉴的内容。

例：电磁炮的教学

电磁学理论在电磁炮方面的应用，是教学中经常会涉及到的内容。信息技术的使用，不论是视频、照片等往往都会有多种电磁炮的形态。例如下图：

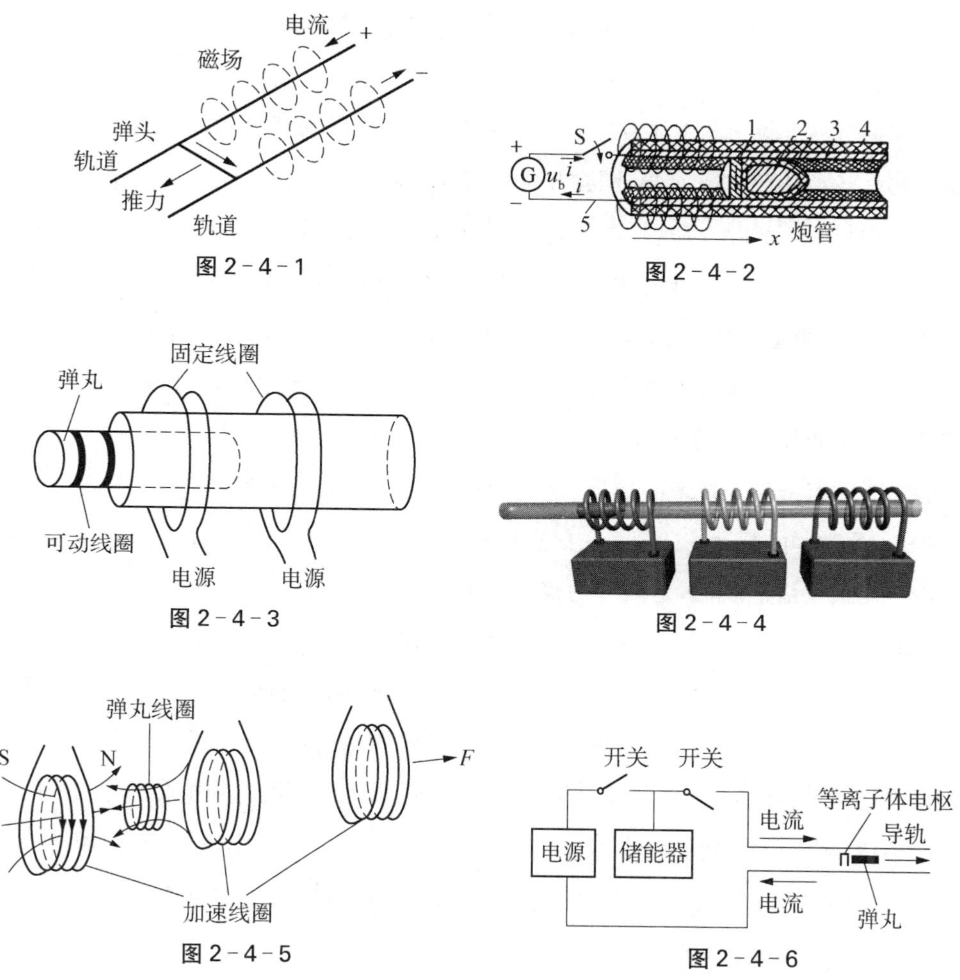

图 2-4-1

图 2-4-2

图 2-4-3

图 2-4-4

图 2-4-5

图 2-4-6

图 2-4-1、图 2-4-2,所示的是轨道炮型的电磁炮。轨道炮是利用轨道电流间相互作用的安培力把弹丸发射出去。它由两条平行的长直导轨组成,导轨间放置一质量较小的滑块作为弹丸。当两轨接入电源时,强大的电流从一导轨流入,经滑块从另一导轨流回时,在两导轨平面间产生强磁场,通电流的滑块在安培力的作用下,以很大的速度射出。

图 2-4-3、图 2-4-4 则是交流同轴线圈炮。图 2-4-5 则是它的原理图。该炮由加速线圈和弹丸线圈构成,根据通电线圈之间磁场的相互作用原理而工作的。加速线圈固定在炮管中,当它通入交变电流时,产生的交变磁场就会在弹丸线圈中产生感应电流。感应电流的磁场与加速线圈电流的磁场互相作用,产生安培力,使弹丸加速运动并发射出去。图 2-4-6 则是电源供电的原理图。

随着3D技术的逐渐普及，软件制作工具的丰富，教学软件或课件或微视频的制作水平获得了极大的提高。

如何对一个教学软件或微视频进行评价呢？以PPT的制作为例，至少应该具备这样的几条：主题清晰、突出；图文并茂、具有美感；色彩柔、不过于艳丽（保护学生视力）；人物与主角（如果有这样的设计）造型形象生动；动画活泼自然；配音与情景吻合；具备良好的交互性。对于视频拍摄则需注意：灯光要合适、镜头的推、拉、升、摇动作要平稳，被摄主体要突出，配音解释要准确等等。现在，上海市每年都要开展教师信息化作品设计制作的评选，国家电教馆每年也会组织类似的评选，这就给教师的信息化设计和制作，提供了充分展示的平台。

教学中营造信息技术的环境，达成利用信息技术辅助教学、提高教学质量的目的，是需要教师的智慧的。但是在信息技术手段的应用中，还应该注意，第一，信息技术的应用仅仅是手段，不是教学的目的。不能为了“新鲜、热闹、造势、门面”等的需要，而使用信息技术。第二，利用信息技术增加课堂容量的同时，要给学生的思考留下足够的时间，促进学生的思维发展。第三，PPT的使用（目前教师使用得较为广泛）不能完全替代教师的板书。因为教师的板书（特别是习题解答的板书），在展现教学思考步序递进的同时，也需要学生思考的同步，而PPT使用的过程则会弱化这样的同步。第四，对于理科的实验教学，要树立以真实实验为主的教学思想，不能用模拟实验或者视频实验来替代可以操作的真实实验，坚持在真实实验中培养学生的动手能力、实践能力和科学精神。

五、参与校本课程建设为例，探索高阶思维能力的培养

校本课程是课改以来拓宽学生视野，发展学生兴趣，培养学生个性特长的重要资源，也是高中生高阶思维能力培养的重要载体。物理教师在指导学生科技活动、研究性课题、社团活动等方面，有着学科背景的优势，物理教师应该积极参与中学生高阶思维能力培养的校本课程建设过程，梳理对学生高阶思维能力培养的理解与感悟，探索培养学生高阶思维能力的内容与方法，践行培养工作的思路与过程，形成校本课程教学到物理基础性课程教学的迁移，使之成为学生高阶思维能力培养的独特舞台。

例1：能源实验室课程计划

截止到2020年，上海市所有的中小学都建设了学校创新实验室。不仅给学生带来了许多科技发展的新鲜内容，还培养了学生动手实践能力、想象能力、设计能力、创

造能力，发展了学生的高阶思维能力。

以下是某校创新实验室课程开发的案例——《能源实验室课程计划》：

第一模块（二课时）：能源的知识

教学方法：教师讲述、学生资料查询交流

教学内容：能源的概念、常规能源、新能源

一次能源、二次能源

能源的使用、能源的危机

第二模块（一课时）：能源模型的参观

教学方法：实地参观、教师讲解

教学内容：火力发电、风能发电、太阳能发电、核能源、风力发电

第三模块（一课时）：发电机原理

教学方法：教师授课、教具观看、学生体验

第四模块（四课时）：学生制作（一）水力发电机模型

结构式积木搭建场景

发电机模型、水力冲击系统

各种灯泡发光表示效果

第五模块（四课时）：学生制作（二）云霄车机械能守恒模型的研究

轨道的设计

轨道平整度调适

小球运动的能量守恒及测量

第六模块（四课时）：学生制作（三）太阳能发电的应用

太阳能电池板电动势、内电阻的测定

太阳能发电储存实验

太阳能动力的应用（路灯、电扇、水泵等）

第七模块（四课时）：学生制作（四）风能发电机模型和应用

风力发电机（水平、垂直）功率测定

风能动力小车安装

第八模块（四课时）：学生课题研究作品介绍

重力发电模拟装置

太阳能滴灌模拟装置

校本课程的架构中，包括了认知内容、案例分析、课题指导以及实践能力。参与校本课程的建设，能够使教师对高阶思维的培养获得新的反思。上述的这一课程，从第四个模块开始，突出了学生的设计和动手实验能力，不仅与学生已有知识形成了关联，更涉及到了相关内容的基础性课程教学内容。校本课程的开发中对实践活动的强调，学生制作活动中不可缺少的“分析、评价、创造”等高阶思维培养要素，都可以为基础型课程的教学提供借鉴、复制的内容，成为课程学习的典范。

例 2：《乐高机器人初级课程》课程计划

这也是某校物理教师参与的校本拓展型课程的开发设计，课程分为了六个模块。

第一模块(二课时)：乐高机器人零件的初识

教学方法：教师讲述、学生体验

教学内容：乐高零件按大小、形状、颜色的分类体验

结构搭建零件的体验、乐高马达的体验

乐高传感器的体验

第二模块(二课时)：学生制作(一)乐高机器人基础搭建体验

教学方法：教师讲述、学生搭建体验

教学内容：请学生按照自己的想法搭建一部三轮可行驶小车

第三模块(四课时)：学生制作(二)乐高机器人规范搭建体验

教学方法：教师讲述、学生搭建体验

教学内容：请学生按照乐高搭建手册所提供的方法改进搭建的小车，并比较自己所搭建的小车和搭建手册所提供的搭建方法有什么区别。

第四模块(四课时)：学生制作(三)搭建能停在终点前的小车

教学方法：教师讲述、学生体验

教学内容：将搭建的三轮小车用 NXT 控制器直接编程方式编写程序

在不用传感器的前提下实现能停在黑线上的规定动作

15 分钟小组竞技交流，比赛成绩记入平时成绩

第五模块(八课时)：学生制作(四)学生制作能上阶梯的机器人小车

上阶梯机器人爬阶梯规则解读

上阶梯机器人的实现策略分析

上阶梯机器人的低落差阶梯上行搭建调试体验

上阶梯机器人的高落差阶梯上行搭建调试体验

机器人上阶梯部分小组竞技交流,比赛成绩记入平时成绩

上阶梯机器人难度提高:加负载,加入半包围乒乓球,要求跟车上行

带负荷机器人上阶梯部分小组竞技交流,比赛成绩记入平时成绩

上阶梯机器人难度提升:能自动识别最高一级的台阶并能停留在最高级台阶上

上阶梯机器人能停留在阶梯顶部3秒钟,并从阶梯顶端返回出发点

能完成全程动作的机器人小组竞技交流,比赛成绩记入平时成绩

第六模块(四课时):学生制作(五)机器人走黑线体验

机器人光传感器配合搭建体验

机器人能看到黑线停止并做出指定的动作

单光传感器机器人能沿着黑线行进指定距离并能看到十字黑线交叉处自动转向。

这一课程的开发与实施,引发了教师的感悟与思考。学生活动需要对机器人组件认知、功能解析、拓展思考,才能根据环境要求进行设计和制作。这个过程中,教师的讲授应该采用什么节奏、满足怎样的度,才能符合课程的设计要求。为此,他开始实践“半野生教学法”,以原理简介和半成品制作为起点,要求学生深入学习、完成作品、拓展作品、触类旁通。这一教学方法取得了良好的效果,也迁移成为该教师在物理教学中采用的教学策略。

例3:气压表如何测量楼房高度

这也是校本课程教学中给学生介绍的“剧情”。

很多同学都被问过这样一个物理问题:“如何利用气压计测量一栋大楼的高度?”几乎每个用功的同学的回答都是:“用气压计测量地面与楼顶的大气压力,然后用这个大气压力差即可计算出大楼的高度。”答案非常漂亮,也是参考书里现成的标准答案。

但是在物理学界却流传着这样一则故事。

曾经,有一个学生对上述问题的回答居然是:“带着气压计到大楼顶,在气压计上

绑一条长绳,然后缓缓垂下,等气压计触及地面时再拉上来,绳子的长度即大楼的高度。"老师给了他零分,但这位学生却不服气,说答案完全正确,应该给满分。最后师生同意请一位大师来仲裁。大师提醒这位学生这是物理考试,答案一定要包含某些物理知识,然后给他六分钟时间作答。过了五分钟,答卷上一片空白。大师问他是否要放弃,那位学生却说:"答案有很多个,我只是在想哪一个答案最好。"然后奋笔疾书,在最后一分钟总算交了卷。他这次的答案是:"带着气压计到大楼顶,弯腰松手让气压计落下,同时用秒表测量气压计掉到地面所花的时间,大楼高度等于二分之一乘以重力加速度乘以时间的平方。"答案完全正确,而且也用到了物理公式,老师只好给了他接近满分的高分。

仲裁圆满结束后,大师好奇地问这位学生还有什么答案。结果,那位学生又一口气说出了五个答案:一、晴天时,先测量气压计长度以及它阴影的长度,再测量大楼阴影的长度,然后利用比例就可算出大楼的高度。二、带着气压计爬上楼梯,沿着墙壁以气压计的高度为单位做记号,一直标记到顶楼,看有多少个标记,再乘以气压计的高度,就是大楼高度。三、把气压计悬吊在弹簧的末端,测量地面的重力值和大楼顶的重力值,从两个值的差异也可算出大楼高度。四、在气压计上绑着长绳,垂到接近地面,像钟摆般摇晃,从摆动时间也可算出大楼高度。五、去敲大楼管理员的门,对他说只要他告诉自己大楼的高度,就把气压计送给他。

大师听了,问:"难道你不知道利用地面与楼顶大气压力差来计算大楼高度这种正规的方法吗?"学生回答说:"当然知道!但我喜欢动脑筋思考,自己想出更多的方法来。"

这个故事在物理学界广为流传。那位担任仲裁的大师是1908年诺贝尔物理学奖得主鲁斯福特,而这位学生的名字叫做波尔,他后来成为举世公认的物理奇才,1922年诺贝尔物理奖得主,原子模型的缔造者和量子论的创建者。

这是某校校本课程的思维课程。对于学生来讲可能比较陌生。但这个案例对于思维方法的学习和对于思维习惯的分析借鉴,却很值得教师与学生思考。波尔为我们展示的不仅是测量的结果,更是他超人的发散性思维和强烈的批判性思维——为什么气压表只能用于气压的测量?这样的课程从开发到实施,都会给我们对学生高阶思维能力的培养,提供深刻的启示。

(上海市市西中学林勤)

第三章
问题解决维度培养高阶思维能力的探索

一、劣构问题解决能力的培养简述

(一) 良构问题与劣构问题

美国密苏里哥伦比亚大学教育学院教授，戴维·乔纳森(David H. Jonassen)博士，是教育技术学领域的领导者和开拓者，是将建构主义认识论应用到学习设计和教育技术研究的实践者，也是问题解决和有意义学习的倡导者和推动者。乔纳森根据问题特性的不同，将问题分为谜问题、良构问题和劣构问题三大类，而在良构问题到劣构问题的连续统一区间内，他又区分了十一种问题类型，依次是逻辑问题、算法问题、故事问题、规则应用问题、决策问题、故障排除问题、诊断解决问题、技巧/策略问题、案例/系统分析问题、设计问题、两难问题，并从问题表现维度对这些问题类型进行了详细分析，指出了问题的结构型特性。

所谓的良构问题，一般是指问题有唯一解。解决这类问题需要根据限定的问题条件，运用所学的概念、规则和原理。它是由明确的初始状态、已知的目标状态和受限制的一些逻辑因素组成的。这类问题的特点是：(1)呈现问题的所有组成部分；(2)对学习者呈现的是良构的、有求解方法的问题(在问题的陈述中规定了问题的条件)；(3)以一种预测性的和描述性的方式明确地界定限制条件，其中包含着解决问题时所需要运用的若干规则和原理；(4)涉及某一知识领域中某些常规的、良构的概念和规则；(5)有正确的、统一的答案，即标准答案；(6)有可知的、可理解的解决方法，决策的选择与所有问题状态之间的关系是已知的或必然性的；(7)有一个最佳的、特定的求解过程。

简单地来说，就是问题是为直接揭示科学概念而人为设计的，对问题界定了限制条件，提供了解决问题的规则和原理，提供了解决问题的明确方法和步骤。

劣构问题，则是与我们的日常生活实践密切相关、对学习者很有意义的问题。解决这类问题的过程中，学习者需要界定问题，选择有益于形成解决方案的信息和技能。

劣构问题的主要特点是：(1)界定不明确，问题的构成存在未知或某种程度的不可知部分；(2)目标界定含糊不清，缺少限定；(3)具有多种解决方法、途径或根本不存在解决方法；(4)具有多种评价解决方法的标准；(5)可操控的参数变量很少；(6)没有原型的案例可供参考，因为案例中各重要因素在不同的情境具有显著差异；(7)不能确定哪些概念、规则和原理对形成解决方案来说是必须的；(8)概念、规则和原理三者之间的关系在案例间的应用不一致；(9)对描述或预知大多数案例没有一般性的规则或原理；(10)在确定恰当的行动方面，没有明确的方法；(11)需要学习者表达个人对问题的观点或信念，因而解决问题的过程是一种独特的人际互动过程；(12)需要学习者对问题作出判断，并说明理由。

简单地来说，就是问题来源于日常生活或是对真实场景的模拟，对问题缺乏明确的界定，问题的构成存在不可知的部分，难以确定哪些规则和原理是解决问题必须的，难以确定解决问题的方法和步骤，需要通过尝试不同的解决方案去寻找最佳的解决办法。

对于劣构问题，可以用下面的案例来说明。

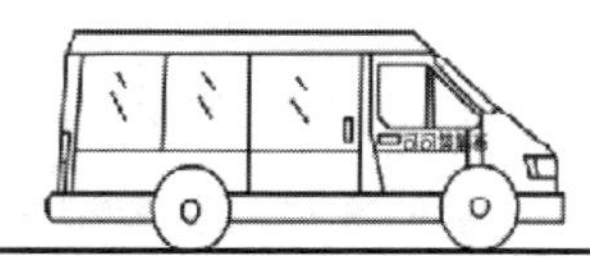

例 1：一辆质量为 m 的汽车，与地面的摩擦阻力为 f_1，当刹车板踩下后的刹车阻力为 f_2。汽车以 v_0 速度行驶至距站点 L 处时，撤去动力。试问以怎样的减速方式，可使汽车恰好停在站点上。

这个问题用最简单的判断来考虑，汽车至少可以有三种减速至停止的方式。

1. 撤去动力时，就踩下刹车；

2. 撤去动力后，先滑行一段，再踩下刹车板；

3. 撤去动力后，先踩下刹车板减速一段，再滑行至停止。

这里，汽车减速至停止的方法是不确定的，除了上述的三种方式外，还可以有更多的方式。如滑行、刹车、再滑行、再刹车……问题条件的界定也是不明确的。这三种情况下距站点的距离 L 其实是不相同的（S_1、S_2、S_3），因此三种求解的结果也没有必然的关系。来看一下三种情况的具体的求解：

第一种情况：$(f_1+f_2)L=\frac{1}{2}mv_0^2$

$$L=S_1=\frac{1}{2}mv_0^2(f_1+f_2)$$

第二种情况：$f_1L+f_2L_2=\frac{1}{2}mv_0^2$

$$L_2=\frac{\frac{1}{2}mv_0^2-f_1L}{f_2}$$，其中 $L=S_2$，L_2 是距站点的刹车距离。

第三种情况：$f_1L+f_2(L-L_2)=\frac{1}{2}mv_0^2$

$$L_2=\frac{(f_1+f_2)L-\frac{1}{2}mv_0^2}{f_2}$$，其中 $L=S_3$，L_2 也是距站点的刹车距离。

可以看出这三种情况中，第一种情况距站点的距离 S_1 最近。而第二种与第三种情况，只能确定刹车点与滑行点距站点的距离。求解方式的不确定与条件边界的不确定，构成了典型的劣构问题。

例 2：这是某校初中学生参观上海铁路博物馆后的作业。要求学生根据自己的兴趣，设计一条参观路线，为后续参观的学生做导游。而当学生作业交流时，自我路线的设计充分展示了学生的个性和学生思维的独特性。

有根据所学物理知识为线索的路线设计。包括轨道的间隙、火车轮箍的生产中的热胀冷缩原理；燃煤、燃油、电驱动机车的动力形式；磁悬浮列车悬浮于前进的原理；电气化机车的供电系统设计、枕木的作用、流线型车型等内容。

有根据信息发展为线索的路线设计。包括了信号旗、信号灯、车载电话、卫星电话、车厢内无线 WIFI 覆盖等问题。

有根据铁路发展史为线索的路线设计。包括了窄轨、宽轨、短轨、长轨、绿皮车、动车、高铁的变革；包括了新中国成立前后的铁路发展；八纵八横的铁路发展布局；以及中国高铁走出国门成为国家名片的相关内容。

……

学生的作业真可谓百花齐放、风格迥异。

在这个路线设计的作业任务中，完全没有固定的解决模式，没有固定的答案，也没有设计的优劣差异，这也就成为了典型的劣构问题。

（二）良构问题与劣构问题解决的差异

劣构问题与我们的日常生活实践密切相关。它的问题解决，不是简单地将已有的知识直接提取出来就能解决的。需要根据问题情境，以原有的知识为基础，通过对问题进行分类和界定，以学生的元认知参与、监控和评价才能完成的。

与劣构问题的解决相比，良构问题只要通过练习和反馈，理解和掌握概念、元素、符号、程式、实验操作等知识，具有一定的问题图式的储存，再掌握一些解决策略，就可以完成问题的解决。

所以，良构问题的解决，偏重于物理观念和规律的理解掌握，偏重于物理观念和规律的“直线”运用，表现为问题求解的唯一性。而劣构问题的解决，则凸显了分析、综合、评价、创造的高阶思维环节，极大地丰富了学生的思维维度，拓展了学生的思维视野，为学生思维的创造提供了空间。

当然，良构问题在劣构问题的解决中也有着积极的作用。良构问题是解决劣构问题的知识基础和支架。事实性知识、概念性知识、程序性知识和元认知知识，在劣构问题解决中都是不可缺少的内容。且劣构问题的求解往往会包含对若干具体的良构问题的应用，提供对解决劣构问题的启发。

正是因为劣构问题的解决，对学生高阶思维的培养有着特殊的意义，我们的教学中就应该注重对劣构问题的引进和融入，注重良构问题的劣构化。

（三）良构问题劣构化

劣构问题解决能力的培养，首先是要能够在物理教学中呈现劣构问题。

传统的课堂教学关注的是良构的知识领域，以及收敛的认知结果，学科教学中系统知识也是一种结构良好的问题，这种以良构问题为主的教材设计，其背后的假设是：通过良构问题获得的科学知识和方法，可以迁移到日常生活情境中，去解决复杂的劣构问题。但这是很困难的，因为学校情境中的良构问题求解和日常生活中的劣构问题求解是两回事，其间的关联性和迁移性相当有限。因此劣构问题解决能力的培养，还应该从小处着手，渗透在物理学科的教学中，这就是良构问题劣构化、教学中呈现劣构问题的意义。

1. 情境背景下的良构问题劣构化

物理学科的学习过程中，学生一般对于良构问题是比较熟悉和适应的。将良构问题劣构化，就能从学生的学习水平、学习经验和教学的实际出发，有梯度的面对劣构问题，提升对于劣构问题的解决能力，发展学生的高阶思维。而在良构问题劣构化过程中，情境教学，是一个重要和关键的举措。

情境教学是通过设计出一些真实性和准真实性的具体场合的情形和景象，以生动性与形象性为特点，营造良好的学习气氛与环境。我们常说，生活就是问题解决。

生活场景的多侧面和丰富性，诸多的问题解决的不确定、边界条件的不明确、解决方法或思路的发散性、以及问题结果的不唯一性等，就是劣构化问题的表现。情境的设计，还是物理学科知识与真实生活事件、科技发展内容的有效接口。所以，以情境为背景，把知识融于生动的情景之中，让学生理解所传递的信息，触景生情，激活思维，激发表达思想的欲望，提高学生的学习兴趣和质量，就能提高劣构问题解决中的思维水平。

我们来看看以下的几个案例。

例 1：初中学习中，我们曾经完成过利用两个开关控制一盏楼道灯的电路设计（图 3-1-1），这也形成了后续学生学习的良构问题。如果将问题发展一下，增加一个开关（开关类型任选），实现三个开关控制同一盏灯，如何完成这一电路设计。

这就是在原有问题基础上良构问题的劣构化。增加一个开关应该是怎样的开关？电路应该如何连接？特别是在逻辑电路学习后，可否运用逻辑电路处理？这些问题都具有不确定性，这就导致了最后的结果也具有多样性。

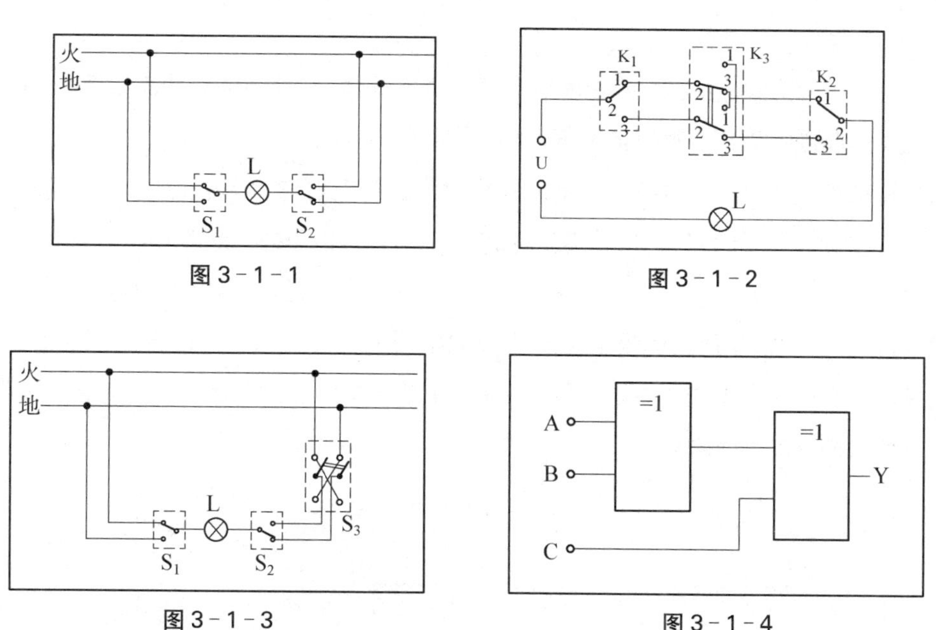

图 3-1-1　图 3-1-2

图 3-1-3　图 3-1-4

三个开关控制同一盏灯的问题求解，这里给出了三种电路设计的结果。利用双刀双掷开关，可以有两种不同的电路设计（图 3-1-2、图 3-1-3）。利用逻辑电路和单刀单掷开关，又可以形成第三种设计（图 3-1-4）。当然，如果进一步分析，第二种电路与第三种电路的设计，在原理上是相同的，尽管双刀双掷开关的位置不同，但对于电路控制的思路则是异曲同工。

劣构问题的解决与良构问题的解决相比较，学生的思维活动，包括思维的深度、广度、复杂程度等方面，力度都会有明显的增加，学生在处理劣构问题时，也往往因为难度较大，甚至无法下手，会产生一定的畏难情绪。情境的导入，则会对学生的学习予以正能量引导。

例如本题，在头脑奥林匹克活动中，是屡见不鲜的。如旅行者在公园的不同位置对小喷泉的控制，机器人在不同位置对灯光广告的控制，或是家庭三个房间对客厅灯光的控制等，既有物理问题的意义，也有一定的实用性。再用学生已有良构问题的经验作为情境，就可以激发学生的兴趣和求解欲望。特别是从开关问题解决的经验出发，学生就会由于过去的成功解题，产生成就感和熟悉感，进而对劣构问题求解更有兴趣、更为投入。

例 2： 在有摩擦的水平面上，用一个水平外力推动物体匀速前进，求解外力做的功。这是学生非常熟悉的良构问题。将这个良构问题按照下面的叙述重构，就成为了劣构问题。

一个边长为 a、质量为 m、密度均匀的正方形物体，与地面的摩擦系数为 μ，用外力使物体前进 a 距离。哪种情况下，外力做功最少？

这也是一个由生活情境和学生经验构建的劣构问题。物体前行 a 距离，可以有很多方式：可以用外力匀速推动物体(图 3-1-5)；可以用外力将其以某一条边为轴翻滚(图 3-1-6)；也可以 m 点为轴，用一个外力 F_1 使物体与地面虚接触(该力不做功)，再用一个力 F_2 使物体缓慢地转动 90°(图 3-1-7，图中 F_1 未画出)。除此以外，还可以用水平外力先推动物体一段，再撤去外力让物体滑行至静止。这里我们不妨就以前三种情况为例来分析。

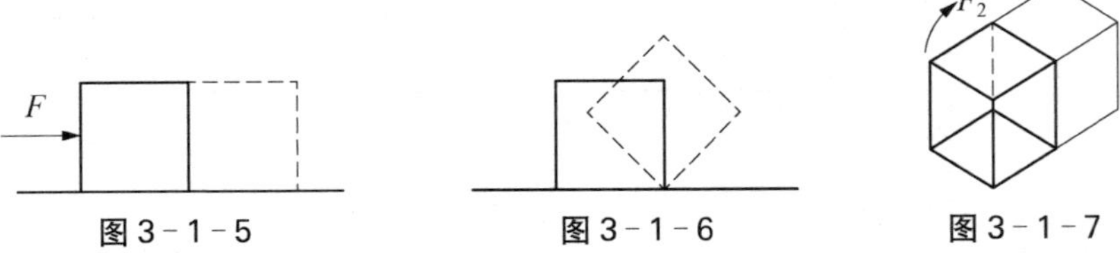

图 3-1-5　　图 3-1-6　　图 3-1-7

第一种情况，外力 F 匀速推动物体前行时，$W_1=\mu mga$；

第二种情况，外力翻转物体时，$W_2=\dfrac{(\sqrt{2}-1)mga}{2}$；

第三种情况，理论上应该等于摩擦阻力在支点旋转时对物体做功，这里无法计算。

而如果只是单纯比较第一种情况与第二种情况下的做功，则又需要讨论摩擦系数 μ 与 $\frac{\sqrt{2}-1}{2}$ 的关系。

这个问题中的情境也是生活中经常可以看到的。当搬家移动较重的家具时，往往一边转动、一边挪动，使家具安放在确定的位置。良构问题异构化时，引进学生熟悉的场景，不仅使问题的逻辑起点具有真实性，也能加深学生对劣构问题的认同和理解。

例 3：这是电磁学内容学习后的问题，如何利用磁场来测量匀速转动物体的转速。

实际上这是磁场知识应用的问题。对于磁场而言，不论是安培力、法拉第电磁感应定律，学生都是比较熟悉的。对于单纯的计算感生电动势、判断感生电流方向或是交流电最大值及有效值计算等问题，大部分都可以看成是良构问题。而测量匀速转动物体的转速，则从另一个角度，去丰富学生的思维。

例如，将带有三根长为 d（半径）、电阻为 r、边框无阻且可绕 MN 轴旋转的圆环，置于界限清晰、磁感应强度为 B 的磁场中。用电刷与环边缘和轴接触，并与外电阻 R 相连，且知 $R=r$（图 3－1－8）。

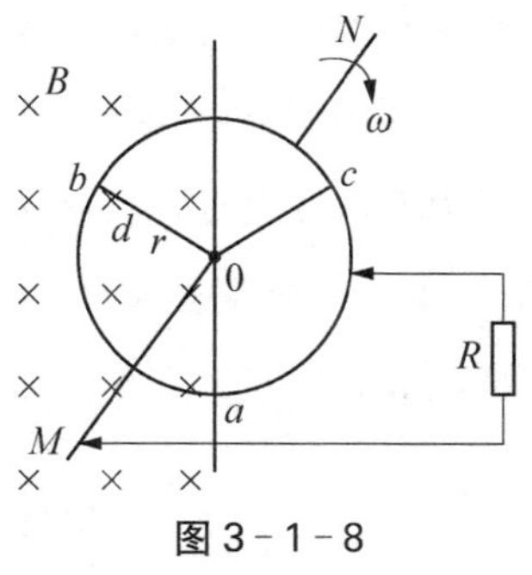

图 3－1－8

当圆环从图示位置转动 $\frac{\pi}{3}$ 过程中，从上向下通过电阻 R 的电流为 $I_1=\frac{Bd^2\omega}{2r}$。

圆环再转动 $\frac{\pi}{3}$ 过程中，从上向下通过电阻 R 的电流为 $I_2=\frac{Bd^2r}{4r}$。

继续旋转，电流大小将周期性重复 I_1、I_2 的数值。只要用电流表测量出通过电阻 R 上的电流 I_1 或 I_2，就可以代入上述公式，计算出圆环的转速。

除此以外，还可以做出电流的波形图（图 3－1－9），根据电流变化周期的时间测量，确定圆环的转动速度。

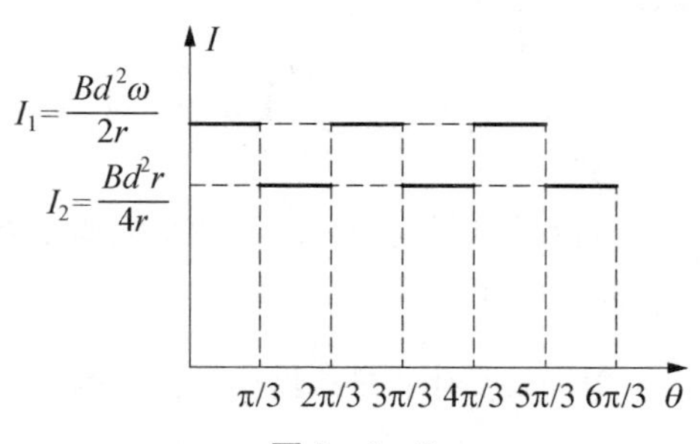

图 3－1－9

再例如，将单匝线框置于匀强磁场 B 中，线框转动后，即可形成正弦交流电(图 3-1-10)。

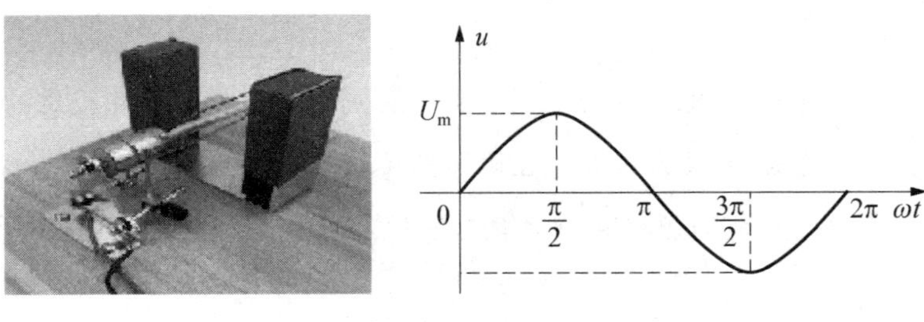

图 3-1-10

根据正弦交流电感生电动势瞬时值的计算公式(从中性面开始)，

$$E = BS\omega \sin \omega t$$

其最大值 $E_m = BS\omega$，只要知道磁感应强度 B 和线圈的面积，将线圈输出与某一电阻 R 相连接，忽略线框内阻时，电阻上电压的最大值就可以近似等于电动势的最大值。测得该最大值，就可以计算出线框的转速。

再例如，对于齿轮类圆盘的转速测定，我们可以采用这样的装置(图 3-1-11)。在齿轮前方设置磁铁，在磁铁与齿轮之间有一个类似于线圈的感应元件。当齿轮转动、不同齿面对磁铁时，就会使通过感应元件的磁力线有所差异，进而导致该感应元件(线圈)磁通量变化，形成不同的周期电流(图 3-1-12)。

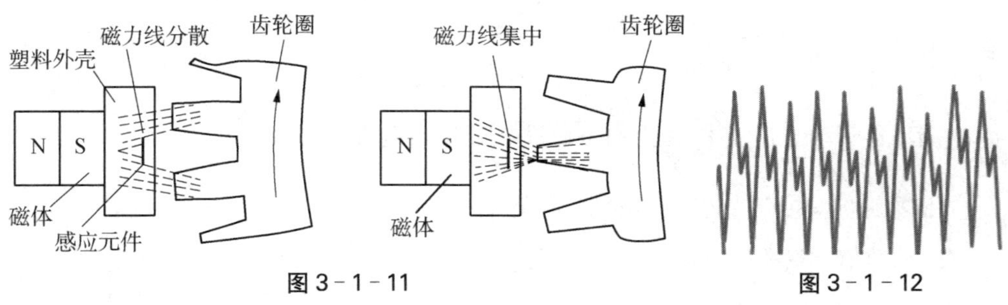

图 3-1-11　　图 3-1-12

现在，只要利用示波器读出电流的周期，就可以根据齿轮的齿数，推算出齿轮的转速。

事实上，对于转动物体转速的测定有很多方法。转速传感器就是比较方便的工具，这里只是就磁场的利用而提出的测量问题。

利用磁场测量转动物体的转速问题，是良构问题组合起来的劣构问题。良构问题的劣构化也是由实际生活场景建构的。圆环和线框转速测量的方法，利用了发电机的工作原理。而齿轮转速的测定，则是汽车轮子转速测定的原理。

例 4：圆周运动对学生来说是不陌生的。不论是车轮的旋转、游乐场摩天轮的转动，或是马戏表演中的圆桶内壁飞车，都提供了水平或竖直圆周运动的实例。来看这样的问题：

在半径为 R 的光滑竖直圆周的最低点，有一个静止的、质量为 m 的小球。给小球一个初速度 v_0，试分析小球如何重新回到圆环的最低点（图 3-1-13）。

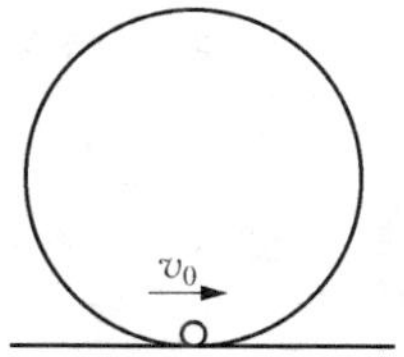

图 3-1-13

小球如何重新回到圆环的最低点，要考虑初速度小球 v_0 的大小。当 v_0 较小时，即满足：

$$v_0^2 \leqslant 2gR \text{ 时}$$

小球不能冲上圆环的上半周，只能以圆环最低点位置为中心，在轨道上往复运动，返回最低点。

当小球初速度 v_0 满足：

$$v_0^2 \geqslant 5gR \text{ 时}$$

小球将沿圆周的轨迹，以最高点受到或不受到圆环弹力而通过圆环的最高点。

当小球初速度满足：

$$2gR < v_0^2 < 5gR \text{ 时}$$

小球将在圆环上半部某处脱离圆周，以斜抛的方式落回圆环内侧，到达圆环最低点。

设小球与圆环脱离的临界点为 N，小球到达 N 点的速度 v，N 点至圆心 O 的连线与水平线夹角为 θ（图 3-1-14），则由：

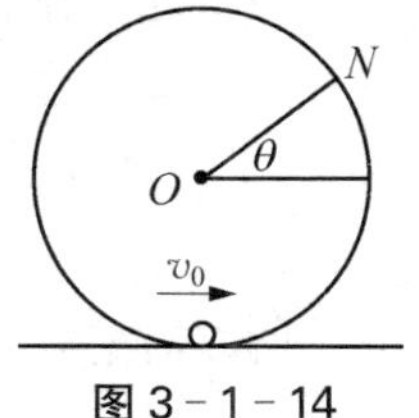

图 3-1-14

$$mg\sin\theta = \frac{mv^2}{R}$$

$$\frac{mv_0^2}{2} = mgR(1+\sin\theta) + \frac{mv^2}{R}$$

即可确定小球脱离圆环临界点的位置与速度。

用真实生活中的场景、用学生曾经的学习经历、学生已有良构问题解决方法，作为情境的内容，实现良构问题的劣构化，是一较为有效的策略。但是需要教师在教学中有针对性并不断地进行问题收集和研究，更需要关注劣构问题的研究目的，理解劣构问题的解决对于学生思维发展的意义。我们要从学生原有的知识结构出发，形成逻辑起点，设置各解题要素的不确定性，建构不是单纯的以记忆、再现、模拟而进行问题解决的劣构问题，提升学生的高阶思维水平。

2. 边界条件改变后的良构问题劣构化

改变原有良构问题的边界条件，使问题在求解过程中形成不同的思路或方法，这也是良构问题劣构化中可以操作的策略。

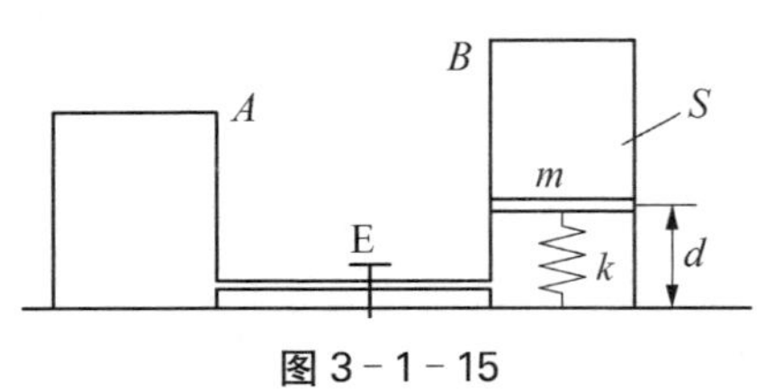

图 3-1-15

例 1：气缸中的活塞

体积为 V_0 的容器 A，充有一定压强的理想气体，用带有开关 E 的细管与另一容器 B 相连。B 容器内有一质量为 m、可以无摩擦移动的活塞，活塞下方固连着劲度系数为 k、另一端固定在 B 容器底端的轻弹簧(图 3-1-15)。初始时容器 B 内部为真空，活塞处于静止状态，距底部高度为 d。打开开关，气体进入容器 B，推动活塞上行。

当活塞到达距 B 容器底端某一高度时，弹簧恰好为自由长度。如果整个过程中气体的温度保持不变，试确定 A 容器气体的最初压强。

这个例题难度是不大的，求解过程如下：

设 B 容器截面积为 S，

活塞最终平衡时，满足：$pS=mg$，即 $p=\dfrac{mg}{S}$

弹簧此时释放了一定的长度 x，由弹簧初始平衡条件：

$$mg=kx \text{ 得 } x=\frac{mg}{k}$$

所以活塞终态静止时，容器 B 中气体体积(活塞以下部分)为：

$$V=(x+d)S$$

设 A 容器气体的初始压强为 p_0，气体由初始状态 V_0、p_0 等温地变化至 V_0+V、

p 状态的过程中，满足波义耳定律，就可以得到：

$$p_0=\frac{mg}{S}+\frac{mg(mg+dk)}{kV_0}$$

本题可以看成两个良构问题的组合问题。求解时只需要应用平衡条件、胡克定律和波义耳定律。思维几乎是直线的，解题方法也是唯一的。但如果将题目的条件叙述改变一下，问题的求解就会发生变化。

补充“B 容器的高度为 H”，将“当活塞到达距 B 容器底端某一高度时，弹簧恰好为自由长度”，改为“最终活塞恰好与容器上部虚接触”，这就增加了解题过程中思维分析的复杂性。

题目条件改变后，关键的一个问题就是活塞与 B 容器上部虚接触对于弹簧弹力大小与方向的影响。此时的弹力有没有？如果存在弹力，对活塞来说弹力方向是向上的还是向下的？这又可以归结为弹簧自由长度位置确定的问题。

弹簧的自由长度可能恰好就是容器的高度 H，那么此时弹簧作用在活塞上的弹力就是零。弹簧的自由长度也可能大于或小于 H。前者，弹簧仍然处于压缩状态，给活塞弹力的方向就是向上的，后者，弹簧处于拉伸状态，给活塞弹力的方向就是向下的。这样，问题求解的分析、判断，就需要对以上的三种情况全面考量，对不同的情况予以不同的处理，进而求得不同的结果。

所以，题目条件改变后就实现了良构问题的劣构化。

对弹簧的自由长度恰好为容器高度 H 的情况，活塞与容器虚接触平衡时，在竖直方向仅受到两个力作用(图 3-1-16)。活塞的重力 mg 与气体对活塞的竖直向上的支持力 pS，利用活塞的平衡条件：

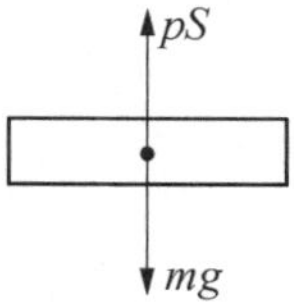

$$pS=mg \text{ 得 } p=\frac{mg}{S}$$

图 3-1-16

直接带入波义耳定律

$$V_0\cdot p_0=p(V_0+HS) \text{ 就有 } p_0=\frac{mgH}{V_0}+\frac{mg}{S}$$

对于弹簧的自由长度大于 H 的情况，活塞在竖直方向将受到三个力作用。竖直向下的重力 mg、竖直向上的气体支持力 pS 和弹簧的支持力 kX_1(图 3-1-17)，其中 X_1 是自由长度到容器上顶的距离，及弹簧最终状态的形变量，参见图 3-1-18。

先确定弹簧终态的形变量 X_1：

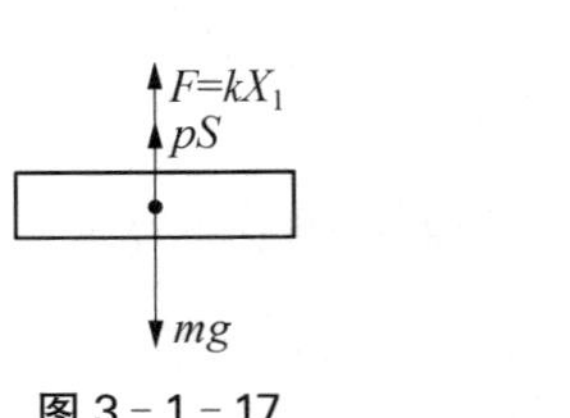

图 3-1-17

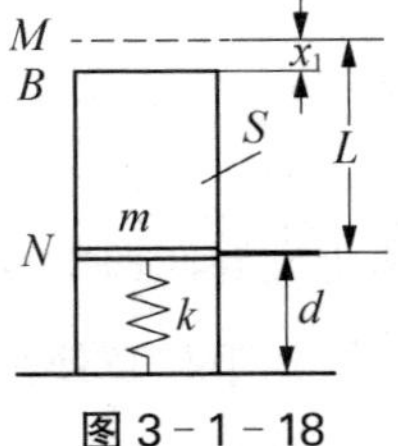

图 3-1-18

设弹簧的自由长度的位置为 M 平面（在容器上方），再将初始活塞静止（距底部 d）的位置设为 N 平面，弹簧初始压缩的距离设为 L（M、N 的高度差），可以看出：

$$X_1 = L + d - H$$

因初始时弹簧满足 $mg = kL$

所以 $L = \dfrac{mg}{k}$

根据终态活塞的平衡条件：$mg = kX_1 + pS$

$$\text{可得：} p = \frac{mg - kX_1}{S}$$

再使用波义耳定律 $V_0 \cdot p_0 = p(V_0 + HS)$

则可求得 A 容器初始压强：$p_0 = \dfrac{k(H-d)}{S} + \dfrac{Hk(H-d)}{V_0}$

对于弹簧的自由长度小于 H 的情况，可以参见图 3-1-19、图 3-1-20，类似于上面的解题过程，完成求解。其中应注意 M 位置和 X_1 大小的确定，以及弹力的大小与方向。主要算式如下：

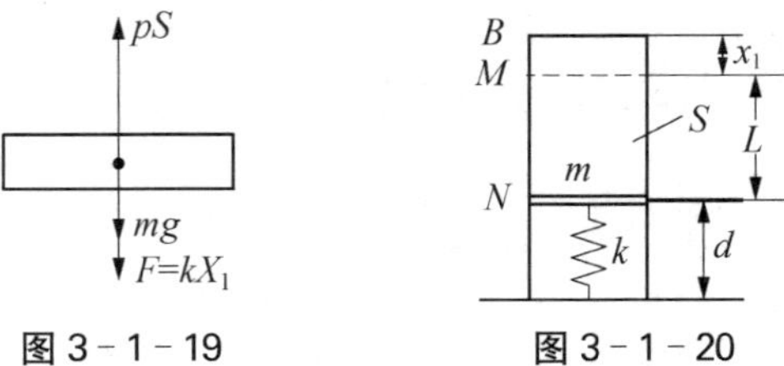

图 3-1-19　　图 3-1-20

$$pS = mg + kX_1$$

$$X_1 = H - L - d$$

$$L = \frac{mg}{k}$$

$$p = \frac{k(H-d)}{S}$$

再利用波义定律可得：$p_0 = \frac{k(H-d)}{S} + \frac{kH(H-d)}{V_0}$

改变问题的边界条件使良构问题劣构化，这一策略的导向，是要让学生体验问题分析的多方位、解决方法的多途径、问题思考的多角度，增强学生思维活动的强度，提升思维活动的品质，促进高阶思维的发展。但改变问题的边界条件不是单纯地增加问题的复杂性，设置不必要的陷阱，追求所谓的深度和难度，这样才能就教材、练习册等资料中的良构问题更好地进行劣构化。这也是进行良构问题的劣构化时应该注意的问题。

例 2：电路的配接

直流电路中电路连接和电功率计算，是学生熟悉的问题，当然也是良构问题。

例如，给定两个灯泡 A(18 w、9 V)与 B(3 w、3 V)，配接电阻 R 后并联接入电压为 9 V 的电路(图 3-1-21)中。当两个灯泡全部正常发光时，求配接电阻 R 的阻值。

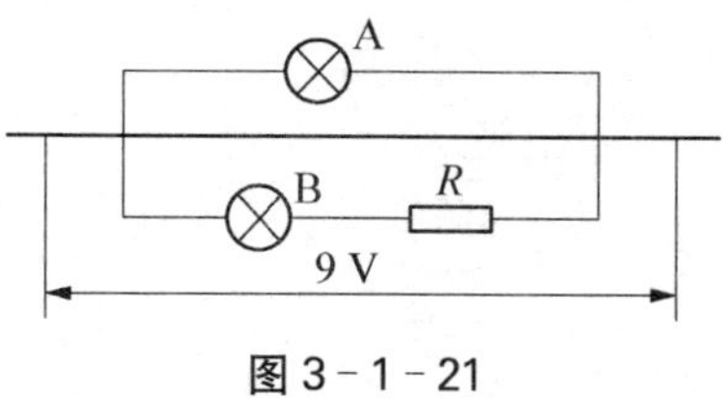

图 3-1-21

根据两个灯泡已知的额定值，可知两灯泡额定电流

分别为：$I_A = 2\text{ A}$，$I_B = 1\text{ A}$

因为 B 灯泡电路的电阻 R 需要负载 6 V 的电压，由欧姆定律可得：

$$R = 6\ \Omega$$

现在将题目的条件改变一下。再增加一个灯泡 C(2 w、4 V)，配接电阻的数量及电路连接形式不限，接入电压为 18 V 的电路中。欲使电路消耗的功率最小，试确定配接电阻的大小。

当灯泡均正常发光、且电路两端电压恒定时，欲使电路消耗的功率最小，就须使电路的输入电流最小。所以首先应将额定电流最大的 A 灯置于干路中(设为第一级)。注意到三个灯泡的串联不能满足电压关系，故可以将 B 灯、C 灯并联(设为第二级)。然后再考虑相应的电阻。

第二级 B 灯、C 灯的电压不等，并联时，既要考虑 B 灯与 C 灯两条支路的电压相等，也要考虑第一级、第二级电压之和满足电路总电压的要求，至少将出现两种不同的可能(图 3 - 1 - 22)。

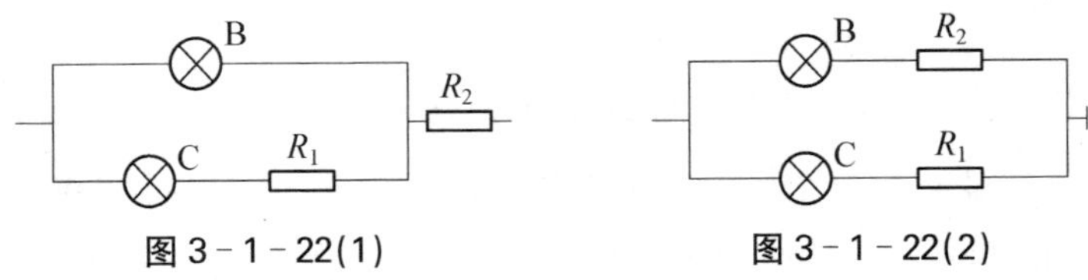

图 3 - 1 - 22(1)　　图 3 - 1 - 22(2)

而第一级额定电流的数值超过了第二级两灯电流之和，所以对第二级来说就需要用电阻进行电流旁路。

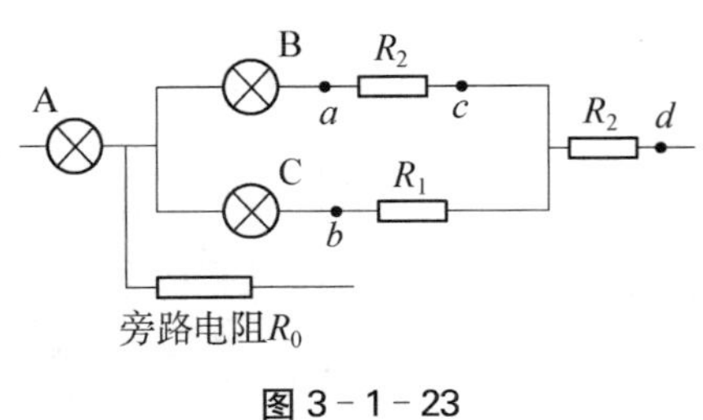

图 3 - 1 - 23

根据图 3 - 1 - 22 的组合，旁路电阻则可以根据第二级的接法，出现分别接入 a、b、c、d 各点的不同可能(图 3 - 1 - 23)。

以图 3 - 1 - 22(1)为例，旁路电阻就可以接入 a、b、d 位置。以图 3 - 1 - 22(2)为例，旁路电阻则可以接入 a、b、c 位置。电路不同的接法，也就使配接电阻的结果有所差异。

良构问题的劣构化通过问题边界条件的改变而实现，再次可以体会和感悟。

例 3：电荷之间的平衡点

这是电场中极为常见的良构问题。一条直线上放置两个异号点电荷(图 3 - 1 - 24)，试确定电场区域内电场强度可能为零的位置。

A　　B
$+Q_1$　　$-Q_2$

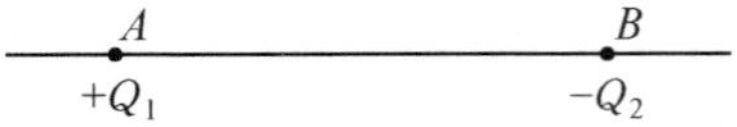

图 3 - 1 - 24

根据正电荷电场与负电荷电场的方向，很容易就能确定平衡点只可能在两电荷连线的正电荷外侧或负电荷外侧。如果将条件改变一下：正三角形的顶点上放置两个等量同号电荷，另一顶点放置一个异号电荷(图 3 - 1 - 25)。再来确定电场区域内电场强度可能为零的位置。

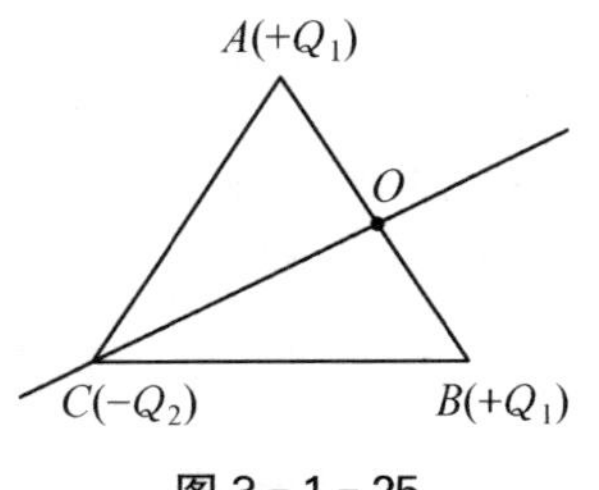

图 3 - 1 - 25

先在图上做出 C 点与 AB 中点 O 的连线，然后进行判断。

第一种方法是分区域讨论。根据正、负电荷产生的场强方向以及叠加的结果分析，三角形内部区域场强不可能为零；CO 线的上半部，场强叠加后也不可能为零，所以只

有 CO 线上 C 点和 O 点的外侧，场强才可能为零。

第二种方法是利用等效法分析。可以将 A、B 两点的正电荷，看成一个等效的正电荷，这样就回到了直线上两个点电荷电场区域场强为零位置判断的良构问题。

这个例题可以看出，改变条件使良构问题劣构化，并在学生已有的良构问题解决方法基础上呈现劣构问题，就能够满足学生的知识结构和认知规律。

例 4：线框的下落问题

一个质量为 m，电阻为 R 的矩形线框，ab 变长度为 L，ac 高度为 d，从距离磁场高度为 h 处保持竖直面不变静止下落。当线框 cd 边进入磁场后，线框恰好匀速直线运动如图 3－1－26，若磁场的磁感应强度为 B。试求线框 cd 边进场至 ab 边进场过程中，电流所做的功。

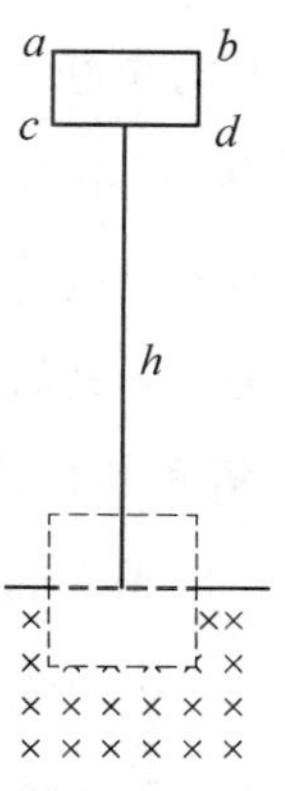

图 3－1－26

这个问题可以有三种解决方法。

1）根据动生电动势的求解，由右手定则，计算出感生电动势或感生电流，再利用焦耳定律就可以完成。

cd 边进场时，线框的速度 v 满足

$$\frac{1}{2}mv^2=mgh \text{ 得 } v^2=2gh$$

再由线框入场后匀速运动的状态，可知 cd 边进场至 ab 边进场的时间

$$t=\frac{d}{v}$$

所以动生电动势 $E=BLv$

电力做功的大小 $W=\dfrac{B^2L^2d}{R}\sqrt{2gh}$

2）根据感生电动势的求解，由法拉第定律，计算出感生电动势或感生电流，再利用焦耳定律，就可以算出电流做功。

上述的计算中只需要将 $E=BLv$，改为 $E=\dfrac{BLd}{t}$ 即可。

3）根据能量守恒的原理，在所求的过程中，注意到电流做功与重力做功相等，直接以重力做功的数值转化为重力做功。

即 $W=mgd$

如果考虑条件的变化，第三种解法之前，可以省略线框 ab 的长度、线框的电阻、

线框的运动时间 t 这些条件。

但是,对这个例题更为关心的则是这个问题是否能算作劣构问题。

根据戴维·乔纳森(David H. Jonassen)博士在《学会用技术解决问题——一个建构主义者的视角》中对问题分类和叙述,劣构问题的标志是,问题目标与问题边界的不确定性;问题解决思路、方法、途径的不确定性;问题结果与评价方式的不确定性。从这个角度看,本题的属性还不能归类于劣构问题。

还可以比较一下本节中的例 1、例 2、例 3。例 1 中,弹簧的状态属于不确定的,活塞的受力情况是不确定的,这就使气体压强的结果在不同情况下,有所不同。例 2 中,电路的接法也属于不确定情况,导致了配接电阻各不相同。例 3 中,则是由于异号的电量的不确定,这才有场强为零位置的不确定性。而本例题中,边界条件与目标都是确定的。问题解决的差异主要是具体方法的不同,因此本题表现的是“一题多解”的特性,或是题目的“变式”。

关于这个问题,教学中我们应该仔细辨析,提升对劣构问题的理解。

3. 劣构化学生课题的关注

随着中小学研究型(探究型)课程的开设,学生的课题研究已经成为学生学习内容中不可缺少的内容,学生研究的课题大量具有问题劣构化的特征。这是因为学生课题很多都是来源于真实生活,来源于学生对社会问题的关注,来源于不同场景的现象的观察思考,以及相关的科技制作活动启发。真实社会生活问题的不确定性,课题研究就成为了劣构问题解决的过程。

对于学生的研究课题,教师在进行课题指导时,应该注意两方面的问题。

第一,利用学生课题的研究,让学生了解劣构问题的涵义,理解对劣构问题解决的意义,从而迁移到学科物理问题的发现和解决。

第二,从问题劣构的角度,对某些课题进行劣构化指导。增加学生课题的目标指向,丰满课题的研究内容,丰富学生的研究方法。

看一下下面这些小案例。

例 1: 高空坠蛋问题

这是某学校为各年级学生校园科技节活动设置的问题。

在近三十米高的楼上,自由下落一个鸡蛋。要求学生自己设计方案与装置,使鸡蛋落地时能保持不碎。对于学生的设计制作的装置,提出的要求是装置的尺寸不能超过 20 立方厘米,且不允许无线操控(避免无人机使用)。

学生的设计五花八门。最简单的是泡沫塑料小盒中，用棉花或碎纸填空再放入鸡蛋。较为复杂的则是使用了三层容器。外层与中层之间使用了减震弹簧，中层与内层中间采用了液体注入，内层鸡蛋周围，再加上棉花或碎纸填空。还有的则想出了用网状金属壳包络鸡蛋，再将金属壳与容器壁用细线拉住，形成单摆模式实现缓冲(学生语)。可以看出，这些设计基本上都是学生根据自己生活中的观察与体验而完成的。

例 2：投石机的制作

投石机是《三国演义》中诸葛孔明发明设计的装置。在校园活动中也成为了学生课题研究的内容之一。

学生采用了不同的方法。有的将在翻转椅子的两个脚上接入闭合弹性绳。用勺形木杆插入其中，旋转多圈使弹性绳形变。勺形木杆到达某位置时，放上网球，然后释放。有的使用了类似弓箭的发送方式，在箭首加装上网球，拉弓放箭透射而出。有的采用了导轨形式，在发射端用数根弹簧并联再连接放有网球的滑动板，滑动板压缩弹簧释放后，小球被弹出。

这个活动创意来源于历史故事的记载，学生在问题解决中表现出了很高的兴趣，也引发了他们强烈的完成欲望。

例 3：雨报器的设计

天气下雨时能够自动报警并自动打开雨棚，这也是学生课题研究中的创意。但该课题的雨报器设计，则是首先要解决基础问题。

利用湿度计的设计是一个方案。漏斗形的容器可以扩大雨点的接受面积，在漏斗的下端安放一个湿度计。当雨点进入容器流向底端，使湿度计数值达到某阈值时，雨报器即可报警。

利用纸条拉住两竖直的微型变金属片则是另一种设计。当雨点落在纸条上时，纸条就会断裂，两个微型变金属片将恢复形变，各自与外侧接触点联通，在辅助电路的作用下，实现报警。

更为简单的设计是在一块镀膜电路板上，划出一条条细痕，类似衍射中的光栅。当雨点落入狭缝时，就会形成狭缝两侧金属的短路，接通电路进行报警。

这些课题的研究解决，我们可以暂不从科学性上苛求，但问题本身的劣构性，则是显而易见的。

学生的研究课题也可能出现良构的问题，这就需要教师发现思考，将良构问题转化成具有劣构问题元素的指导。

例如，对教室照明使用的调查、现有实验室条件下的水质化验、校园绿化对学校环境的影响等等。这些课题的指向、研究方法、指标一般都是比较确定的。教师就应该指导学生，在原有课题设计基础上，尽可能形成问题的劣构化。

例 4：教室照明情况的使用调查，学生原来的设计很简单，就是根据天气原因、进行教室照明使用时间进行调查，从而说明这一使用的合理性与否。教师指导后，该课题的目标既可以指向师生的节能观，又可以指向教室照明设备安装的合理性判断，还可以指向学校管理的相关内容。从研究方法看，则包括了原课题设计的观察记录，也包括了对学生节能意识的调查，还包括了对学校数年来节能数据的查阅分析，丰富了研究课题的边界条件，使良构问题实现了劣构化。

例 5：学生在课题研究中设计了小车横向移动问题。学生的设计是这样的。小车静止时，在底部前后两个位置，向下伸出两个十字支撑，依靠着两个支撑，将车身旋转 90°，收回支撑后，就可以使小车横向移动了。

教师指导时，对这个研究的目标进行了发散。如果小车原有行进车向不变，能否实现横向运动？如果小车静止，能否实现在原位置的车体自由旋转？而在设计上，教师也提出了能否在底部再加装一套车轮，当后一套车轮下降触地底后，提起原有车轮系统，或直接在学生设计的十字支撑上加装包括动力轮的四个车轮，从而改变行进方向。在旋转问题上，除利用支撑起车身、让小车不改变原有车轮系统情况下旋转外，能否运用漂移原理，固定某一前轮，使另侧的后轮成为动力轮，推动小车旋转等等。这些都使该课题的研究有了较大发展。

这样的案例还有很多，只要在课题研究指导中关注劣构问题，就会有所体会。

（四）劣构问题解决的教学策略

良构问题的劣构化，只是学科教学与学生课题研究中呈现了劣构问题，而提升劣构问题的解决能力，则需要采取一定的教学策略。包括：

1. 应用情境教学法提高学生劣构问题解决能力

劣构问题本身具有诸多的不确定性，解决劣构问题也较解决良构问题有较大的难度。所以激发学生劣构问题解决的积极性，调动学生解决劣构问题主动性，开发学生的思维潜质，是提高劣构问题、特别是物理劣构问题解决能力的前提。

情境教学是通过真实生活场景或真实场景的模拟，让学生通过观察体验、质疑发现，培养良好的分析、综合、评价的思维方式，是培养学生劣构问题解决时应该予以重视的一个问题。

例 1：支架问题的研究

轻杆 OA 连接在墙壁上 O 点并可绕 O 点转动的，A 端被轻绳拉住同时悬挂了一个重为 G 的物体。试分析 A 端轻绳与水平夹角满足什么条件，可使轻绳的拉力大于、小于、等于重物的重力。

这是学生比较熟悉的情境。不仅教材上有类似的实验，而且生活中也能常见到被钢索、电缆拉住的电杆。学生对于支架的一些特殊情况，如轻绳恰为水平的情况、轻绳与水平成 45°的情况等也都有一定的解决经验。之所以能将这个问题归类于劣构问题，关键是问题的条件不够清晰，特别是绳与杆的夹角、杆与墙壁夹角的不确定，导致了结论的不确定。因此需要对条件界定分类讨论。这样就可以将问题转换为几个良构问题。

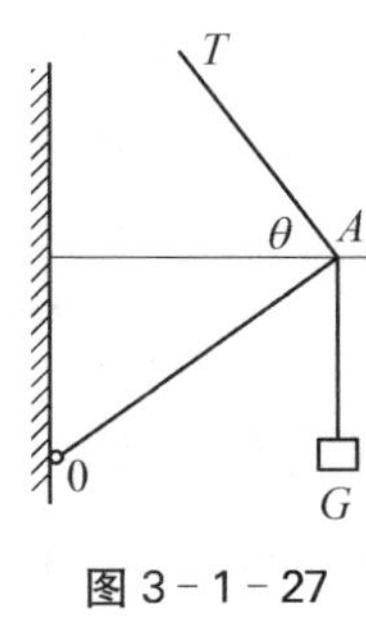

图 3－1－27

当杆与墙壁任意角(不等于 90°)而绳为竖直时，或当杆与墙壁成 45°，且绳水平时，拉力都等于物体重力；当杆与墙壁夹角从 45°逐渐减小且绳为水平时，由力矩关系可知，拉力小于物体重力甚至可以变为零(杆与墙壁为 90°)；当杆与墙壁成 90°、绳为右上方向时，绳的拉力一定大于物体重力。

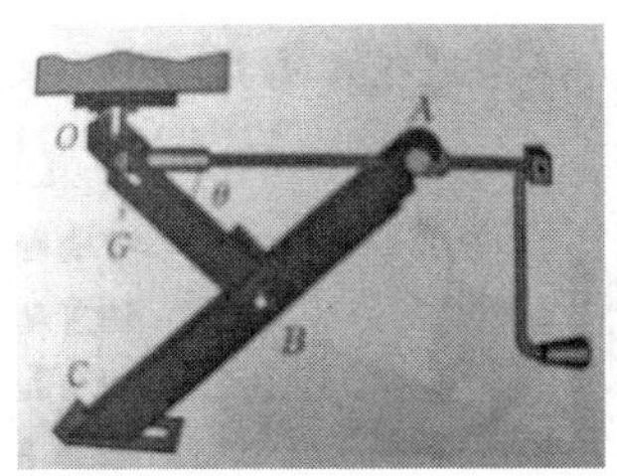

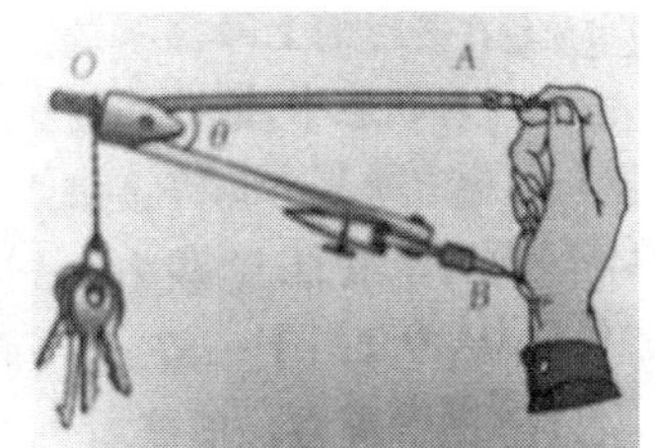

图 3－1－28

除了上述几个特殊解，还可以有更多的答案。而情境的引入，则是本题求解的重要思路。

例 2：电荷在电场中下落的问题

匀强电场两端与恒压源相连。电场上极板固定、中心有一个小孔。小孔上方 h 高度，一个质量 m、电量为 q 的点电荷由静止下落，如图 3－1－29。电荷进入电场后恰能落在电场下极板。试问采取哪些办法，可使电荷下落后不能接触下极板。

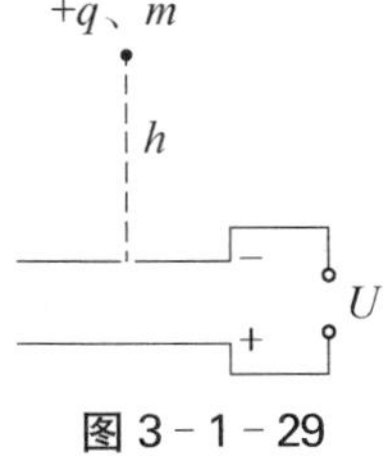

图 3－1－29

这个题似乎没有什么场景。但如果把它和跳水运动员的跳水相比较，就能找到其中若干的关联。跳水运动员入水后要受到对他的向上的浮力，电荷进入电场后则受到向上的电场力作用；运动员受到浮力的大小与他的体积有关，电荷在电场中受到的电场力则与电荷的电量有关；运动员受到浮力与水的特征量密度有关，电荷在电场中受到的电场力也与电场的特征量电场强度有关。据此可以看出，减小 h、增加电量 q、提高电压 u 值，都可以满足电荷不接触下极板的要求。而移动下极板位置的情况，则要从做功的角度来考虑。

假设下极板上移后电荷仍能到达下极板，因电源电压不变时，电场力做功不变。而重力做功减少，所以假设不成立，电荷不可能到达下极板。若此时下极板下移，则重力做功增加，所以电荷必将达到下极板。这样电场的问题就可以由跳水情境的模拟类比，完成基本的判断。做功的问题则可由动能定理和电场做功计算 $W=qu$ 来进行确定。

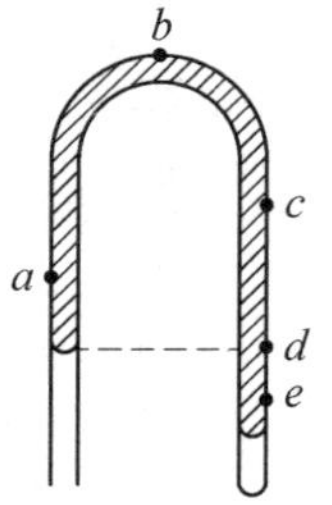

例 3：玻璃管中水银的问题

一段内有封闭气体、另端开口向下的玻璃管中，装有一定量的水银，如果用激光在玻璃管中不同位置打一个小孔，管中水银会出现什么情况，如图 3-1-30。

图 3-1-30

这又是一个条件不清晰的问题。在什么位置打孔、判断哪里的水银情况，都需要进行界定讨论。不妨将打孔位置分别设为 a、b、c、d、e 五处，再来分析。

在 a、b、c 三处打孔，相当于两端开口玻璃管（直观或弯管）的场景，这个情境是学生从初中开始学习大气压的知识，就观察过的，如图 3-1-31。

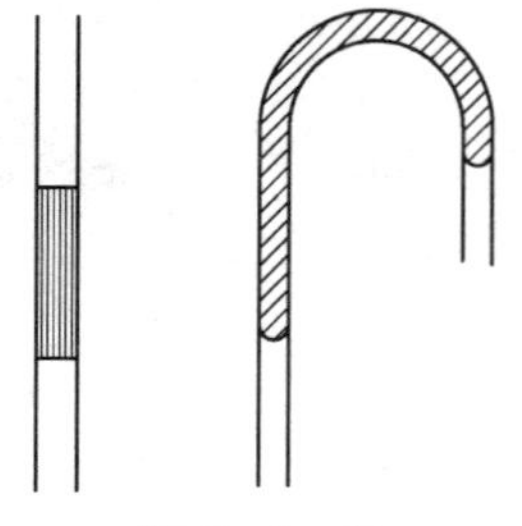
图 3-1-31

a 处以下、b 处左侧、c 处以上及右侧的水银将全部从左管中流出玻璃管，a 处以上、b 处右侧、c 处以下的水银则分别向上、向右、向下压缩气体。

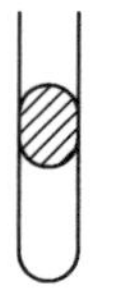

若在 d 处打孔后，因 d 处压强本就等于大气压，类似图 3-1-32，将没有水银流出。

图 3-1-32

如果在 e 处打孔，则由于 e 处原压强大于大气压，故 e 上方及左侧水银将全部从 e 处流出。而 e 处下方的水银情况还需要进行讨论。

下方水银从 e 点溢出是可以肯定的，但是否全部流尽则不一定。可能流出一部分，当存留水银与气体压强的总和等于大气压时，e 点以下部分将处于平衡状态。也可能 e 点以下水银全部溢出，使封闭气体压强等于大气压。这就取决于图 3-1-30 初始时水银高差和封闭气体的压强了。

本题不仅再次表现了问题的劣构性，也对情境教学对于助力学生解决劣构问题的意义作了说明。

2. 运用 PBL 教学法提高学生解决劣构问题能力

PBL 教学法是指问题式学习或者项目式学习的教学方法。PBL 教学法以问题为导向、在教师的引导下，通过学生小组讨论的形式，围绕问题独立收集资料，发现问题、解决问题，培养学生自主学习能力和高阶思维能力。

例 4：粒子的落点问题

半径不计的转轴，带动圆筒一起以角速度匀速转动。转轴上有一个小孔 k，这对着筒上 k 平面上的 a 点，如图 3-1-33。小孔中可以连续不断地发射出速率不变的粒子。若不考虑粒子飞行时的平抛效应，试确定粒子可能击中 k 平面上圆筒的位置。

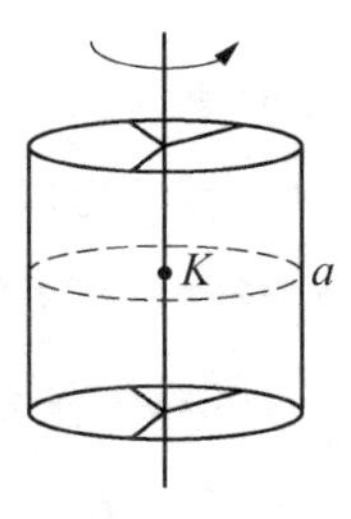

图 3-1-33

尽管本题已经知道了系统做匀速转动，但角速度大小并不知道，粒子飞行的轨迹也不确定，这就可能导致结论的不唯一。

大部分学生对粒子能打中的边缘位置，直观判断可能是 b、c、d 三处，见俯视图 3-1-34。道理很简单，粒子飞出后到达边缘有一个时间差，圆筒此时间内旋转另一个角度。据此也有人提出因为粒子连续发射，就可能打中筒上的各个点，形成弥漫的结果。有人也注意到了，假如粒子飞出后筒刚好旋转一周，也有可能击中 a 点。

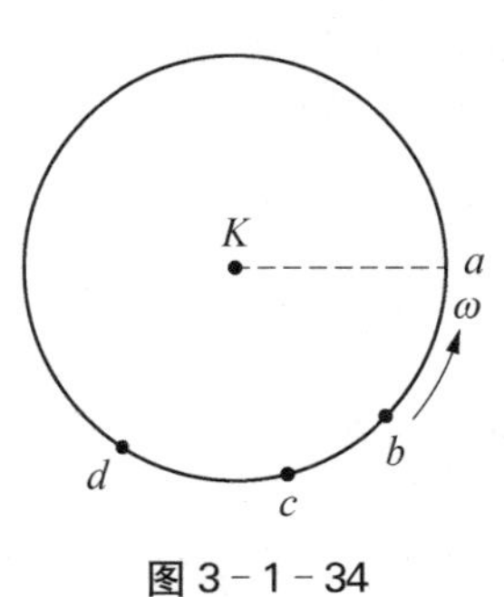

图 3-1-34

在讨论、猜测的基础上，学生对两个关键问题：粒子运动的轨迹及特点、粒子击中 a 点需要满足什么条件？再次进行了问题讨论。使学生们明白了尽管粒子连续发射，但 k 点始终也在旋转。任何时刻喷口都是正对 a 点，与初始情况完全相同。而粒子发出后做匀速直线运动，其到达边缘的时间 t 是唯一确定的。这段时间内，圆筒只要有一定的角速度，转过的角度就应该唯一确定。所以击中边缘的位置只能是唯一的一个点，不存在弥漫现象。至于重新击中 a 点的情况，圆筒恰好转过一周只是特殊情况，只要满足圆筒旋转周期 T 恰好是粒子飞行时间 t 的整数倍，就可以做到重新击中 a 点。PBL 教学取得了圆满的成功。

例 5：热的本质研究

中学阶段，学生对热的有关概念，如温度、内能、热量、热传递方式、能量守恒等都不陌生。但是在一节复习课时，一位学生突然提出了“热是什么”的话题，顿时引发了学生的讨论。课后图书馆有关热的书籍被学生一借而光，部分学生也开始向家长和他人请教。待到再次课堂讨论时，各小组引经据典阐述了他们的研究。

学生的研究罗列了包括十七世纪，如培根、波义耳、虎克和牛顿等“热是物体微粒机械运动”的观点；十八世纪布莱克等人在热流体模型基础上的“热质说”观点；1798年伦福德伯爵加工炮筒和1799年戴维的冰相互摩擦实验得出的“热是一种运动”的观点；根据热可以辐射的“热是波”的观点；以及从焦耳实验出发，认为“热是能量的一种形式”的观点等，最终聚焦到了“热是物质运动的一种表现形式”观点的共识。特别是对于每一种观点的否定，都做了较为详细的说明，为学生最终的共识打下了基础。PBL教学为这个不同实验、不同条件、不同理论、不同结论的问题，提供了应用分析、判断方式解决问题的实践。

例6：两个学生电路设计

电磁开关的原理学习后，PBL教学提出了完成应用电路设计的任务。学生的网上查询，从图3-1-35、图3-1-36开始，了解了单刀单掷和单刀双掷的功能。并提出了如果将图3-1-35的双掷点与图3-1-36中双电路合并，就可以形成双刀双掷开关的功能。在这个基础上，水位上涨报警器的设计图3-1-37出现了。电动机驱动电路设计图3-1-38出现了。甚至抢答器电路的设计图3-1-39也出现了。

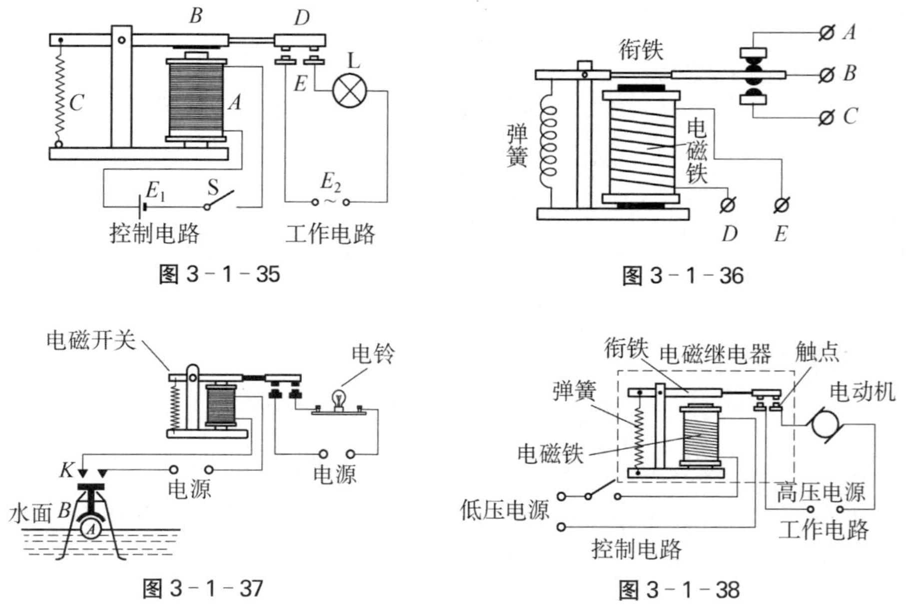

图3-1-35　图3-1-36

图3-1-37　图3-1-38

在抢答器图 3-1-39 中，利用了两个图 3-1-36 中的电磁开关。电路没有动作时，两对掷点 AB 都是接通并由 B 点供电。假设一号选手按下 K_1 开关，左侧电磁铁 A、B 掷点断开，切断了右侧电磁铁通路，二号选手操作开关 K_2 就将失效。同时左侧电磁铁由于 B、C 掷点接通，L_1 灯亮起，输出一号选手的信号。

按照这样的结构，又可以甄别三号、四号选手的抢答信号。将四位选手中的两组信号再送入图 3-1-39 的结构中，取消 K_1、K_2 开关(由两组输入信号替代)，就完成了最终四人抢答信号的识别。

当然，如果是四人以上的抢答器，对于指示灯还要重新设计。

第二个学生 PBL 项目，是光电效应学习后利用光电管进行的应用电路设计。学生利用光电门测量速度的已有实验原理和经验，通过资料查询，设计了红外报警电路和光电计数器。又根据图 3-1-39 驱动电机的设计，将光电管、电源与图中的低压电路相连接。当出现光照时，电机运转就可以启动窗帘或让小狗前行。而最令人赞叹的，则是“光电复印”设计。按学生的设想，用数十个乃至数百个微型光电管铺在一个平面上，当平行光照射时，没有字体遮挡处，光电管可以接收到光线，有字体遮挡处光电管无信号，从而使光电信号与字体形成了对应关系，就可以进行制版和复印了。当然对于“光电复印”设计，还有许多需要进一步细化的内容。但是 PBL 教学确实让学生体会了生活问题(劣构问题)的解决方法。

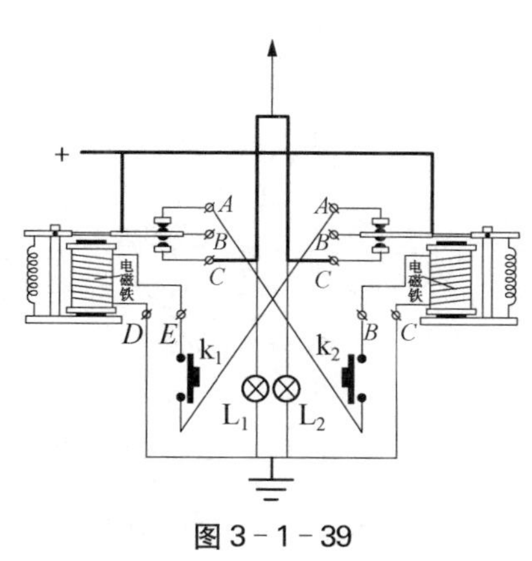

图 3-1-39

3. 关注劣构问题与良构问题的关系

良构问题是学生学习中最常见的问题，目标指向清晰，思路也比较单一。对于物理概念、规律的掌握，有着较大的帮助。劣构问题，尽管内容可能较为复杂，但是解决问题的基本知识和基本方法，却正是良构问题所要求的。特别是有些劣构问题，本身就有可能是良构问题的组合。所以提高学生解决劣构问题的能力，应该关注良构问题的解决，使良构问题成为解决劣构问题的基础和支架。

例 7：滑动变阻器的接法

滑动变阻器是电学实验中最常见的器材之一。如果试问滑动变阻器有哪几种接法？特点是什么？就成为了最简单的劣构问题。因为滑动变阻器使用在哪里，要实现什么功能，都没有具体说明。

对于初中的使用，滑动变阻器多是采用串联的方式，如图 3-1-40，用以降低用电器两端的电压，所以也称降压器。这种情况下，只要电路电源是闭合的，用电器两端电压就永远不可能为零，用电器也一定有电流流过。而滑动变阻器也不可能获得电源的最大电压。

高中里接触最多的，则是分压器接法，如图 3-1-41。分压器输出的电压，不仅可以获得电源最大电压与零电压之间的任何值(包括最大值和零值)，也可以使用电器上的电压、电流为零。

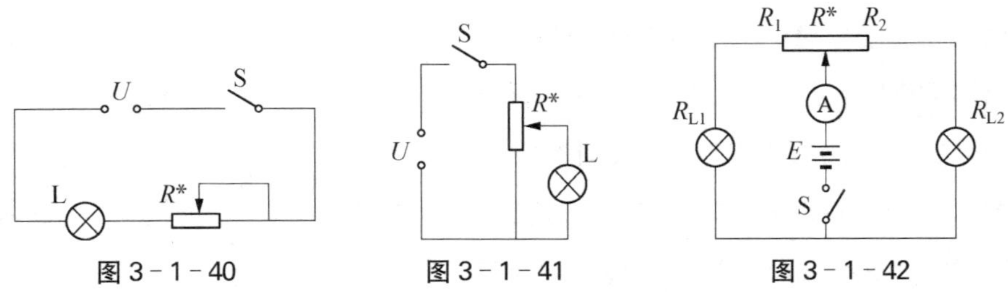

图 3-1-40　图 3-1-41　图 3-1-42

除此以外还有“两臂环绕”的接法，也称变阻器“中央供电”的接法，如图 3-1-42。这种接法的特点是当滑动变阻器中央滑片两侧电路的电阻相等时，即 $R_1+R_{L1}=R_2+R_{L2}$ 时，外电路总电阻最大。当中央滑片两侧电路的电阻差值越大时，外电路总电阻最小。

利用这个电路，如果已知某一的电阻(如 R_{L1})，并在两侧 R_{L1}、R_{L2} 电阻差值小于已知的滑动变阻器总阻值时，可以通过移动滑片使电流表读数最小，再由 R^* 两部分长度的比，来确定另一个电阻(如 R_{L2})的阻值。

显然，对这个最简单的劣构问题的解决，依托的就是良构问题所提供的基础。

例 8：斜抛物体的运动

水平面上的 A 点，放置了一架能以一定初速度发射物体的斜抛发射器。同一水平面距 A 点 L 远的 B 点，有一个目标靶。AB 正中间，有一个距离 A 点 s 的建筑物。试问怎样发射物体，能够击中目标靶。

这是与通常良构的抛体问题不一样的问题。抛射角度、抛体初速度、建筑物高度都没有界定，必须分解为不同情况(条件界定)，进行讨论得出不同结果。

将 A 点设为坐标原点。并设抛体的初速度大小 v_0，起抛的角度为 θ。

根据抛体的运动公式，可以得到抛体的轨迹方程：$Y = gx^2/2V_0^2\text{con}^2\theta$。将靶点坐标 $Y=0$、$X=L$ 带入，就得到了每一个确定的 v_0 和 θ 所表示的抛体轨迹，同时也确定了初速度 v_0 与起抛角 θ 的函数关系 $L=\dfrac{V_0^2\sin 2\theta}{g}$。在满足抛体达到靶点时，每一个初速度 v_0 的值，都将对应一个起抛角 θ，这样的解有无数组。

再来考虑建筑物的影响。对应着某一组 v_0 与 θ，将建筑物距离 A 点距离 s 的条件 $X=s$ 代入抛体的轨迹方程中，X 处的高度由 $Y=s\cdot\tan\theta-\dfrac{g}{2}\dfrac{s^2}{V_0^2\text{con}^2\theta}$ 就确定了。如果建筑物高度大于 Y，这一组的 v_0 与 θ 就不能采用了。所以本题是一个具有无数解答案的问题。

就本题而言，由抛体运动方程得到轨迹方程是一个良构问题，确定初速度 v_0 与起抛角 θ 的函数关系也属于良构问题，为本题研究提供了基础。同时，由良构问题的轨迹方程获得，则成为了本题研究的支架。只有立足于轨迹方程，才能进行坐标代入、建筑物高度的判断。

例 9：电容器充放电时的能量损失

如图 3-1-43 所示，先将开关 S 与 a 点相连，用电压为 U 的电源给电容器 C_1 充电。待结束后，再将开关 S 与 b 点相连，用充满电的电容器 C_1 放电给 C_2 充电，直至 C_1、C_2 达到稳定。试判断从 C_1 放电至 C_2 充电结束的过程中，电场能量是否变化并分析其原因。

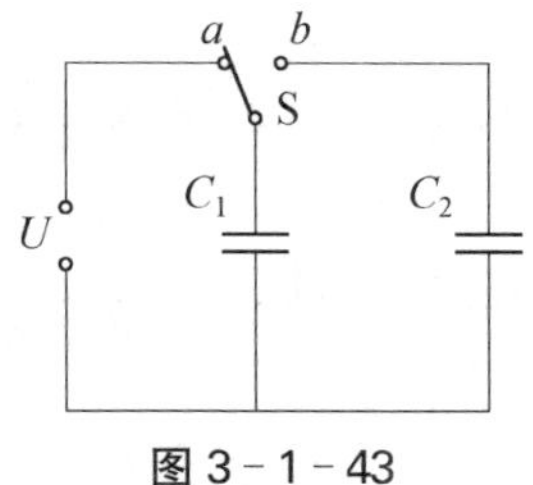

图 3-1-43

电场能量是否变化，可以通过计算验证。

开关搬向 a、电容器 C_1 充满电时，设其极板的带电量为 Q，满足 $Q=C_1U$。当开关搬向 b 时，C_1 与 C_2 相当于并联，总电容为 $C=C_1+C_2$。由于电量守恒，所以两个电容器的总电荷没有变化，仍旧是 Q。根据电容器能量的计算，电容器 C_1 充满电时，能量为 $E_1=\dfrac{Q^2}{2C_1}$，两电容器并联后的总能量则是 $E_2=\dfrac{Q^2}{2(C_1+C_2)}$。很明显 $E_2<E_1$。

能量发生变化的原因，则是一个没有界定的开放问题，可以从不同角度去思考。根据麦克斯韦电磁场理论，电容器充电时，由于内部电磁场变化，就会形成位移电流。位移电流在流过内部介质时，又会形成电流的电阻效应转化为焦耳热。另外，充放电回路类似于单匝线圈，当流经回路的电流发生变化时，就能形成电磁波向外辐射。

可以看出，本题中根据电容器并联特征，计算验证电场能量变化是基础，理解位移电流、理解电磁感应现象也是基础。而麦克斯韦理论（包括电磁感应）则是原因解释的支架。

所以，劣构问题的解决和能力提升，必须重视劣构问题与良构问题的关系。对于某些由良构问题组合的劣构问题，要设计好教学的步序，化组合为分解，由分解入手，发挥良构问题基础和支架的功能。同时要拓展良构问题的解决思路和方法，迁移至劣构问题解决中。

4. 把握好高阶思维中分析、评价、创造的环节

中学生在遇到问题时（主要指劣构问题），往往会凭借着对问题的"感觉"，根据自己的某些经验、"习惯性"操作方法，来进行问题解决。就问题解决能力提升而言这是不可取、也不推荐的。教学中应该从高阶思维能力培养的角度，加强分析、评价、创造环节的指导和把握。对问题的目标、性质、条件、解决方法、最终结论等开展分析、评价，并在评价的基础上达到问题解决或创造。

例 10：水银溢出问题的讨论

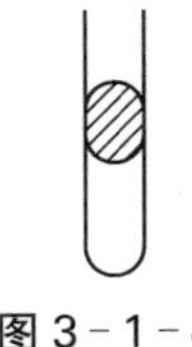

图 3－1－44

开口向上的水银管中，水银封闭了一段理想气体图 3－1－44。加热气体至某一温度并保持温度不变，水银将自动溢出。

这是某学生在课外做到的一个题目。而在学生讨论时，相当一部分学生对此不理解，他们认为气体压强增大、体积膨胀推动部分水银外溢是能接受的。但停止加热的最终状态，仍应有部分水银驻留管内，使气体压强等于水银压强与大气压强之和。

这个问题属于劣构问题。因为加热至什么温度需要考量，最终的状态不确定（对学生新接触此题时）也需要考量。

首先对气体变化的过程来分析。水银到达管口前气体是等压过程，到达管口开始溢出气体是压强与温度都在变化的过程，而当达到某一温度停止加热时，则是等温过程。

其次对能够适用的规律来分析。等压过程适用盖·吕萨克定律，等温过程适用波义耳定律。

然后再对气体自动溢出时的原因来分析。气体的压强由两个因素决定——温度和上方压强。温度不变时，若水银溢出一段高度，水银的压强就会减小（设变化量 ΔP_1）。气体则由于体积膨胀压强也会减小（设变化量 ΔP_2）。如果水银压强的减小

比气体体积膨胀压强减小大即 $\Delta P_1 > \Delta P_2$，气体就会继续推动水银外溢。

对这样的分析进行评价。

评价一：对水银自动溢出原因的评价——更好的佐证

气体从自动溢出开始就是等温过程变化，图像应满足双曲线，如图 3-1-45，其中 B 点为双曲线中点(对称点)。如果气体由压强、温度、体积决定的状态恰好在这一点，将气体体积用气柱长 L 表示，压强用汞柱高度 h 表示，那么上述两值应该相等。而图像下方(如 C、D 两点)气体的压强变化量一定小于体积变化量，即 $\Delta h < \Delta L$，这时水银就将自动溢出。

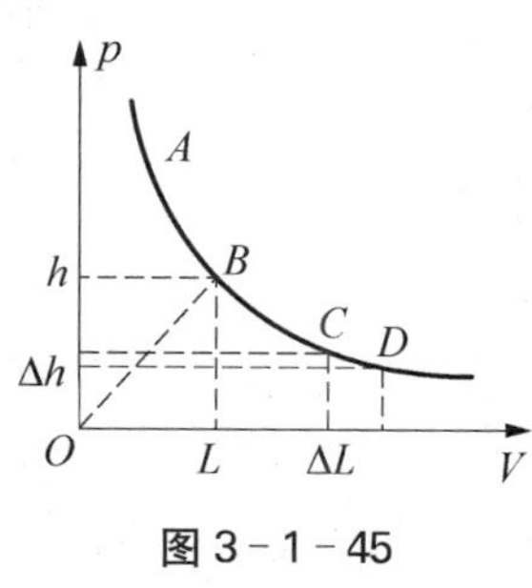

图 3-1-45

如果气体由压强、温度、体积决定的状态不是处在 B 点，如 A 点，这时 Δh 就会大于 ΔL，水银就将不再溢出。

如果实现自动溢出，必须要升温，使气体达到另一条等温线的 B 点。

评价二：对水银自动溢出结果的评价——思维的拓展

1) 既然自动溢出的关键是压强变化，那么换一种方式，不用升温而采用降低外界大气压方式，是否可以实现呢?

2) 图 3-1-45 中，等温线 B 点下方满足 $\Delta h < \Delta L$，B 点上方就应有 $\Delta h > \Delta L$。沿等温线上行，是气体体积压缩过程。相当于在向上的管口中注入水银，最终会出现什么情况呢?

注重了分析、评价环节的教学，有效激活了学生的思维。

例 11：汽车重力发电的模拟实现

汽车重力发电是 1976 年国外开始研究的一种新型发电技术。在汽车通过的路面上，铺设一组高出地面约 20 mm、宽约 760 mm 的金属板(俗称冲击板)，利用行进中的汽车重量，通过压迫冲击板进行发电。

如何实现汽车重力发电的设计呢? 利用 PBL 模式开展了研究。学生们分别提出了几个创意，较为典型的有弹簧式旋转发电装置和风箱式气压发电装置(图 3-1-46)。

方案一：弹簧式旋转发电装置

图 3-1-46，在地下设计一个双层支架。套有弹簧的传动杆穿过支架上的孔，一端连接金属板，另一端连接至类似于缝纫机的转轮上。当金属板上下运动时，就可以通过连杆，带动转轮转动，并使磁铁在线圈中转动，形成发电。

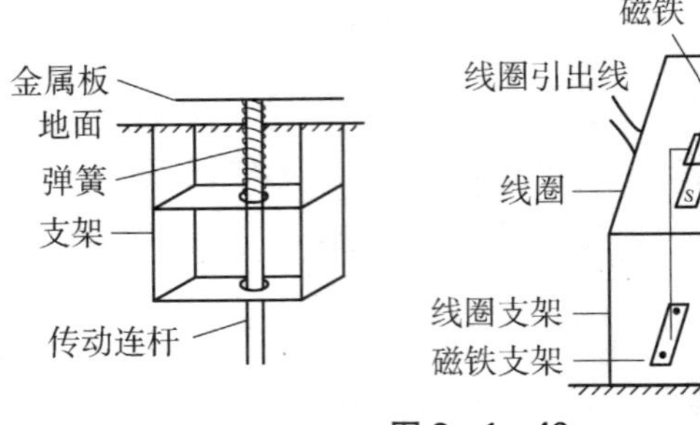

图 3-1-46

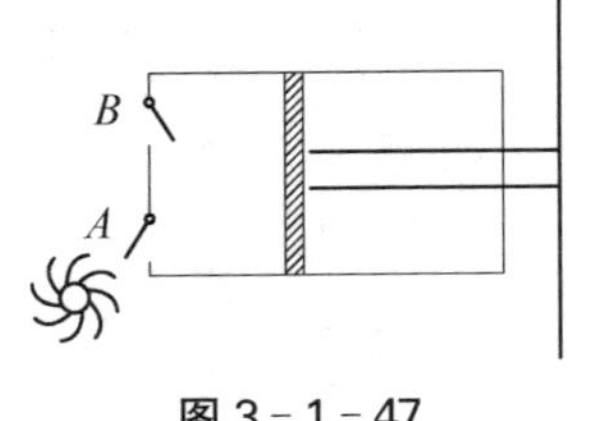

图 3-1-47

方案二：风箱式气压装置

图 3-1-47，相当于将一个有 A、B 两个风口的风箱竖直起来。其中 A 门只能向外开，B 门只能向内开。当汽车向下压迫冲击板时，高压气体从 A 冲出，带动叶轮转动。金属板释放时，A 关闭，B 打开，气箱重新充气。

初步方案形成之后，学生们开始了分析与评价。第一，弹簧系统容易产生金属疲劳，不适应永久实施；第二，转轮当转至一定的位置时，会出现“自锁”现象，使装置失灵；第三，风箱装置需要外界提供大量气源，如果埋在地下，难以实现；第四，由于气体的压缩比较大，风箱系统工作时活塞的进程也较大。

为此学生们进行了评价基础上的重新设计。弹簧式旋转发电装置被放弃了。对于风箱式设计进行了改良。气体的压缩比较大，可以改成液体，开放性系统不合适，就改为封闭系统。新的汽车重力发电设计形成了图 3-1-48。进过单向阀的实验选择模拟装置完成了。

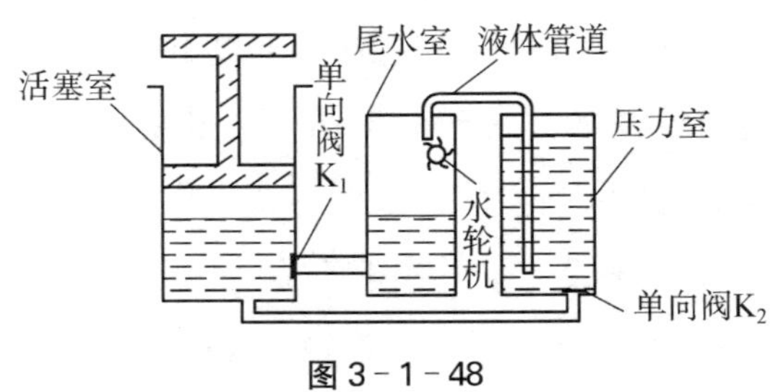

图 3-1-48

这个案例，将分析、评价、创造的学生思维过程，呈现得非常充分。基于分析过程的评价、基于评价的创造，对生活中的劣构问题解决，给出了清晰的思路。事实上，分析、评价、创造的环节，不仅是认知教育目标的高阶思维培养要求，也是问题解决维度应该重视的过程。只有形成对问题分析、评价的良好规范，才能在面对复杂问题和劣构问题时，围绕目标、有的放矢、有处着手。

5. 加强科学思维的方法实践，提升劣构问题解决能力

对劣构问题的解决，特别是物理劣构问题的解决，不仅要有清晰的分析、评价的操作思路和过程，还要注重怎样分析、怎样评价的具体方法，这就要加强对于科学思维方法的学习和实践。在教育部2017年版的高中物理课程标准中，明确提出了培养学生核心素养的要求，并对核心素养的内容作了较为详细的说明。它主要包括：模型建构、科学推理、科学论证和质疑创新。这对于物理劣构问题的解决，有着明确的启发和引导作用。

(1) 模型建构

物理建模是根据特定的研究目的，对研究对象建立的高度抽象的、反映事物本质特征的、对复杂事物加以抽象简化、突出研究对象主要特征的物理方法。物理模型是连接理论和应用的桥梁，经验材料和实验事实以及物理观念，则是构建物理模型的基础。

例 12：试建立俯卧撑、动滑轮、凸透镜、压强传感器的物理模型

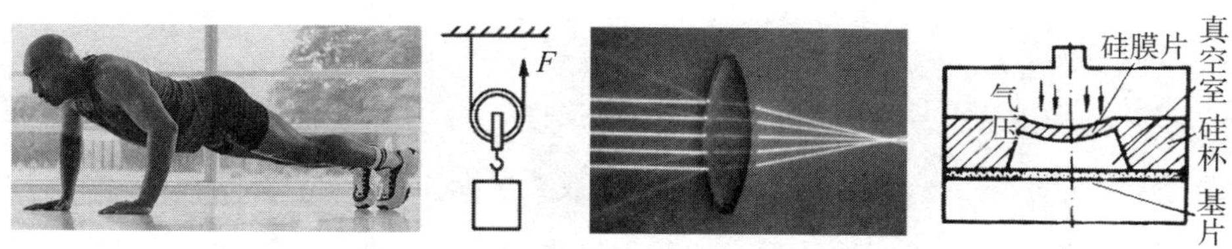

图 3-1-49

从学生知识结构看，对这些现象和器材的建模，都是不难的。俯卧撑是杠杆的模型，动滑轮的平衡则是共点力平衡的模型，凸透镜是棱镜的模型，压强传感器则是弹性形变的模型。物理学习中，建模应该从学生较为常见的现象和器材开始、从这些最简单的学习内容开始。

例 13：如图 3-1-50。光滑轨道 abc 固定在竖直平面内，c 点与粗糙水平轨道 cd 相切。一质量为 m 的小球 A 从高 H_1 处静止落下，与 b 处以质量为 m 的滑块 B 弹性碰撞。随后 B 滑块从 c 处运动到 d 处，且知 bd 高 H_2，滑块 B 通

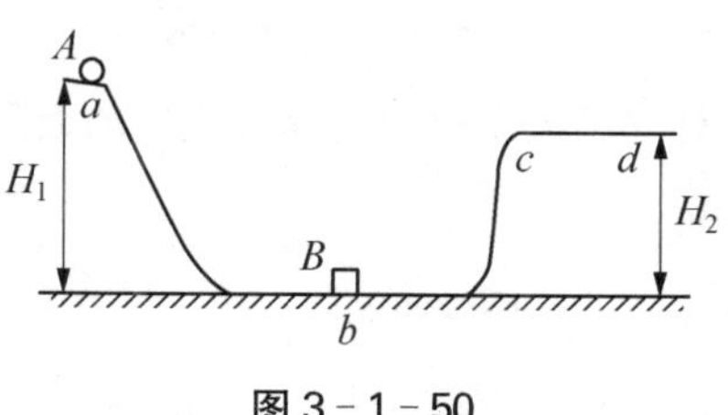

图 3-1-50

过 cd 段所用时间为 t。将此过程类比光电效应的过程，则 A、B 分别相当于什么？哪个物理量可以类比为极限频率？

这里，对于要建一个怎样的模型是清晰的（类似于光电效应的模型）。所以教学中就应着眼在建模方法的点拨上。光电效应最主要的描述是光子的照射下电子克服逸出功逸出。本题 A 球正碰 B 物，使 B 物脱离“势阱”，这就是最核心的问题。高度为 H_1 斜面，提供的是 A 球碰撞前的能量；高度为 H_2 的轨道平面，决定了 B 物在此的重力势能，亦即“势阱”相当逸出功的大小。其他条件则是次要因素。由此可知，A 球相当于光子，B 物相当于电子，H_1 高度提供的动能相当于光子的能量，H_1 就可以类比为入射光的极限频率。

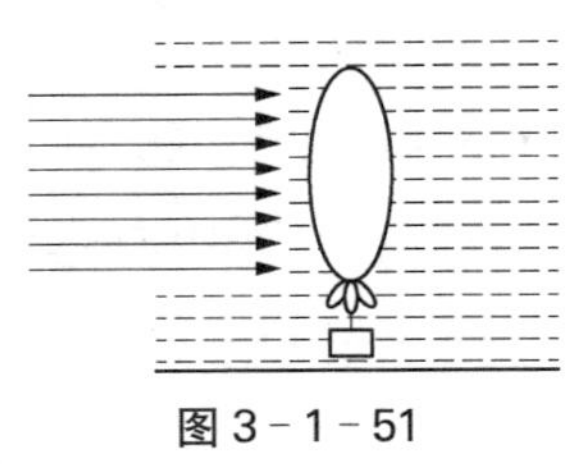
图 3-1-51

例 14：空气透镜的问题

向透明塑料袋内吹气后，将口袋扎紧，在袋口下挂一重物并置于玻璃容器的水中。当平行光线射到这个“空气透镜”时（如图 3-1-51），试判断射出的光线应为平行光线、会聚光线或是发散光线。

这个问题属于生活中的问题，求解过程中往往没有现成的方法或类似问题的思路可以借鉴。但从分析、评价、解决的角度看，支架只能是凸透镜和凹透镜，所以可以采用建模的方法。

设想将透镜从中央剖开，透镜的两侧就形成了两个凹透镜，如图 3-1-52。空气透镜就建模成为了两个凹透镜的模型。由于凹透镜对光线的发散作用，立即得到了最终的结果——应为发散光线。

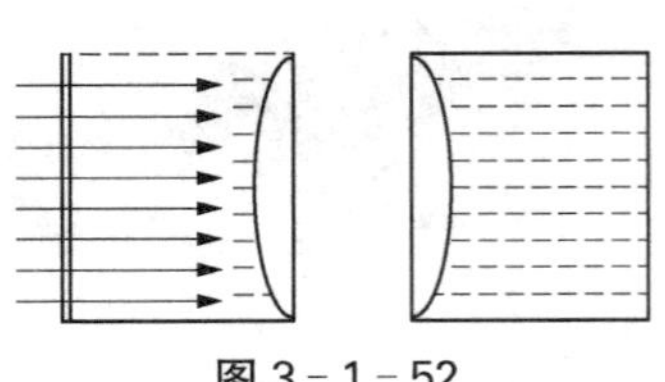
图 3-1-52

历史上，物理学家们应用建模的方法有过诸多的建树。克劳修斯提出理想气体模型，推导出气体压强公式；范德瓦尔斯分子模型的提出，导致真实气体方程的建立；卡诺提出理想热机模型和理想循环过程，导致卡诺定理的确立；安培提出分子电流模型，对物质磁性的本质作了解释；麦克斯韦用分子涡旋的力学模型，导出了磁力公式、磁能公式，解释了电磁感应现象。教材中，质点、刚体、单摆、点电荷、绝对黑体以及各种原子模型也都是物理建模的典型，所以重视建模的教学，是指导劣构问题解决中不可缺少的环节。

(2) 科学推理

科学推理是由一个判断或多个判断推演出另一个新判断的思维过程。属于逻辑抽象思维的范畴，也是思维的高阶形式之一（高阶思维），也是研究物理问题必备的能力。

科学推理包括由个别到一般、由一般到个别的“归纳—演绎法”和由因至果、由果至因的“分析—综合法”。而按照前提和结论的不同关系，还可以分为归纳推理、演绎推理和类比推理三种。

归纳推理是指从个别性知识或现象，归纳到一般性结论的过程；演绎推理是指人们以一定的实时场景、反映客观规律的理论为依据，从服从认知的已知部分推知未知部分的思维方法；类比推理是根据两个或同类对象有相同属性部分，从而推出他们的其他属性也相同的推理。

例 15：动能的推理

因为运动的水流能够对船做功、运动气流能够对风帆做功、运动的汽车能推木块做功……所以有质量的运动物体具有做功的能力——动能。这就是归纳推理。

例 16：汽车的发动机效率

汽车质量 800 kg，阻力为车重的 0.1 倍，若以 72 km/h 的匀速行驶了 2.5 h，耗油 20 L，且知 1 L 可获 3.212×10 kJ，试求该车发动机效率。

这题的前两个条件，已知了汽车的动力 $F=0.1mg$ 以及由速率和时间确定的位移 $S=vt$，这就知道了发动机的有效做功 $W_1=FS$。而耗油产生的总功为 $W=\lambda V$，所以效率 $\eta=(W_1/W)\times 100\%$。这就是演绎推理。

而在我们的教材中，根据场的特征的比较，定义的电场强度与磁感应强度，则采用了类比推理的方式。

例 17：电子速度的选择

欲在一束包含了不同速率的电子（质量 m、重力不计）束中，选择出某一速率值的电子，可以采用怎样的方法。

这个问题中，选择的速率是多大，可以采用什么方法，都是没有进行界定的，所以属于劣构问题。根据已有的良构知识，可以用电场的偏转、磁场的回旋以及速度选择器，进行筛选。

先对电场筛选方案进行分析。

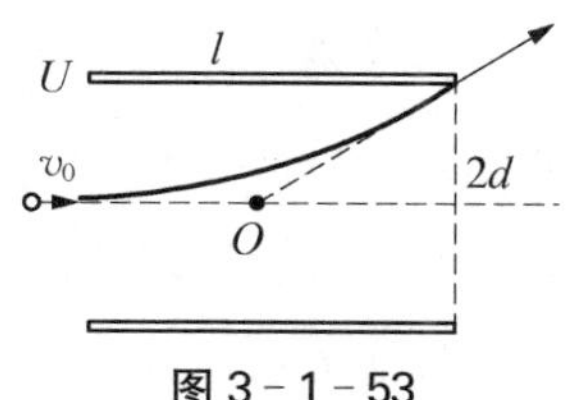

图 3-1-53

如图 3-1-53，因为电子以垂直于匀强电场的方向，沿电场中央线进入电场后会发生偏转。且沿电场中点 O 至极板端点连线方向飞出的电子，速度的大小和方向都是唯一确定的。所以选择出的电子，满足入场时的初速度为 $v_0^2 = eUl^2/2md^2$。这就是分析中的推理过程。

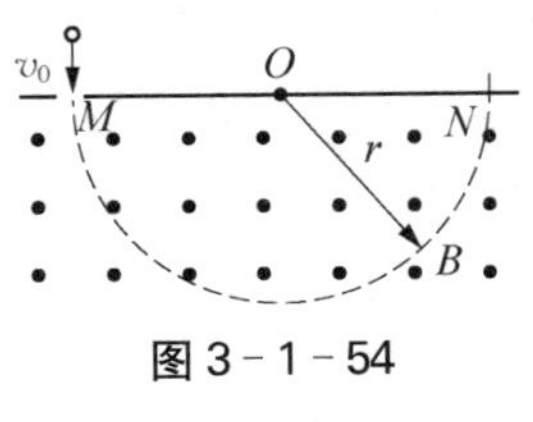

图 3-1-54

再来对磁场的情况分析(图 3-1-54)。电子进入磁感应强度为 B 的磁场中，因为洛伦磁力作用以半径 $R=\dfrac{mv_0}{qB}$ 回旋，所以从 N 点射出的粒子，速率就是初速度大小 $v_0=\dfrac{qBR}{m}$。这也是一个推理的过程。

最后再来分析速度选择器(图 3-1-55)。在电场与磁场叠加且正交的区域，电子进入后，因为恰能满足电场力大小等于洛伦磁力大小，粒子将不改变运动方向，所以电子入射速率等于射出速率，即 $v_0=\dfrac{E}{B}$。这是一个推理的过程。

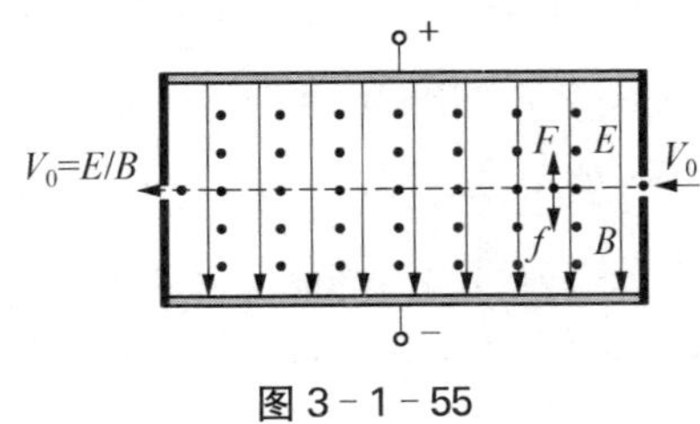

图 3-1-55

再对上述的分析和结果进行评价。

三个方案都对初速度 v_0 的电子进行了筛选。但第一个方案最终获得电子的速率，是电子经由电场做功后具有的速率，并不是电子刚入场时的初速度 v_0。对欲选择速率 v_0 的电子，目标并没有达到。而在后两个方案中，只要分别改变磁感应强度 B 或磁感应强度 B 与电场强度 E，就可以获得不同速率的电子了。

(3) 科学论证

科学论证是思维的分析、评价，获得结论的过程，它属于抽象思维的范畴，也包含了辩证思维的内容。分析是基本信息的展开、理清，形成逻辑证据的过程。论证则是证据基础上的推理、证明、逻辑判断而获得结论的过程。

科学论证需要建模、推理、类比等方法支持。方式也常包括线性推证、归纳证明、反证、排除法证明、佯谬证明、实验证明等类型。其中实验证明则凸显了物理学科的实验性与实践性。

例 18: 节日彩灯是并联还是串联?

这是典型的生活中也是物理中的劣构问题。有人根据灯的连接，判断是串联；有人根据小灯损坏一个后并不影响其他灯的发光，判断是并联。节日彩灯到底是串联还是并联，最好的办法就是解剖灯的结构，来进行论证。

灯泡解剖开后(图 3-1-56)可以看到，灯丝的下边多并联了一段涂有氧化铜的细金属丝。一旦有一个彩灯灯丝熔断，其他彩灯就会瞬间熄灭，使这个灯泡两端的电压达到 220 V，瞬间击穿那段细金属丝的氧化铜涂层，使这个彩灯重新形成通路，又使其他灯泡继续工作。所以实验论证的结果是：灯泡与灯泡之间为串联，灯丝与涂有氧化铜的金属丝之间属于并联。

图 3-1-56

例 19：变速自行车的挡位变化

自行车是学生们熟知的交通工具图 3-1-57。而在可变速自行车后轮的中心轴上，却往往有几个不同半径的飞轮，可以分别在不同情况下带动后轮转动。这样设计的目的是什么？它与通常使用的非变速车上只有一个飞轮的情况相比，有些什么差异。

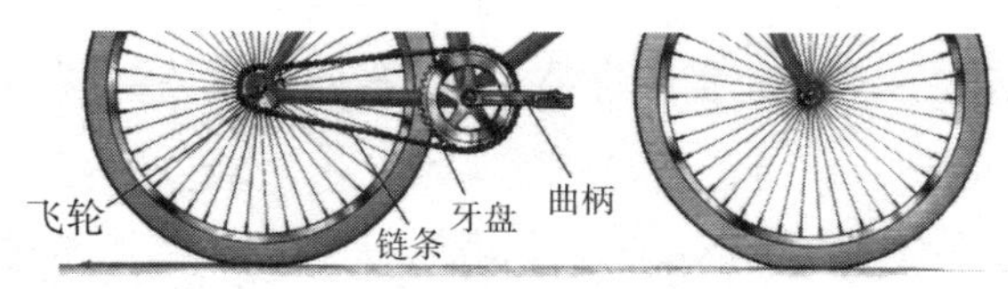

图 3-1-57

这又是一个需要论证的问题。一般来说，小飞轮多是在水平面上行进时采用。上坡时则采用大飞轮。所以，感觉在骑行时，小飞轮与大飞轮比较更为省力。但是这需要有依据来论证。

自行车是后轮驱动的。后轮与地面的接触点 P 形成了瞬时转动中心，链条拉力则是对 P 点形成动力矩作用。从图 3-1-58、图 3-1-59 可以看出，水平骑行时阻力主要是空气阻力。而在上坡时，除空气阻力外，阻力还有重力沿斜面的分力。假设阻力的作用点在后轮中点，水平匀速骑行和上坡匀速骑行时，阻力矩就会不同，后者将大于前者。因此上坡时采用较大的飞轮，使链条的拉力矩增大，同时使蹬踏时链条的拉力能稍微减小。

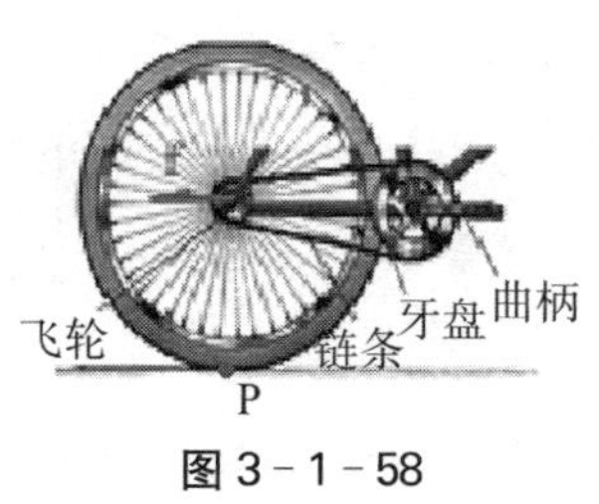

图 3-1-58

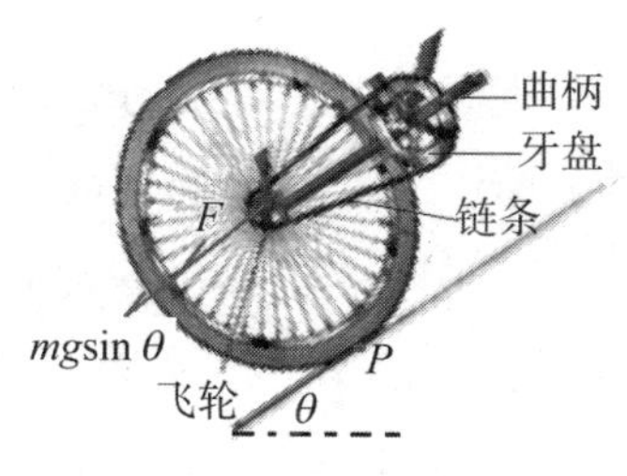

图 3-1-59

不同飞轮除了会获得不同的动力矩外，蹬踏一圈时在行进距离上也会有差异。因为牙盘与飞轮是采用链条传动，牙盘转速与飞轮转速之比等于二者半径的反比，所以牙盘转动一圈时，飞轮半径越大，带动后轮转动的圈数越少，自行车前进的距离也就越短。这就完成了两个问题的论证。

事实上，通过物理语言、文字来说明、论证物理事实或物理现象，或是通过物理公式以及必要的数理推导来说明论证，是科学论证最主要的方式。也是劣构问题解决中进行评价的最主要的方式。

（4）质疑创新

质疑的思维，是真实场景的事件与原有知识结构发生冲突，而探究事物的起因和本质属性的思维过程。质疑的思维需要对问题、结论、过程分析考量，也需要推理、论证、批判等过程。所以思维的属性包括了批判性思维的成分。

质疑思维主要有三种形式。提问思维：又称设问思维，就是在思考、发现和处理问题时通过对现在、过去的事情提出疑问来寻求准确答案、观念、理论的一种思维方式。追问思维：就是追根求源、去伪存真过程的思维。目标导向思维：是指具有强烈目标意识和方向而展开的思维活动。

质疑来自问题意识。问题意识是思维的动力。问题的来源，可以是学习内容质疑、训练题的质疑、实验过程或数据的质疑、生活现象的质疑、问题解释的质疑等等。所以教学中应通过创设问题情境（目标导向思维）、营造民主温馨的学习环境和氛围、推进互动、讨论的合作学习范式、采用启发式设问、提问（提问思维、追问思维）的方式，激发学生的质疑思维、批判意识，使学生养成质疑的学习习惯。另外，教师应以自己的行为模式，为学生的质疑作出表率。

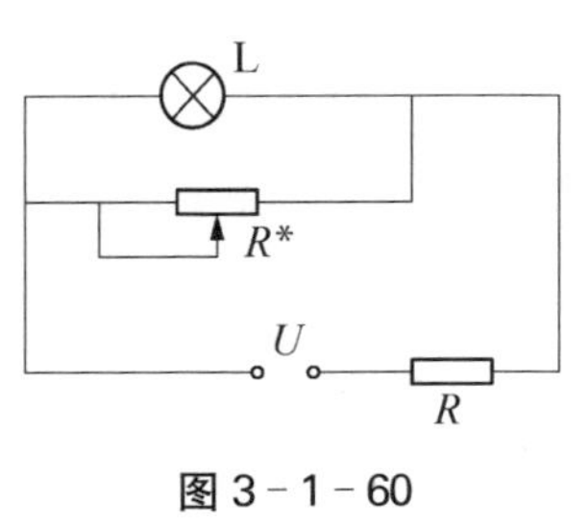

图 3－1－60

例 20：滑动片的位置

这往往是教师在电学实验前反复强调的：滑动变阻器使用时，要将滑动片初始的位置置于变阻器阻值最大处。

是这样吗？看一下图 3－1－60。从用电器安全使用的角度看，变阻器的初始位置应该是在电阻最小的位置，这样才能在变阻器调解过程中，用电器电流逐渐增加。这就是对实验过程的质疑。

例 21：发胶喷罐的禁带

乘飞机进行安检时，携带气压式热水瓶可以通过，而携带发胶（如摩丝）喷罐却一定被禁止。同样是按压就可以有液体流出的器具，这又是为什么呢？

这就是对生活问题的质疑。

参见图 3-1-61 和图 3-1-62。气压热水瓶中只有单一的液体，按下出水按钮，压缩瓶内液体压力增大，水就从导管中流出。而发胶喷罐中则包含了液化气体和未气化的液体，内部已经有了超过大气压的、足够大的液化气压强作用在液体上。按下喷出按钮，只是打开了受压液体流出的通道，液体就顺导管流出了。所以发胶喷罐不允许带上飞机，正是由于其内部已有了超过大气压的液化气体压强。

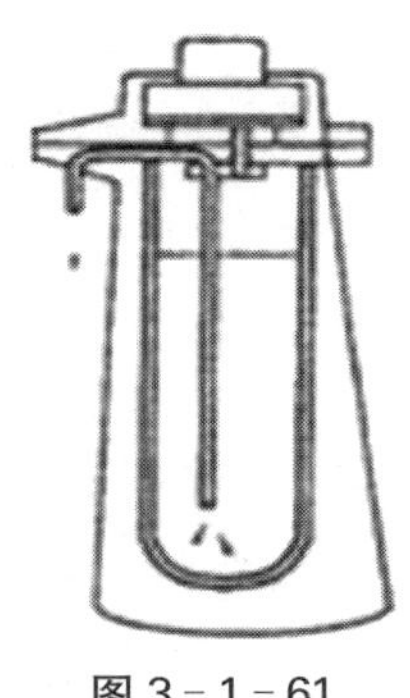

图 3-1-61

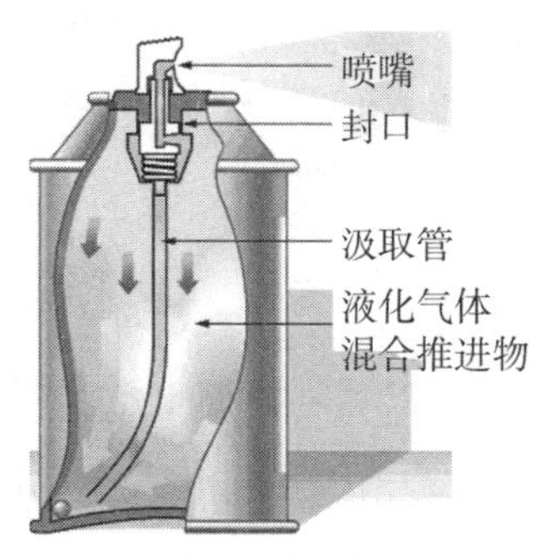

图 3-1-62

对于创新，这不仅是核心素养中科学思维的内容，也是高阶思维认知目标中的指向。就中学生的创新而言，主要包括了对确定问题研究中的联想、迁移，以及对现有方案评价中的改进。特别是后者，在评价中发现了不足、缺陷或问题时，进行修正、完善，甚至重构，往往就达到了创新或创造。

例 22：导电弓跳火的启发

观察电车的运行，经常可以看到电车转弯时，导电弓与空中电线出现打火现象，如图 3-1-63。这是什么原因引起的呢？

图 3-1-63

通过模拟电车的实验装置(图 3-1-64)，当用金属叉代替的导电弓在裸导线上滑动时，只要接触不良，由于自感线圈的作用，就会产生打火现象。

由此也引发了学生对自感应用问题的兴趣，学生自制的“土电焊机”应运而生，如图 3-1-65。这就是问题解决中由于联想而引发创新的案例。

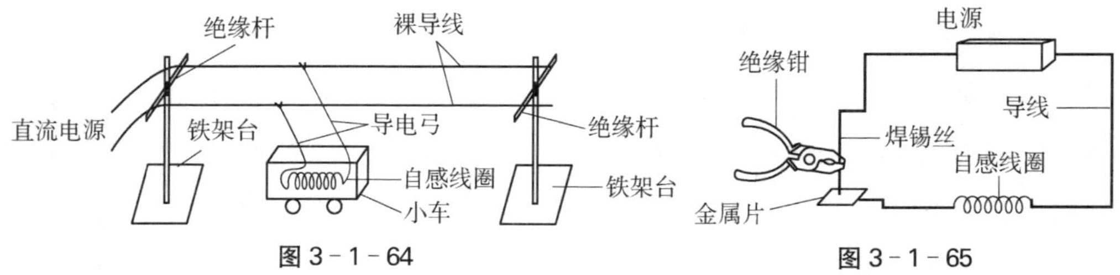

图 3-1-64　　图 3-1-65

图 3-1-66

例 23：数码灯的制作

“数码灯”是我们经常看到的显示装置。它用七根灯管组成发光部件，通过控制，就可以表示 0—9 处的十个数字。比如数字“1”“7”“4”“3”的显示如图 3-1-66。

现在给出七条灯带(代表不同位置的灯管)。A、B、C、D 四个双刀双掷开关、学生电源一台，导线若干。要求电路连接后，开关不闭合，所有灯泡不发光。闭合开关 A，显示出数字“1”；断开 A 闭合 B，显示数字“7”；断开 A、B，闭合 C，显示数字“4”；断开 A、B、C 闭合 D，显示数字“4”。

问题的重点是对于良构问题、双刀双掷开关作用的讨论。

双刀开关中央掷点接入电源、另两端接入用电器电路时，双刀开关可以同时控制两侧电路。现在把灯带编上号，根据每个数字所需点亮的情况，按照图 3-1-68 的设计连接(开关自左向右分别为 A、B、C、D)，就能满足问题的解决了。

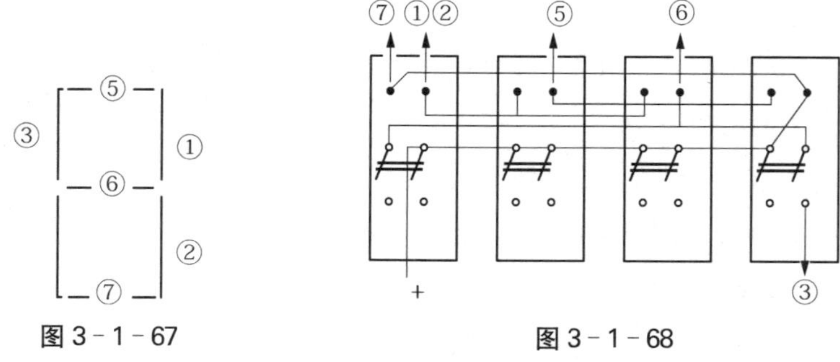

图 3-1-67　　图 3-1-68

对这个设计进行评价，可以发现，这个电路并不是最理想的，至少开关的选择就是一种浪费，因为 A、B、C 三个开关完全可以是双刀单掷的开关。

6. 信息技术在劣构问题解决中的使用

信息技术在物理教学与物理实验中有着特殊的意义，对于教学和实验中的劣构问题解决也有着积极的作用。特别是学生的探究性学习中，需要对问题的原因或解释，进行猜测、假设、资料查询、方案制定、实验探究、数据分析、结论论证，达到最终的解决。这也是对劣构问题的分析、评价、创造解决的过程。而在这样问题解决的过程中，信息技术将助力分析、评价、创造的实施步序。

(1) 劣构问题解决的方案选择

劣构问题的一个显著的特点就是问题边界的不确定、解决方案的多样性，进而导致结论的不唯一。信息技术在这样的情况下，为问题的解决提供了更多可供选择的手段。

例 24：碰撞中的动量守恒

验证碰撞中的动量守恒，是一个开放的问题，可以有多种方案。例如单摆的碰撞方式(图 3－1－69)。利用两个等质量摆球的碰撞，通过第一个球的释放的高度和被撞球的摆动高度，就可以获得系统碰撞前后的动量进行验证。再如，小球撞击后平抛落点的测量方法(图 3－1－70)。通过小球释放高度和平抛物体的水平位移测量，换算出系统碰撞前后的动量进行验证。还可以采用斜面上的物体粘合的方法(图 3－1－71)。利用打点计时器根据碰撞前后的速度，确定系统碰撞前后的动量。

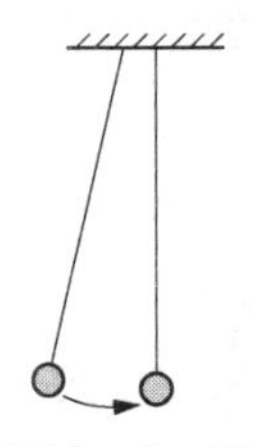
图 3－1－69

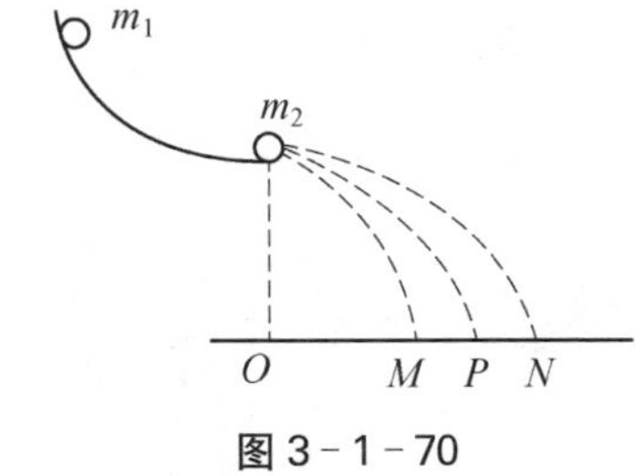

图 3－1－70

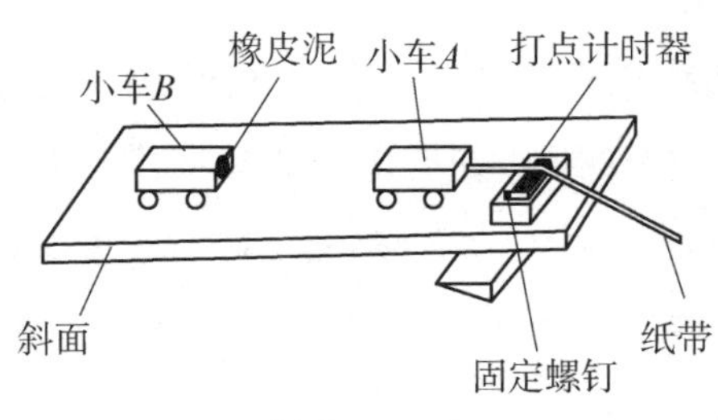

图 3－1－71

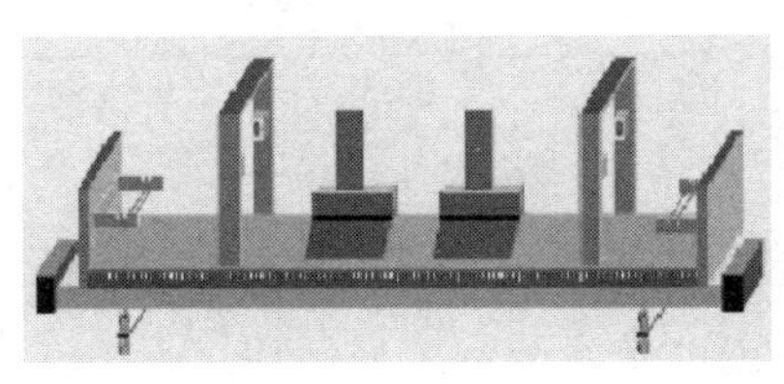
图 3－1－72

采用信息技术手段，则可以有另一种测量方法(图 3－1－72)。在气垫导轨上放置带有挡光板的两个滑块，通过光电门的速度测量，就可以确定滑块碰撞前后的速度及动量。

对这几个实验方案进行一下比较。前三个

方案都是运动物体撞击一个静止物体的情况，具有一定的特殊性。后一种信息技术使用的方案，则完全可以是两个运动物体间的碰撞，且这种方案的实验，既能实现弹性碰撞中速度、动量的测量，也可以实现完全非弹性碰撞（利用橡皮泥）的守恒量测定，因此更具有普遍性。

（2）劣构问题解决的图象建模及分析

劣构问题解决中经常需要使用图象。而图象的获得从某种意义上说就是建模。例如平抛运动，当发射器在平抛时发出的信号被接收器接收后，就可以完成轨迹的描绘和规律分析。但是图象如何获得、从哪些角度去分析，又是问题的劣构性所决定的。信息技术的使用可以为图象建模，提供不同的方案。

例 25：磁铁下落过程中重力势能与电能相互转化的研究

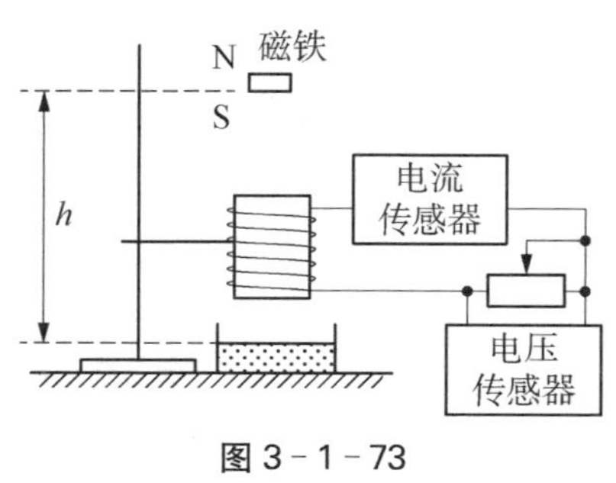

图 3－1－73

如图 3－1－73，这是研究磁铁下落过程重力势能与电能之间相互转化的装置。内阻 $r=40\,\Omega$ 的螺线管固定在铁架台上，线圈与电流传感器、电压传感器和滑动变阻器连接。滑动变阻器最大阻值 40 Ω，初始时滑片位于正中间 20 Ω 的位置。打开传感器，将质量 $m=0.01\,\text{kg}$ 的磁铁置于螺线管正上方静止释放，磁铁上表面为 N 极。穿过螺线管后掉落到海绵垫上并静止（磁铁下落中受到的阻力远小于磁铁重力，不发生转动），释放点到海绵垫高度差 $h=0.25\,\text{m}$。试估算磁铁在下降 $h=0.25\,\text{m}$ 的过程中，重力势能转化为电能的效率。

这个问题的研究设计是借助了信息技术手段来完成的。所以磁铁下落过程中 UI 乘积与时间 t 的图象，可以直接描绘出来（图 3－1－74）。

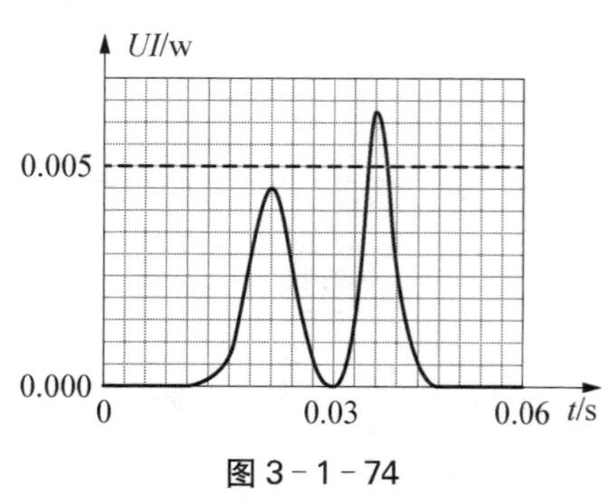

图 3－1－74

根据图象的物理意义可知，图象与横轴围成面积大小，就等于磁铁下落过程中螺线管电源的输出电能。所以采用面积估读的办法（图 3－1－75）就得到了 $E_{出}=6.67\times10^{-5}\,\text{J}$。

不过，这仅是电源对外电路电阻做的功，还要考虑电源对内电阻做的功。由于已知内电阻为外电组的两倍，所以电源对内电阻的做功为 $2E_{出}$。这样，电源转化为电能

的总能量就约为 $E=20\times10^{-5}$ J。本题由已知磁铁下落过程中重力势能的变化 $E_P=mgh=0.025$ J，就得到了重力势能转化为电能的效率 $\eta=0.8\%$（允许 10%的误差）。

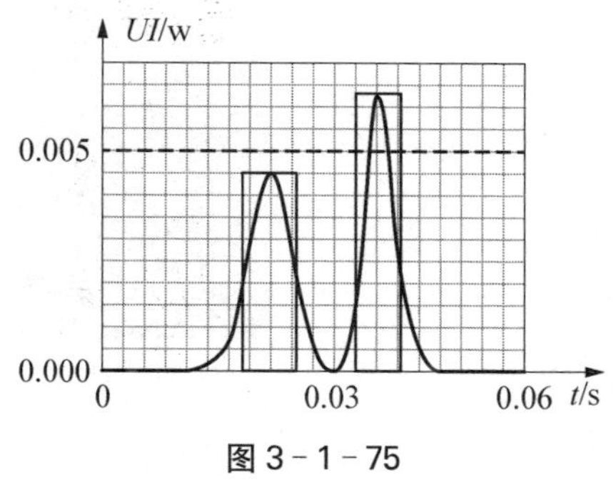

图 3-1-75

这个题目不同于一般良构问题的计算题，可以寻找合适的公式直接代入求解。它需要对图象的面积有所了解，对图象对称性的特征有所分析，对面积估读的方法有所掌握。从这个角度看，即使获得了图象，如何运用图象仍然属于劣构问题。而信息技术的图象获得，则是这一劣构问题解决最核心的基础。

(3) 信息技术对劣构问题细节的描述及呈现

信息技术的一个优势，就是可以将诸多问题的宏观记录，分解成更为详细的细节画面，使问题的解释更有针对性更有说服力。

例 26：水龙头流水的下落

水龙头流出的水下落过程中，水流是变粗还是变细，应该如何解释呢？

这是学生提出来的一个生活问题。20 世纪英国著名的哲学家卡尔·波普尔(Carl Popper)曾经说过："全部的生活都是问题解决。"生活问题也大都是劣构问题。学生们对这类问题往往会有不同的答案：有的人说是变细了，因为在水管内水流接受不到来自侧面的大气压，水流出龙头后，四周的大气压直接作用到水柱上，所以水柱就变细了；也有的说水柱将会变粗，因为水可以看成是水珠组成，相互之间存在着斥力，在水管中，水没有办法克服管壁束缚，流出龙头后，斥力就会表现出来，形成水柱变粗。

如果直接告诉学生答案并说明理由，没有什么不可以。但这仅仅只能让学生作为结论了解。如果让学生直观看到现象再加以分析，那就使学生的认识由感性上升为理性，这是物理教学中应该提倡的方法。

用摄像机拍摄了水流的下落视频，再选取一帧帧地播放(图 3-1-76)，水流下落过程中的变细，清晰的展现出来了。在这个基础上，再向学生解释，由于重力的原因，下落距离越长的水滴速度越快，水滴的长度就要变长(图 3-1-77)，只要水的粘滞力使水没有分断，水流就会变细。而当水的粘滞力不足以维持水再连续流动时，就会形成一个一个的水滴。

这就是技术手段带来的直观教学的优势。

图 3-1-76

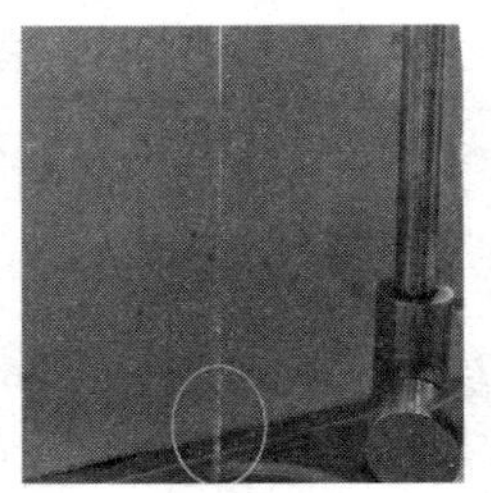
图 3-1-77

类似的问题还有，例如“水珠在高温铁板上的跳舞”的问题，即莱顿弗罗斯特问题。把水滴落在滚烫的铁板上，假若铁板温度仅高于水的沸点（100℃），水会发出嘶嘶声并迅速沸腾。但当铁板达到莱顿弗罗斯特点时，水便会产生莱顿弗罗斯特现象。水珠会在铁板四处滚动（图 3-1-78），水珠可以存活更久。这个现象通过网上的视频下载，演示播放并逐帧分析，使整个过程清晰可见。

图 3-1-78

当现象展示后，理论的分析就可以跟进了。水珠中跟铁板接触的部分会迅速沸腾形成水蒸气，由于水蒸气的传热比液体水慢得多，蒸气层阻隔水直接接触滚烫铁板并大大降低水滴沸腾的速度。一般来说，水在平底锅的莱顿弗罗斯特点为约 193℃。所以厨师在预热锅子时，只要落下几滴水看是否会形成水珠，便可得知锅子是否够热。传统的过火仪式，参加者会先沾湿双脚，由于莱顿弗罗斯特现象令水不会快速升温，使得热不容易传到人们的脚，也不易被烧得火红的炭火烫伤。

现代信息技术使我们的生活发生了改变，也使教学手段有了诸多的变革。利用信息技术的资料查询、方法学习、原因判断等手段，对条件进行界定、问题分析讨论、结论求解评价的思路下，将会对劣构问题的解决提供极大的帮助。

二、远迁移能力的培养

学习的迁移，是指在一种情境下学习的东西迁移到新情境的能力，是判断学习适应性与灵活性的重要指标。从形式上看，迁移有横向迁移、纵向迁移、近迁移（相似任务解决）、远迁移（学校科目向非学校情境迁移）、正迁移、负迁移。我们希望的是学生能够由近迁移发展到远迁移，而尽量减小负迁移(某种经验干扰到相关任务)。在强调学习情境化的今天，过度情境化不利于迁移，而知识的抽象表征则更有助于迁移。这一观点在试卷命题时对于灵活性、适应性、能力的培养检测中，应该引起思考。

(一) 迁移能力的简述

迁移，特别是学习的迁移，是指已经获得的知识、动作技能、情感和态度等对新的学习的影响。或者说是一种学习对另一种学习的影响。迁移现象在学习中是时刻存在的。教学中，使学生产生最大程度的迁移是有效教学的主要目标，真正有效的教学也应该遵循迁移规律。

合理地运用迁移对于学生的发展有着积极的意义。可以直接促进学生解决问题能力的提高；可以成为习得经验概括化、系统化的有效途径；可以加速学生知识体系建构、认知结构更新的有效性。

影响学习迁移的因素主要可以概括为：(1)相似性：包括学习材料的相似性、学习目标与学习过程的相似性等。一般而言，较多的共同成分将产生较大的相似性，并导致迁移的产生。(2)原有的认知结构：原有的学习对后继学习的影响是比较常见的一种迁移方式。原有经验的水平、组织性、可利用性等特性直接决定了迁移的可能性和迁移的程度。(3)学习的定势：定势在迁移中起到一定的作用，表现为促进或阻碍。定势既可以成为正迁移的心理背景，也可以成为负迁移的心理背景，或者成为阻碍迁移产生的潜在的心理背景。

迁移的分类按照不同的角度可以有很多种类型。

如从迁移普适性划分，有一般迁移和具体迁移；从迁移的方向划分，有水平迁移和垂直迁移；从迁移的主体划分，有自迁移和被动迁移；从迁移的范围划分，有近迁移和远迁移等。

一般迁移：也称普遍迁移，多是指原理、技能、态度、方式等的迁移。如在解决问题的时候，每个人都会按自己的方式和自己的态度，就以往的经验进行迁移。例如，接触到教材对科学家介绍时，采用文献查询，了解科学家生平和对物理学发展的贡献。这种学习方式和态度，就可以迁移到对其他科学家的了解过程中。

具体迁移：也称特殊迁移，是指在一种学习中获得的具体的、特殊的经验，迁移到另一内容的学习中。例如，探究牛顿第二定律外力不变时加速度与质量的关系，获得了 $a-m$ 的关系图象。为了确定图象是反比，采用了 $a-\frac{1}{m}$ 坐标进行变换。这种方法迁移至研究气体等温变化时，压强与体积的关系，就是具体迁移。

水平迁移：也称横向迁移，是处于同一概括水平上的经验之间相互影响。例如，学习光的干涉时，由双缝干涉迁移至光栅干涉，或者由等厚干涉迁移至等倾干涉，都属于水平迁移。

垂直迁移：也称纵向迁移，是指在不同的概括水平上的经验之间相互影响。也可以理解为上位与下位之间的相互影响。例如，能量守恒定律与机械能守恒定律，前者是上位的，后者是下位的。两个守恒定律学习时的迁移，就是垂直迁移。

自迁移：个体获得的经验，自发地在与原有经验相同情境中重复，或影响着相同情境中的任务的操作。

被动迁移：在他人指导点拨下，用个体获得的经验，在相同情境中重复或影响着相同情境中的任务的操作。

近迁移：将所学的知识或学习经验，应用到与原来学习情境相似或相近情景中的方式。这种迁移大量发生在学科教学之中。

远迁移：将所学的知识或学习经验，应用到与原来的学习情境完全不同的情境中的方式。

这里，我们将重点关注近迁移与远迁移。

（二）近迁移与远迁移

除了上述对近迁移与远迁移的描述外，还可以从另外一个角度来看近迁移与远迁移。如果能迁移到表面特征不相似，但结构特征相似的学习情境中，迁移则属于近迁移。如果能迁移到表面特征与结构特征都不相似的学习情境中，迁移则属于远迁移。

来看几个物理教学中的例子。

例 1：物体的平衡

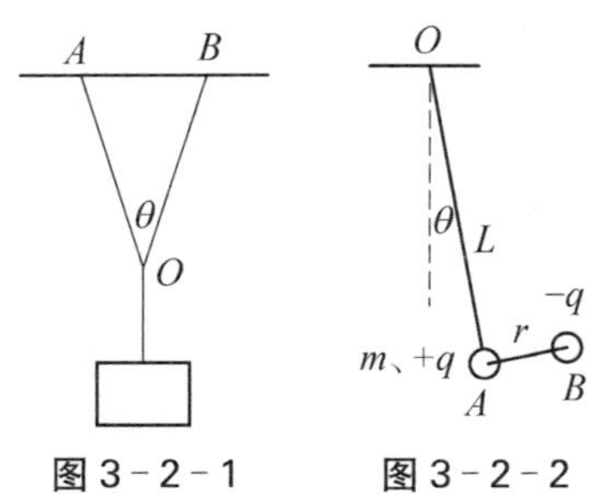

图 3-2-1　　图 3-2-2

如图 3-2-1。等长的轻绳 OA、OB，一端固定在屋顶，一端在 O 点悬挂起重物而平衡。两绳的夹角为 θ，求轻绳 OA、OB 的拉力。再看图 3-2-2，长为 L 的轻绳下系一个带电小球 $A(m、+q)$，A 球在附近带异号电性的 B 球作用下，偏离竖直线 θ 角而平衡。若两球相距 r，且 L 方向与 r 方向垂直，求轻绳的拉力。

从表面特征看，两幅图的情境完全不同。前者是力学平衡问题，后者是电场中的物体平衡问题。从研究对象看，前者选取的是 O 点，后者选取的是小球 A。但从结构特征看，二者都是共点力的平衡。所以在受力分析后，由前者经验求解后者所问，就是近迁移过程。

例 2：伯努利原理

固定翼飞机飞行时，机翼会受到空气的升力，如图 3－2－3。两艘相距不远同向行进的船，行进时也会受到“神秘的推手”作用，使两船相撞，如图 3－2－4。如果就这两个现象的情境而言，表面特征大相径庭。但考量两个现象的内部结构，二者均是在流体中的运动，均会受到流体压强的影响，参见图 3－2－5，都能从伯努利原理获得解释。所以从固定翼飞机的升力，迁移到两船的相撞分析，就属于近迁移。

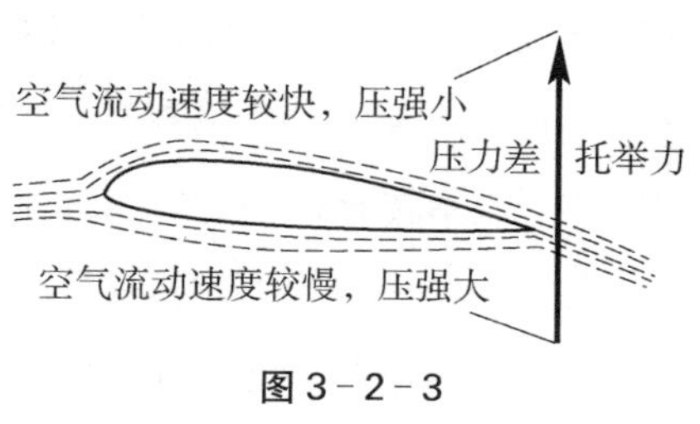

图 3－2－3

图 3－2－4

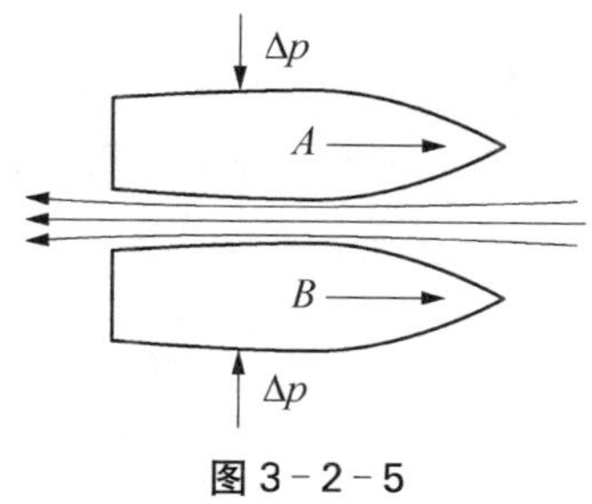

图 3－2－5

例 3：熵增加原理与环境的保护

“在孤立系统中，一切不可逆过程必然朝着熵的不断增加的方向进行”。这就是熵增加原理。根据熵增加原理，自然界的一切自发过程，总是朝着熵增加的方向进行，熵则是描述系统无序程度的物理量，熵越大，无序程度越高。

如果将这个观点迁移到日常的生活中，比如家庭生活中，我们使用了空调、洗衣机等家用电器。从局部来看，家庭生活有序了，获得了熵减少。但是电力的消耗，火力发电中燃料的消耗、燃烧的二氧化碳排放、氟利昂等有害物质排放、洗涤剂中的化学物品同污渍一起进入了水循环等等，则形成了对环境的影响，环境的无序程度会更加严重，即熵增加得越发严重。这种将熵增加原理迁移到对环境的分析，就属于远迁移的过程。

例 4：万有引力定律的迁移

万有引力定律，是牛顿从地球上的物体运动，推断出的结论。将这样的发现用于月亮绕地球、地球绕太阳的运动的分析，也就形成了远迁移的过程。这样的例子在物理学史上屡见不鲜，是我们体会远迁移的良好启发。

迁移能力对学习者来说，是一种学习对另一种学习的影响，或习得的经验对完成其他活动的影响——能把原来积累的经验和知识熟练地迁移到现有学习之中，同现有的学习进行结合，是学习者在学习发展过程中能力的重要体现。近迁移与基本的陈述性知识和基本技能的掌握有关，远迁移则不仅与陈述性知识、程序性知识有关，并且也与条件性知识有关，所以远迁移从形成过程和心理机制上比近迁移要复杂得多。

从物理教学的角度看，迁移能力培养的重点，应首先着眼于学习过程中近迁移能力的培养，形成问题解决中迁移分析的思维导向，养成问题解决中迁移分析的习惯，体验问题解决中迁移分析的方法，进而在学习中逐步地从近迁移走向远迁移。

（三）物理学习中的迁移

物理教学中对迁移能力的培养，是学生培养中的一个极为重要的问题，历来受到广大物理教师、学者、教育科学研究的重视。这是因为学习的迁移是一种普遍的行为，广泛地存在于各种学习和训练中。物理学习中，则以知识的学习和技能的学习最为显著。学习的迁移不仅能给学生带来更高的效率，还能充分发挥教学的良性作用。如果从教学实践看，物理教学中的迁移大致可分为知识的迁移、方法的迁移、思维的迁移，以及真实问题解决的迁移。在这几类迁移中，知识的迁移和方法的迁移、思维的迁移，以近迁移为标志，也是学生学习中大量接触的问题。而真实问题解决的迁移，则更多的属于远迁移。

1. 知识的迁移

当代建构主义认为，学习不是学生被动地接受信息刺激，而是具有主动建构的意义。学生会根据自己的经验背景，对外部信息进行主动地选择、加工和处理，从而获得自己的意义。这种新旧学习之间的相互影响、实现知识的有效迁移，就是教学过程中应该关注的环节。

例如，加速运动中速度最大值问题的讨论。

在匀变速直线运动的教学中，速度与加速度的关系问题，是需要辨析的问题。这两个物理量的存在与否、大小之间是没有任何的因果关系的。对于加速度与速度在同一方向、且加速度减小、速度变化的情况，则往往会从讨论中得到结论。这就是：加速度减小、速度仍将增大，直至加速度为零，速度获得最大。这就是物理学习的知识内容。这个内容在物理其他内容学习时，特别是牛顿第二定律学习后，就可能会有多处场景可供学习的迁移。

场景一：

如图 3-2-6，弹簧自由长度位置为 A，悬挂重物后的静止位置为 B。将重物下拉至 C 位置释放。物体在 CB 段、BA 段的运动分别为怎样的运动，物体运动中速度最大的位置应在哪里。

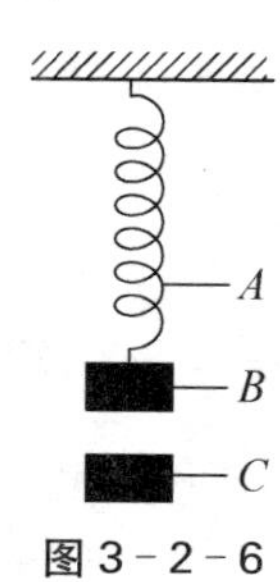

图 3-2-6

很显然，物体在 CB 段弹簧的弹力大于重力，所以 CB 段的运动，应该是向上的、且加速度减小的加速运动。当物体到达 B 位置时，重力与弹力的大小相等，加速度为零。速度获得最大。这就是加速度减小、速度仍将增大，直至加速度为零，速度获得最大这个知识内容在动力学场景中的迁移。

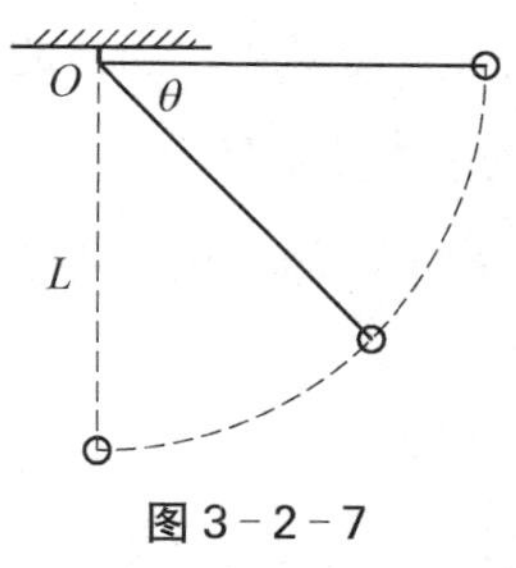

图 3-2-7

场景二：

摆长为 L 的单摆悬挂于 O 点，将其拉至水平由静止释放，如图 3-2-7。试求其摆动过程中，竖直分速度最大的位置。

设单摆摆动过程中，竖直分速度最大时，摆线位置与水平成 θ 角、摆线拉力为 T。则由机械能守恒可知，摆球切线速度 $v^2=2gL\sin\theta$。如果此时将切线速度分解，得到竖直方向的分量再求极值，就会出现三次方程，解题的难度将大大增加。但如果将加速度减小、速度仍将增大，直至加速度为零，速度获得最大这个知识内容迁移过来，则可由能量守恒结论 $v^2=2gL\sin\theta$、圆周运动特性 $T-mg\cos\theta=\dfrac{mv^2}{L}$、竖直方向合力为零的特点 $T\sin\theta=mg$ 三个方程联立，完成该问题的求解。

场景三：

半径为 R 的光环圆环竖直在匀强电场 E 中，最低点 A 处套有一质量为 m、电量为 $+q$ 的小球，如图 3-2-8。静止释放小球，试确定小球速度最大的位置（确定 θ 角）。

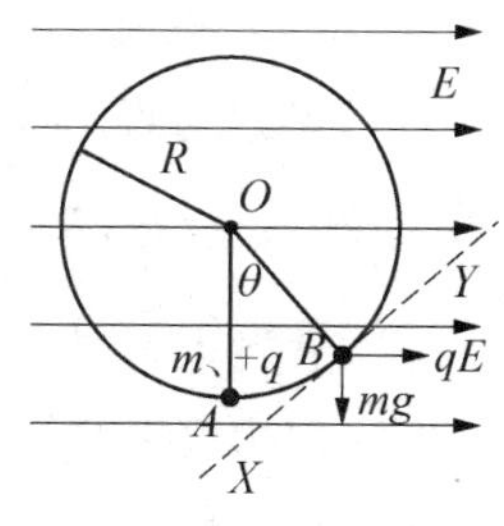

图 3-2-8

这个问题可以用动能定理或“等效场”的方法来处理。但在关注了知识内容迁移的教学后，则可以选择切线方向“加速度减小、速度仍将增大,直至加速度为零,速度获得最大"的迁移学习。

假设小球在 B 点速度最大,那么此处切向加速度一定为零。即重力 mg 与电场力 qE 在切向方向(XY 方向)一定合力为零。由此可得 $qE\cos\theta=mg\sin\theta$。从而有 $\tan\theta=\dfrac{qE}{mg}$。

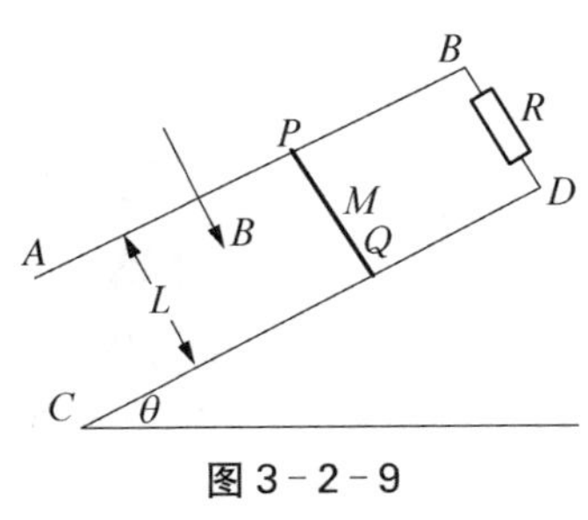

图 3-2-9

场景四:

光滑导轨 AB、CD 组成了与水平成 θ 的斜面,宽为 L 足够长。导轨上端 BD 用阻值为 R 的电阻连接,导轨平面上放着一根质量为 m,电阻忽略的金属杆,整个系统处在垂直导轨平面向下的区域中,如图 3-2-9。静止释放金属杆,试求金属杆受到的安培力的最大值。

金属杆从静止起开始运动,重力的下滑分量大于电磁感应引起的安培力,杆做加速运动。随着杆下滑速度的增加,安培力变大,杆沿斜面向下的加速度减小。当杆的加速度为零时,杆获得最大速度,亦即产生了最大电流,使杆的安培力获得最大。

这仍然是一个加速度与速度关系的知识内容的迁移。只不过是问题的场景变化到了电磁感应的现象。

2. 方法的迁移

随着新一轮《课程标准》的实施,教学中关注物理学习的方法,已经成为了广大物理教师教学中的共识。如果从简单的角度看,物理学习的方法,就是学习物理的方法、研究物理的方法和应用物理的方法。

物理学习中,某些知识学习中科学方法,如建模、图象分析等;某些问题中的分析方法,如整体法与隔离法、逻辑推理等;某些实验中的方法,如间接测量、合理外推等,对于了解物理思想、认识物理意义、掌握物理规律、开展物理应用研究,都有着重要的意义,也是学生学好物理必须强化的环节。

对于方法的迁移,不仅是对学生已学习内容的真实检验,也是对学生问题解决中举一反三、灵活运用物理观念解决问题能力的促进和提高。

物理模型是为了便于研究而建立的高度抽象的反映事物本质特征的理想物体。人们运用物理模型便于计算推理,探索物质运动的规律,建立物理方程。

在构造物理模型时,要对复杂事物加以抽象简化,突出研究对象的主要特征。例如，牛顿在发现万有引力定律的过程中，就使用了抽象简化建立理想模型的方法：从圆运动到椭圆运动，从球体到质点，从单体问题到两体问题。他将理想模型与实际事物比较，再适当加以修正，最后使物理模型与物理世界基本符合。

物理学中有许多通过物理模型建立物理方程的实例。克劳修斯提出理想气体模型，推导出气体压强公式；范德瓦尔斯分子模型的提出，导致真实气体方程的建立；卡诺提出理想热机模型和理想循环过程，导致卡诺定理的确立；安培提出分子电流模型，对物质磁性的本质作了解释；麦克斯韦用分子涡旋的力学模型，导出了磁力公式、磁能公式，解释了电磁感应现象。

物理学中还有质点、刚体、单摆、点电荷、绝对黑体以及各种原子模型都是物理模型。

例：流体的建模

这是在能量与功教学中常见的问题。

密度为 ρ、流速为 v 的风，吹到半径为 R 的风力发电机的叶面上，不计损耗的前提下，风能转化为叶片动能的功率为多少？

这个问题的解决，需要构建一段以 R 为半径、以 v 为长度的柱形流体模型。计算出该段柱体的动能，就是 1 秒内转换为叶片的功率。

用于对流体问题解决的建模方法，就可以迁移到不同场景的问题解决中。

场景一：

某喷泉的喷水高度为 h。任意时刻空中水的体积均为 V。若水的密度 ρ 已知，试求该喷泉用于泵水的抽水机输出功率。

泵水的抽水机输出功率，从与上面问题的比较可以看出，就是 1 秒内抽水机提供的“水块”的动能。将流体问题建模的方法迁移过来，分析 1 秒内“水块”的动能就可以了。

先看抽水机抽出的水的速度 v_0（建模时水柱体的长度），这可由喷泉喷水高度 h 决定（上抛运动：$h=\frac{v_0^2}{2g}$）。再看 1 秒内喷出水的质量：水从喷泉底部到达最上方需要一定时间 $t=\frac{v_0}{g}$，这段 t 时间内抽水机提供的水量为 $\frac{V}{2}$（注意题目条件的 V，是包含了上升下降的总水量），那么 1 秒内，抽水机提供的水量即为 $\frac{V}{2t}$，其质量为 $\frac{\rho V}{2t}$。至此，1 秒内抽水机提供的水的动能就可以表示为$\frac{1}{2}\frac{\rho V}{2t}v_0^2$。

场景二：

某人心脏在一次搏动中泵出的血液为ΔV，推动血液的平均压强为p_0。如果该人心脏主动脉的内径约为S，心脏每分钟搏动n次。那么心脏推动血液流动的平均功率是多大？血液从心脏流出的平均速度是多大？

这也是一个流体的问题。前一个问题只要利用气体做功$W=p_0\Delta V$的方法，求出每分钟心脏做功的总量即可。所以平均功率$p=\frac{np_0\Delta V}{t}$（其中$t=60\ \text{s}$）。

后一个问题仍需要建模的方法处理。建立本题的"流体段"模型。每分钟泵出的总血量$n\Delta V$，在内径S的血管中，就成为了一段长L的"段"，其$L=\frac{n\Delta V}{S}$。血液从心脏泵出的一端，流到"段"的另一端，所需要的速度是$v=\frac{L}{t}$，这就是血液从心脏流出的平均速度。

场景三：

截面积S的导体内分布着密度为ρ、带电量为q的电荷。如果电荷在外界作用下，沿着导体以速度v定向运动，则形成的电流大小应为多少？

根据电流的定义，电流大小应该是1秒内通过导体某正截面的电量。所以仍然可以按照场景一的建模，选取一个"流体段"分析。取v长度、S截面的"段"，其电荷总数为$Sv\rho$，这些电荷将在1秒内全部到达选取的截面，所以电流大小为$Sv\rho q$。

上面这几个案例，尽管他们所处的场景不同，既有力学也有电学，但都需要用流体的模型来处理。抓住流体模型的特点，将建模的方法迁移到各种不同场景中，就能有效促进学习过程的融通，实现问题解决的目标。

3. 思维的迁移

科学思维的方法，在物理学发展史上有着突出的贡献。如理想实验法、类比的方法等。

理想实验是一种按照实验的模型展开的思想推理过程，是逻辑推理的一种方法和形式。它避免了现实实验中的许多困难，为揭露旧理论的缺陷、探索新的理论提供了简便的方法。曾经伽利略为说明惯性原理提出的球沿光滑斜面下滑上升的理想实验；牛顿为揭示天体运动与地上运动统一性而构思的在山巅上做平抛运动的理想实验；为说明同时性、相对性的“火车”；为说明等速力场与引力场等价、惯性质量与引力质量等价的爱因斯坦“升降机”；为说明热力学规律是统计性规律的“麦克斯韦妖”等。在物理学发展史上，在一些重大概念产生的过程中，或者新旧理论交替的重要时刻，理想实验都起着重要作用。这些理想实验形象、生动、具体，使人们更便于接受新的物理思想，更容易理解新的物理概念。

物理类比方法是利用一种科学定律和另一种科学定律之间的部分相似性，用它们中的一个去说明另一个。类比是建立在两类定律在数学形式上相似的基础上。类比可以沟通不同领域的研究方法，可以在解析的抽象形式和假设之间提供媒介，还可以启发新的物理思想，帮助人们去认识和发展一些尚待研究的物理过程和规律。如：麦克斯韦通过把力线和不可压缩流体的流线加以类比，找到了法拉第力线的数学描述；德布罗意通过力学和光学类比，引进了波粒二象性概念，提出了“物质波”假设；薛定谔通过力学与光学类比，创立了波动力学；普利斯特利通过电力与引力的类比，根据金属容器内表面上没有任何电荷，在内部也没有任何电力和早已做出的均匀球壳内万有引力为零的论证，早在库仑定律提出 18 年前，就提出了一个机智的猜测：电的吸引力遵从万有引力相同的规律，即与距离的平方成反比。

除此而外，物理学研究中的佯谬法，如爱因斯坦的追光悖论，伽利略的落体佯谬等；假说法，即根据一定的科学事实和科学理论对研究中的问题所提出的假定性的看法和说明等，也都属于科学思维的方法。

科学思维的类型是很丰富的。以思维的形式来分类：有感性思维与理性思维之分；根据思维结论是否有明确的思考步骤及思维过程中意识的清晰程度分类，可以把思维分为直觉思维和分析思维；以思维的基础：日常经验或以理论为指导划分，可以分为经验思维和理论思维；按思维的凭借物分类：有抽象思维、形象思维、动作思维之分；按思维的整体性来分类：有系统性思维与片面性思维之分；以思维的相对层次分类：可以有高级、低级之分；根据思维解决问题的指向性分类：聚合思维、发散思维；根据思维创新程度分类：常规思维、创造性思维；按事物的唯一性分类：可以有逻辑思维与辩证思维。

而在这些类型中，抽象逻辑思维具有独特的位置，它是以概念判断、逻辑推理的形式达到对事物的本质特性和内在联系认识的思维，是人类思维的核心形态。在这中间，最为常用的两种抽象思维方式：分析—综合法和归纳—演绎法。分析的方法。分析，是指由果至因对各部分、侧面、各单元的研究。综合，则是指将各部分结合起来由因至果的整体研究。归纳，是指从个别到一般的认识方法。演绎，则是指从一般到个别的认识方法。

物理教学中，科学思维的内容贯穿了整个物理教学的过程。教学中应该有目的地去关注这样的内容，让思维的迁移成为提升物理学习水平的重要内容。

例：平抛运动的研究

如果仅对平抛运动分两个方向单独研究，如水平方向的研究，其位移、直线运动速度等；对于竖直方向的研究，如速度大小、方向、位移、加速度等，这就是分析。如果将二者整体研究，如轨道方程、位移的合成、速度的合成等，那就是综合研究的方法。

这样的思维方法就可以迁移到其他场景中的问题研究中。

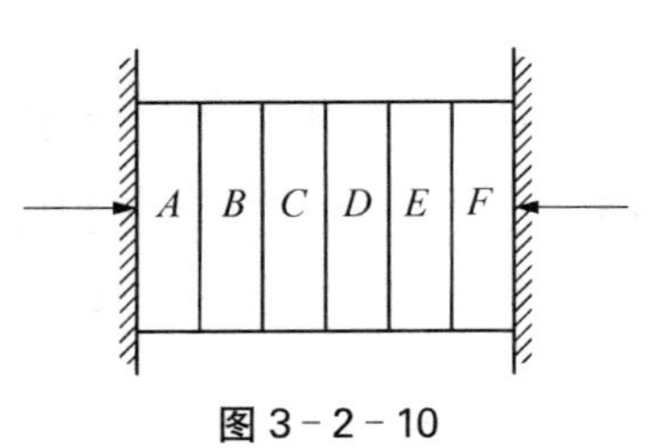

图 3-2-10

场景一：

六块完全相同、重为 mg 的小木块被水平外力压迫在挡板中而保持静止，如图 3-2-10。试求 B 木块对 A、C 两木块的摩擦力。

这个问题的处理首先是采用了系统法研究。选取六个木块整体为研究对象，由于静止和对称性，可知 A、F 与挡板的摩擦力大小均为 $3mg$。这就是综合的思维。

再从这个结论出发，因为 A 木块静止，所以右侧受到 B 木块给其的摩擦力一定是方向向下、大小为 $2mg$。B 木块则受到 A 给 B 的方向向上、大小为 $2mg$ 的摩擦力。根据 B 木块静止的条件，可以再推出 C 给 B 的摩擦力一定方向向下，大小为 mg。所以 B 给 C 的摩擦力就应该是方向向上，大小为 mg。这就是由果至因对各部分、侧面的研究，亦即分析的思维。

场景二：

质量 m、截面积为 S 的活塞封闭理想气体在质量为 M 气缸中。现在活塞在水平外力 F 的作用下推动气缸匀加速直线运动，如图 3-2-11。试求此时理想气体的压强。（已知外界大气压为 p_0，忽略所有摩擦。）

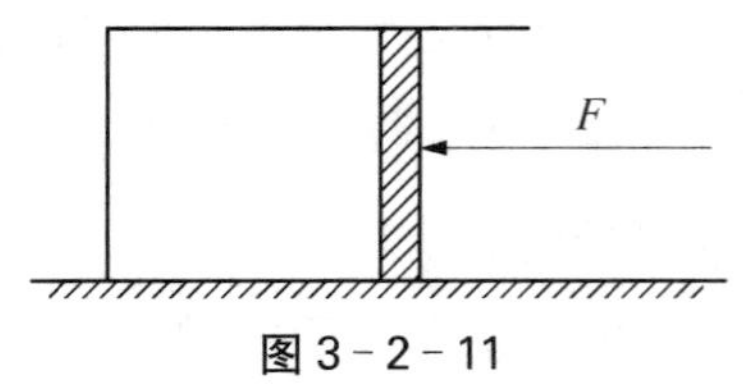

图 3-2-11

这个问题也需要用分析-综合的思维方法来考虑。利用综合的方法，可以知道系

统具有加速度 $a=\frac{F}{m+M}$，再利用分析的方法，以活塞为研究对象进行分析（也可以用 M 为研究对象）。活塞右侧受到水平外力 F 和大气压力 p_0S，左侧受到理想气体的压力 pS，使其匀加速运动。所以 $F+p_0S-pS=ma$，这样就完成了问题解决。

场景三：

在图 3-2-12(1)所示的电路中，R_0 电阻已知，现插入一个"T"型电路如图 3-2-12(2)。如果插入"T"型电路前后，电源的损耗相同，且 R_0 电阻上的电压仅为插入前的一半，试确定电阻 R_1、R_2 的大小。

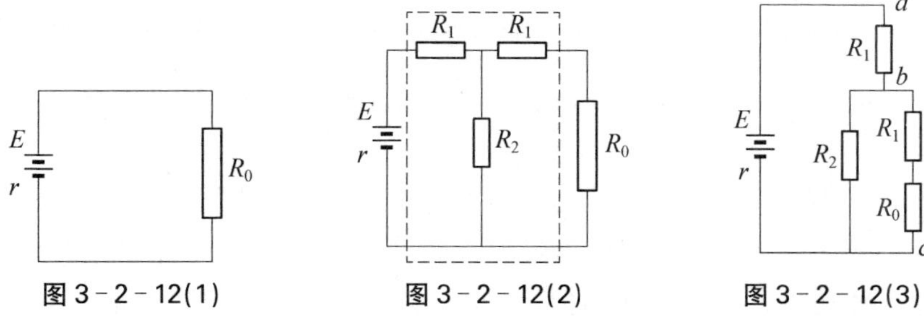

图 3-2-12(1)　图 3-2-12(2)　图 3-2-12(3)

由本题给出的条件可知，"T"型电路插入前后的电源损耗相同，这就意味着两次电源输出的电流 I_0 相同，两次电源输出的电压 U_0 相同，即插入前后外电路电阻的大小相同。所以可以得到电阻关系 $R_0=R_1+\frac{(R_1+R_0)R_2}{R_1+R_0+R_2}$，这就是综合法——对电路的整体认识。

再从分析的角度单独研究外电路。将电路变形为图 3-2-12(3)，因为插入"T"型电路后，R_0 电阻上的电压仅为插入前的一半，所以通过 R_0 电阻的电流为 $\frac{I_0}{2}$，所以 $I_0R_1+(R_1+R_0)\frac{I_0}{2}=U_0=I_0R_0$，$U_{bc}=(R_1+R_0)\frac{I_0}{2}=R_2\frac{I_0}{2}$。故 $R_1=\frac{R_0}{3}$，$R_2=\frac{4}{3}R_0$。

对电路进行整体研究，得到电流、电压、电阻的关系，再对两个外电路的支路进行单独研究，从电压角度找到具体支路电阻的关系，这就是分析-综合的思维方法。

场景四：

相距 L、光滑的无阻导轨 MN、PQ 上放置了质量为 m_1、m_2，电阻为 R_1、R_2 的两

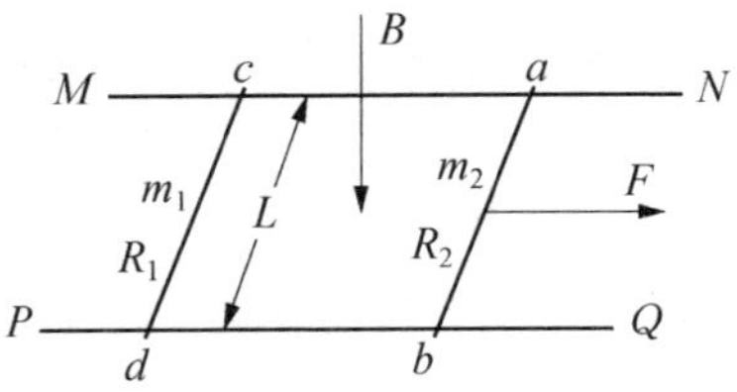

图 3-2-13

根金属棒 ab、cd，并处于竖直向下的匀强磁场中，如图 3-2-13 所示。用一个水平恒力 F 向右拉动 ab 杆，试求系统稳定时电流的功率。

这也是需要利用分析-综合的思维来考虑的问题。从综合的角度看，系统在水平方向除外力 F 外，磁场给 ab、cd 棒的安培力大小相等、方向相反。所以最终的稳定，应该是外力 F 作用下，系统以恒定的加速度匀加速运动的状态，其加速度大小 $a=\dfrac{F}{m_1+m_2}$。

再从分析的角度看，两根棒最终都具有相同的加速度。其中 cd 棒必然满足 $f=ILB=m_1a$，所以 cd 棒中的电流为 $I=\dfrac{m_1a}{BL}$，电流的功率就应为 $P=I^2(R_1+R_2)$。

这几个场景，都是分析-综合的思维方法的迁移。事实上，思维的迁移还有许多的案例。如归纳-演绎方法的迁移、类比方法的迁移、逻辑推理方法的迁移等等。只要在教学中充分关注思维迁移的培养，就能使学生问题解决的能力逐步发展与提升。

（四）迁移能力培养的教学策略

对近迁移而言，迁移的主要目的是让学生能够将他们的所学知识内容、处理方法、思维分析推广到恰当的情境中。这种能力的关键，是要求学生能够辨认出他们在学习时的情境的关键特征，与新情境下问题特征的相似性。所以教学中，教师的启发、点拨、总结，就显得特别有意义。为此，教师应该关注迁移的过程，并设计相关的教学策略。

策略 1：物理学习内容的明确阐述

物理学习内容包括了知识、方法和思维等内容，这是迁移的基础。对学习内容的明确叙述，不仅是对学习内容的本质和内涵的深入理解和掌握，也包括了对这些内容关键特征的提取、描述和内化。关键特征的阐述，是迁移能否实现最为核心的保证。

例如，关于简谐振动的学习中，对于动力学特征 $F=kx$ 的描述，就是做简谐振动的物体始终受到与位移方向相反的、与位移大小成正比的回复力。而这个回复力的判断，又总是需要简谐振动的物体在运动中，离开平衡位置时的任一位置的受力分析，这就是证明物体做简谐振动判断的方法。如果能够对物体简谐振动的动力学特征(关键特征)及其方法(关键方法),掌握并准确地描述,那么迁移到其他简谐振动物体的处理,就会比较顺利。

如图 3-2-14,单摆的谐振振动证明、双弹簧联结振子的谐振振动证明、光滑圆弧底部小球谐振振动的证明、液体悬浮木块的谐振振动证明等,都是这样关键特征和关键方法的迁移。

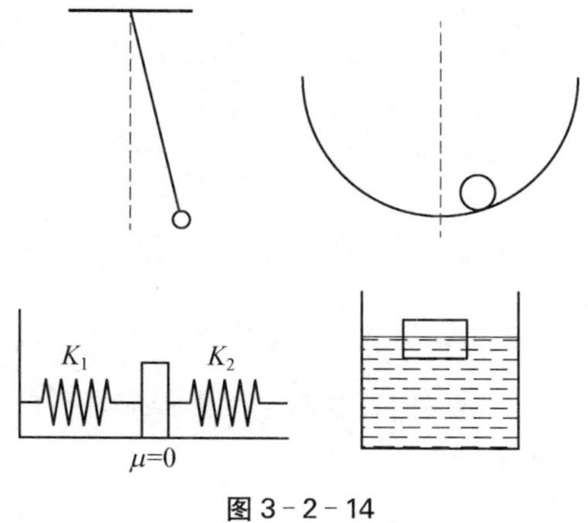

图 3-2-14

策略 2:合理组织、形成可以促进迁移发展的内容

作为学习能力的一种,迁移能力也是需要逐步培养和提高的。因此教学中应该有意识地为学生提供促进迁移能力发展的场景与问题。内容的组织就是这种场景和问题的核心要素。

例:关于效率的问题

在中学物理中,学生接触到的关于效率的概念包括机械效率、热效率、电源效率、光电效率、电热效率、力热效率等等。在每接触一个新的概念时,就可以抓住核心概念特征,进行迁移。

效率概念的内涵,是指有效利用部分占总体中的比值,这就是它的核心特征。抓住了这一点,就能得到:

机械效率就是有用功与总功之比:$\eta=\frac{W_{有}}{W_{总}}\times 100\%$;

热效率就是燃料放热被吸收的热量与放热总量之比:$\eta=\frac{Q_{吸}}{Q_{放}}\times 100\%$,也可以写成 $\eta=\frac{cm\Delta t}{mq}\times 100\%$(其中 c 是比热容,m 是吸热物体质量,Δt 为吸热物体温度变化。分母上的 m 则是燃料质量,q 为热值);

电源效率则是输出功率与电源的总功率之比:$\eta=\frac{U_{输出}}{E}\times 100\%$;

光电转化效率就是在光照射时,转化的电能占消耗光能的百分比:$\eta=\frac{W_{电}}{W_{光}}\times 100\%$;

电热效率就是电流流经用电器时，焦耳热与电流输入功率值比：$\eta=\frac{I^2R}{UI}\times 100\%$，某些时候也可以写成 $\eta=\frac{cm\Delta t}{Pt}\times 100\%$（$Pt$ 为用电器输入功率）；

力热效率（如外力做功转化为内能的效率），则可以表示为：$\eta=\frac{E_{内}}{W_{外}}\times 100\%$。

将这些概念有机的组织起来，有目的地进行教学或复习，就可以成为迁移方法培养与实践的内容，帮助学生从某种场景的知识（或方法）延伸到另一场景中的问题解决中去。

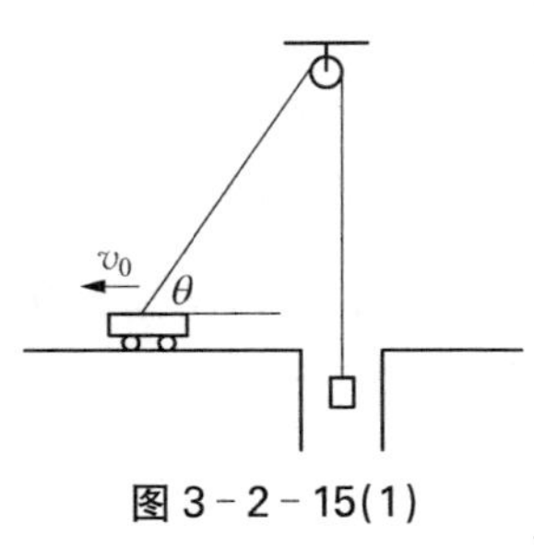

图 3-2-15(1)

教学中，除了根据物理教材不同章节的内容，系列化组织学习材料外，在各个章节内的学习也可以设计组织用以迁移的系列内容。例如速度的分解教学中就可以有这样的案例：

场景一：以 v_0 在水平面上行进的汽车，通过滑轮用绳索吊起一个重物。当汽车的牵引绳与水平成 θ 角时，如图 3-2-15(1)，重物的上升速度为多大？

这个问题的分析，可以通过关联物（牵引绳）来分析。从图示位置看，汽车前进时牵引绳将伸长，且有顺时针转动的趋势，所以 v_0 可以沿绳拉伸向下的方向和垂直于牵引绳沿斜向上的方向分解。沿绳拉伸向下的方向 $v=v_0\cos\theta$，就是重物升起的速度。

速度分解中，利用关联物的运动趋势分析、根据效果确定分解方向，就是这个题目给我们的启发。

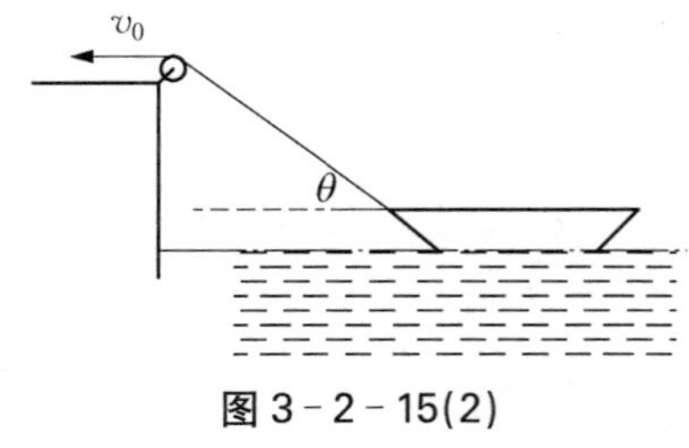

图 3-2-15(2)

场景二：岸边以水平速度 v_0 用绳索过滑轮拉动小船。当滑轮与船的绳索与水平成 θ 时，如图 3-2-15(2)。小船靠岸的速度应为多大？

本题同样可以通过关联物（牵引绳）来分析。绳索拉船，绳将缩短且有顺时针转动的趋势，所以沿绳缩短向上的方向和垂直于牵引绳沿斜向下的方向，就成为了关联物的两个分速度效果，船的前进方向则成为合速度方向。至此就可以确定船的水平运动方向为 $v=\frac{v_0}{\cos\theta}$。

通过关联物体的运动趋势分析，就成为了场景一中方法迁移的呈现。

场景三：激光光源 S 可以发出单色光，距离墙面为 L，当光源以角速度 ω 顺时针匀速转动，光束与水平成 θ 角照射在墙面 B 点时，如图 3－2－15(3)，则光斑点沿竖直墙面上升的速度为多大？

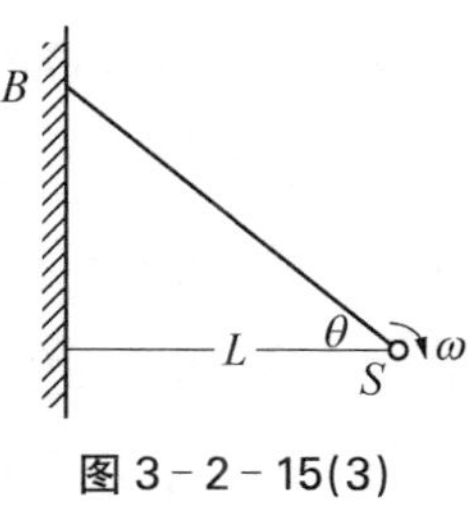

图 3－2－15(3)

这里又牵涉到对于关联物体(SB 光线)的分析。此时如果光源继续转动，光线的长度将增加，且顺时针转动。所以沿光线拉伸向上的方向和垂直于光线斜向上的方向，就成为了关联物的两个分速度效果，光斑向上的方向则成为了合速度方向。又因光斑在 B 点线速度大小为 $v_{线}=\dfrac{\omega L}{\cos\theta}$，所以光斑向上的速度就可以写为 $v_{上}=\dfrac{v_{线}}{\cos\theta}=\dfrac{\omega L}{\cos\theta}$。

场景四：A、B 小球用轻杆相连，放置在光滑墙面与地面之间，如图 3－2－15(4)。现小球 A 具有水平向右的速度 v_0，且轻杆与水平成 θ 角，试求 B 球沿墙面向下的速度为多大？

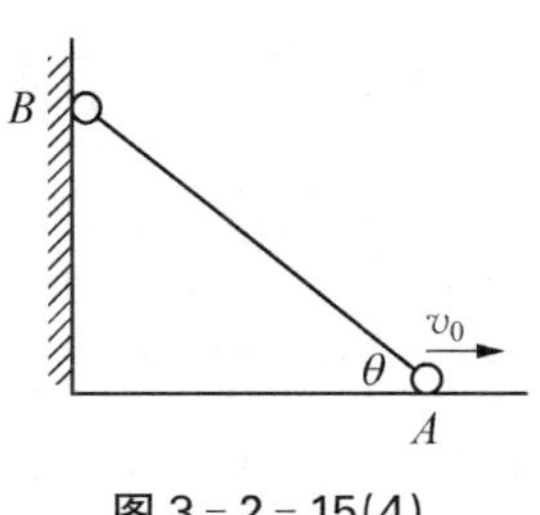

图 3－2－15(4)

如果遮拦掉杆的上半部，A 球的速度分解与场景一中汽车速度的分解完全相同，沿杆方向的分速度 $v_1=v_0\cos\theta$。对于关联体杆而言，沿杆方向的速度一定是相同的。所以在 B 球端又可以类似场景三中的 B 端速度处理，只不过将光斑上移改为场景四的 B 球下移罢了。所以 B 球沿墙下移的速度就是 $v_B=\dfrac{v_1}{\sin\theta}=\dfrac{v_0}{\tan\theta}$。

这样一组题目的组织，强调的就是速度分解中的方法的迁移：可以根据关联物体的运动趋势，识别分运动与合运动，从而由分解关系进行计算。只有当我们对一种方法进行介绍以后，有针对性地开展适当训练，这种方法的迁移才能被学生理解和接受。所以教学活动中针对迁移的学习内容的设计与组织，是保证学生学习中迁移能力提高的必要手段。

策略 3：关注类比方法在迁移中的应用

类比迁移是使用熟悉问题的解决方法，去解决新的问题的处理策略。它通过对源问题的分析、概括、综合，而获得某种图示规则，并将这种规则运用于靶问题，所以这是一种由此及彼的推理方法。

类比迁移在学习和教学中有重要意义，它能够降低知识建构的难度，对于新的知识学习、方法的实践、技能的掌握有着积极的作用。因为学习不仅仅是知识结构增加新的内容，还更加依赖从记忆中提取已有的知识方法、技能和经验。而孤立的、彼此互不影响的学习是不存在的，所以凡是有学习的地方就会有迁移。类比迁移也不是简单的机械照搬，它需要认识源问题和靶问题之间的共性与特殊性，从相同或相似的角度触类旁通。

从教学实践看，有些学生课堂上只会认真听讲，却不能主动思考；他们会死背公式，却不注意消化理解；作业往往生搬硬套相关公式，却忽略了如何灵活应用；弱化或淡化归纳总结，这就严重影响了学习迁移能力的培养，影响了学习的效率。所以，物理教学提高课堂教学有效性的重要内容之一，就是要重视学生学习迁移能力的培养。

例如：场强定义的类比迁移

学习过电场后，场强的概念是学生们熟知的。电场中某点场强的大小，定义为该点检验电荷所受的力 F 与其电量 q 的比，大小为$\frac{F}{q}$，且场强的方向为正的检验电荷在该点受力的方向。这种方法可以类比迁移到重力场中，来定义重力场强度的大小和方向：重力场中某一点的重力场强度 g 为放在该点的物体所受的力 G 与其质量 m 的比值，即 $g=\frac{G}{m}$，其方向为物体受力的方向。同样这种方法也可以类比迁移到磁场中对磁感应强度的定义：电流元正交磁感线时，磁感应强度 B 就是安培力与电流元的比 $B=\frac{F}{IL}$。这种物理量的定义方法，就是典型的类比迁移。

例如：重心求法的类比迁移

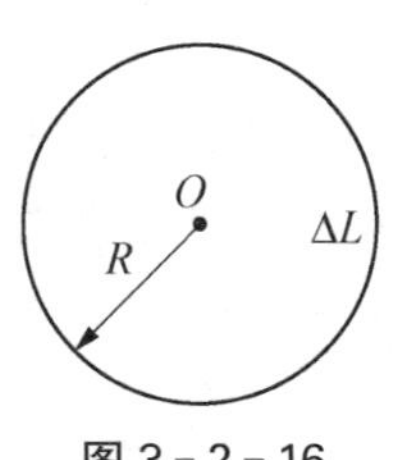

图 3-2-16

物体重心的求法，有很多类型的问题，这里仅以一个圆环类的问题为例。一个线密度为 ρ、半径为 R 的均匀圆环。截去 ΔL 一小段（$\Delta L \ll R$），如图 3-2-16，试确定此时圆环中心的位置。

这个问题可以有不同的处理方法。如割补法，先在对称的位置再割去一截 ΔL，那么割去后圆环的重心又回到了圆心，只是此时圆环的重力不同罢了。再补上割去的部分，利用力矩平衡就可以确定截去 ΔL 后圆环的重心了。也可以采用等效处理的方法。将圆环仍看成完整的处于竖直平面内，

（重心仍在圆心处）。截去 ΔL 一小段的效果，可以用一个向上的外力 $F=\rho g\Delta L$ 作用在 ΔL 处。再用力矩的方法求解就完成了。

在电场问题中，有时也会碰到与它“类似”的问题。如上述问题是一个电荷线密度均匀为 ρ 的圆环，截去 ΔL 一小段（$\Delta L \ll R$）后，试求其圆心的场强大小。

这就可以采用上述重心求法的类比迁移。仿照割补法，先在圆环对称处再截去 ΔL 一小段圆环，那么圆心处的场强一定为零。再补上截去的 ΔL，这段 ΔL 就可以看成增加了一个点电荷（这是本问题与上述问题的最大不同点）。所以圆心处场强的大小就为 $E=k\dfrac{\rho\Delta L}{R^2}$。

这个例题也告诉我们，类比迁移并不是机械的照搬，需要认识源问题和靶问题之间的共性与特殊性，从相同或相似的角度触类旁通。

例如：图象面积物理量的类比迁移

从运动学内容的学习开始，图象与坐标横轴包围的面积，就是学生开始接触的内容。最典型的就是匀速直线运动、匀变速运动的 $v-t$ 图，面积均为物体运动的位移。这是由于 $s=vt$ 的速度定义、特别是乘积形式定义而决定的，当然这也可以推广到非线性图象中，采用微元面积的累加或积分处理。

这种方法在教学中就是类比迁移，需要点拨、提示学生关注的内容。

由于 $W=Fs$，力与位移关系图象中的面积，就是力对物体做的功；

由于 $I=Ft$，力与时间关系图象中的面积，就是力的冲量；

由于 $q=It$，电流与时间关系图象中的面积，就是电量（如电容器问题分析）；

由于 $F=ma$，质量与加速度关系图象中的面积，就是合外力；

由于 $P=UI$，路端电压与输出电流关系图象中的面积，就是电源的输出功率；

由于 $PV=RT$，压强与体积的关系图象中的面积，就是温度（等温状态时）。

重视类比的方法，关注学生迁移能力的发展，一方面教师要有积极的意识，摆脱就题目讲题目的模式，主动收集相关的案例，不断地思考分析总结。另一方面要有针对性地提供类比迁移的场景和问题，让学生在学习中不断体验和感悟，使学生的自主学习能力获得质的提升。

策略 4：变式教学中的迁移

所谓的变式教学，往往会有一个源题，然后由源题派生出一定的变式途径，为学生深刻理解物理概念的内涵，提供可以联想、思考的内容。变式教学在建构主义中，属于知识的同化范围，即把新的知识要素纳入到原有认知结构的过程。变式教学的意义，在于促进思维的发散性，避免类比思维的机械性和盲目性，有效克服思维定式导致的错误，实现具体问题解决时的迁移。

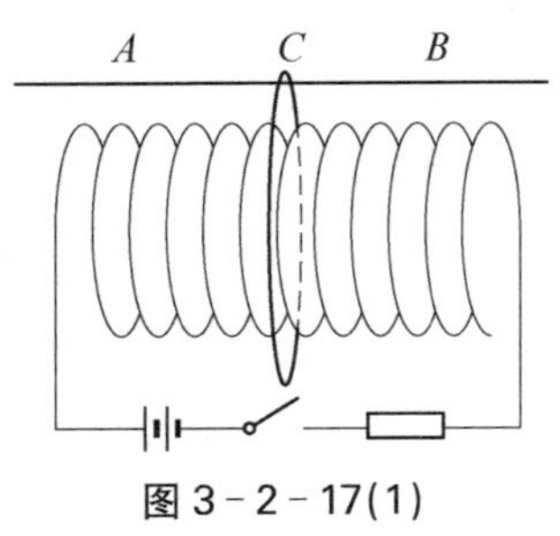

图 3-2-17(1)

例如：螺线管内外线圈的受力

源题目：如图 3-2-17(1)，螺线管上方有一根光滑金属杆。金属杆上位于螺线管中点的 C 处挂有一个套在螺线管外的金属环。闭合电键，判断金属环的运动趋势。

这是一个电磁感应的问题。根据螺线管内外磁感线的分布，C 金属环磁通量变化引起的感生电流方向，可以很容易就确定金属环有沿径向向外扩张的趋势。

变式一：如果将 C 环挂至靠近螺线管的右端 A 处，闭合电键，再来判断金属环的运动趋势。

在变式一中，当电键闭合时，螺线管内外磁场没有变化，环的感生电流方向也没有变化，圆环沿径向扩张的趋势也没有变化，似乎与源问题有着很大的相似性。但如果盲目套用源题目的答案，那就一定错了。因为环靠近螺线管左端的 N 极，而环感生电流的磁场，在环的左端形成的是 S 极。所以环除了扩张趋势外，还将向左端移动。这就是变式中条件变化的影响。

变式二：如果在金属感的 B 处，用细线悬挂一个位于螺线管内部、与螺线管同轴的小金属环，如图 3-2-17(2)。电键闭合时，小金属环如何运动？

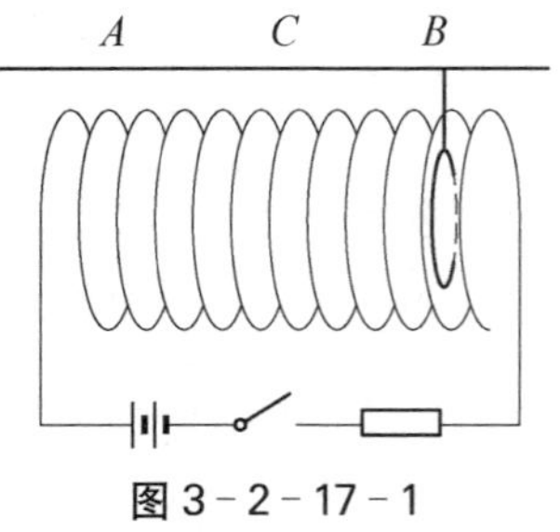

图 3-2-17-1

如果此时再套用变式一的方法：螺线管右端为 S 极，小线圈右端为 N 极，根据磁铁异性相吸的性质，似乎就可以得到小线圈右偏的结论了。

但这个变式最核心的条件变化，是小环在螺线管的内部，这时，它还能适用变式一中同性相斥、异性相吸的结论吗？我们知道同性相斥、异性相吸是两个独立磁体外部相互作用的特点，当小环置于螺线管内部时，已经不能构成独立磁铁，当然也不存在这种作用。事实上当小环置于螺线管内部时，小环就成为了螺线管磁场中的一部分，小环的磁极也成为了螺线管磁场的磁畴。所以正确的结论是小环不动。这就是变式问题的意义，不能在没有对问题的条件仔细分析时，随意的套用结论，进行迁移。

再例如：单摆周期的计算

学习过简谐振动后，学生们对单摆的周期公式 $T=2\pi\sqrt{\frac{L}{g}}$ 是很熟悉的。其中 g 可以看成是重力场中的场强。

变式一：将质量 m、带电量 $+q$、摆长 L 的单摆，放在场强为 E 竖直向下的匀强电场中，如图 3-2-18，试求此时单摆的周期。

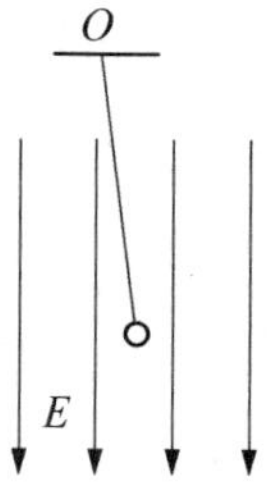

对这样问题的处理，可以采用“等效场”的处理方法。即将重力场与电场叠加为一个等效场。等效场的场强可以仿照重力场场强 g' 的计算，$g'=\frac{mg+qE}{m}$，带入周期公式 $T=2\pi\sqrt{\frac{L}{g'}}$。

图 3-2-18

变式二：将匀强电场方向改为竖直向上，再来求单摆周期。

这时仍可类比变式一，仿照等效场场强处理 $g'=\frac{mg-qE}{m}$，然后将其带入周期公式 $T=2\pi\sqrt{\frac{L}{g'}}$，就可以完成计算了。

这几个问题，都是单摆公式用于“场强”变化后的迁移计算、利用类比的方式完成的。但是变式的目的，就是要分析问题的特殊性和条件的不同之处，使迁移过程中关注到问题求解的差异性。

以变式二为例，电场方向变化后，其实就涉及到了对问题条件的进一步分析和讨论。如果电场力大于重力，这时候小球将不能摆动，只能匀加速上升直至悬点。而如果电场力等于重力，小球将悬浮，也不能形成单摆。这就是电场方向变化后，可能出现的不同现象。

变式三：如果单摆悬点 O 处放置了一个正电荷 $+Q$，那么单摆周期又为多少？

这个问题是不能将前面的方法随意迁移过来的。因为在等效场处理中，只有两个均匀恒定的场才可能叠加，获得等效场场强。而 O 点正电荷形成的场是不均匀的，且它对摆动小球的电场力方向也是时刻变化的。所以这个问题，只能从单摆受力、回复力的大小、周期公式的推导来解决。由于电场力的方向始终与摆线拉力方向在同一直线上，对回复力没有贡献，回复力仍由重力的分量提供，所以这种情况下，单摆的周期仍将为 $T=2\pi\sqrt{\frac{L}{g}}$。

物理教学中，变式教学对于活化知识结构、发展学生的思维有着突出的作用。不仅能让学生从不同的侧面去理解物理问题的本质，还能从克服思维定势的角度，畅通学生的思维通道，更好地进行类比、判断、触类旁通。从而帮助学生进行知识、方法、思维等的迁移。

策略 5：提高教师对迁移能力培养的重视

迁移能力是学生学习中的一个重要能力，迁移过程也是学生完成新旧知识内容、方法内容等的连接，实现知识结构的同化、顺化与重组的过程。因此教师在教学中：

第一，应该能根据学情，判断学生认知结构中有没有起固定作用的、可利用的、可辨别的、稳定的知识结构。因为如果没有这样的知识结构，迁移就失去了基础，只能是空中楼阁。

第二，教师要能够发现教学内容的可迁移性。运用合理积极的手段，诱发学生对新旧知识学习和比较的兴趣，提高学生学习中的积极态度，加强对迁移的认识和自主性，在不知不觉中实现学习的迁移。

第三，教学中，教师要指导学生对自己的认知过程学会反思、比较和质疑。例如对场景的比较反思、对问题性质的比较反思、对问题解决过程的比较质疑、对类似问题解决方法的比较质疑，帮助学生在反思、比较和质疑的过程中，理解迁移、运用迁移。

第四，要在教学过程中及时发现学生迁移的障碍，找到迁移困难的关键因素，及时调整和改变教学策略，从学生能够理解和接受的角度设计教学，开展教学组织活动。

学习的过程中迁移无处不在，特别是对于以间接经验学习的中学生，学习的迁移更是一种普遍的现象。从教育心理学的发展看，20 世纪 50 年代后，迁移成为了新的研究方向，甚至出现了“为迁移而教”的提法。因此提高对迁移学习重要性的认识，用各种策略来提高迁移能力教学，值得我们在教学中探讨。

策略 6：用物理学发展史迁移的案例启发学生

理学史发展中，采用迁移的办法来形成新的知识内容、方法内容的案例屡见不鲜。例如：力的合成与分解的方法，是静力学矢量运算的方法，迁移到运动学中，就可以用于速度的合成与分解中；卡文迪许的扭秤实验属于对微小形变的放大显示，将其迁移至静电场中，就成为了库仑定律的扭秤实验；万有引力定律是平方反比定律的标志，迁移到静电场中，就得到了库仑定律；静电场中用电场力与检验电荷的比，定义了电场强度，迁移到磁场中，磁场力与电流元的比，就可以定义磁感应强度。除此而外，功的计算 $W = Fs\cos\theta$，迁移到气体中可以得到 $W = p\Delta V$、迁移到电场中可以写成 $W = qU$，等等，都是现行中学教材中物理学发展史中的案例。将这些案例整理出来，在教学中有意识地渗透，都可以成为对学生迁移能力培养的良好素材。

（五）真实问题的远迁移

远迁移的研究，对于教育教学有着重要的实践意义。它主要是指以习得的知识或技能，在新的不相似情境中的运用。从学习心理学的角度看，迁移是一种普遍的现象，广泛地存在于各种学习和训练中，也广泛存在于各种生活问题的实际解决中，因为一切有意义学习都必须经过迁移过程来完成。而从学科教学的角度看，迁移能力培养中更为关注的则是近迁移能力。即新的学习内容过程以原有的知识、方法等的学习为基础，使原有的认知结构促进后继的学习。

但是，远迁移能力培养也是不能忽略的。因为它是将习得的知识或技能，运用于新的、不相似情境中去，提高学生解决新情景中的问题的能力和熟练运用新知识的能力。事实上，远迁移能力是社会人生存能力、处事能力、管理能力等等最为需要的能力之一。尽管中学物理教学中对远迁移能力的关注和培养，不如对近迁移能力的关注和培养更为突出，但仍然需要尽可能地抓住教学契机以教学案例的形式，渗透远迁移能力的培养。

例：初中电流的教学

初中教材中对于电流的形成叙述是非常清晰的。电流的形成是由于电压的作用，电压迫使自由电荷做定向移动，这就使电路中形成了电流。其中提供电压的装置就是电源。同时教材中引进了水流的问题，这就形成了远迁移的案例：使水管中形成了水流的原因，就是水压迫使水沿着一定的方向流动，而水泵就是提供水压的装置。而当水流冲击发电机叶片时，水的能量转化为叶片的动能。所以，电流通过用电器时，电能也将会转化为光能、内能和其他能量。

例：照相机与眼睛的成像类比迁移

教材中将照相机的光圈比作人的眼睛，将视网膜比作光屏，根据凸透镜成像规律，说明了人眼的视觉效应。

这两个案例，就分别把电学问题与水流问题、凸透镜成像规律与生活中人眼视觉效应，这些不同场景下的问题，把进行了类比与迁移，成为了远迁移的典型说明。所以在教学中，教师应该从迁移的角度，去理解教材内容的编排，选择出远迁移的案例，介绍给学生。

发展远迁移的能力，从教学实践中看，可以将重点放在抽象与联想这两个思维的关键内容上。

抽象思维能力可以分为广义的抽象思维和狭义的抽象思维。广义的抽象思维泛指形式逻辑思维，包括思维形式（概念、判断、推理），思维基本规律（同一、矛盾、排中和充足理由律）和思维方法（分析、综合、抽象、概括、比较、分类、归纳、演绎等等）。狭义的抽象思维是指从复杂事物中，抽取本质属性，舍弃其他非本质属性的思维过程。数学中常用的抽象思维，多指这一类型。且它与概括相互联系、密不可分。远迁移过程中，将源问题的本质、特征提取出来，就是抽象的关键，它表明了对源问题认识和理解，是思维水平发展的衡量，也一定是实现迁移的基础。

联想思维，是指人脑记忆表象系统中，由于某种诱因导致不同表象之间发生联系的一种没有固定思维方向的自由思维活动。联想思维的形式主要有：接近联想：时间上或空间上的接近可能引起不同事物之间的联想；相似联想：由外形、性质、意义上的相似引起的联想；对比联想：事物间完全对立或存在某种差异而引起的联想；因果联想：由于两个事物存在因果关系而引起的联想，既可以由起因想到结果，也可以由结果想到起因。

例如，由机械效率迁移到产品的生产效率、企业效率（不考虑时间因素）；由原子模型迁移到卫星绕地球运动的问题；由机械波形式迁移到“人浪”的形式（“人浪”不是机械波，这里只是形式上的联想）；由多米诺骨牌效应迁移到原子核裂变的链式反应上，等等。而在这些迁移的案例中，只有抽象出其中的本质特征，才能明确迁移的是形式、或是内容、或是原理。

1963 年，奥苏贝尔在有意义言语学习理论的基础上，提出了认知结构迁移理论。这一理论认为，一切有意义的学习都是在原有认知结构的基础上产生的，不受原有认知结构影响的有意义学习是不存在的。一切有意义的学习必然包括迁移，迁移是以认知结构为中介进行的，先前学习所获得的新经验，通过影响原有认知结构的有关特征影响新学习。这就清晰地阐述了迁移的意义和目的。

中学物理的教材中，对于远迁移的学习内容的描述和介绍是不多的。学生远迁移能力的体验和培养，更多的需要教师在了解和敏感远迁移能力基础上的有意识指导。这就需要教师学习和了解教育心理学的理论，并能将其渗透在物理教学的实践中。

三、发散思维能力的培养

（一）发散思维的特征标志和意义

1. 发散思维的简述

发散思维又称“辐射思维”、“放射思维”、“多向思维”、“扩散思维”或“求异思维”，是指从一个目标出发，沿着各种不同的途径去思考，探求多种答案的思维，与聚合思维、收敛性思维相对。发散思维在大脑思维时，呈现的是一种扩散状态的思维模式。使思维的视野广阔，具有多维的发散状。

美国心理学家吉尔福特在20世纪80年代，经修订后提出了智力三维结构模型。指出智力活动应该区分为三个维度：内容、操作和产物。第二个维度的操作，是智力的加工活动，即对给予的信息内容进行处理的过程，包括认知（理解或再认）、记忆（保持或记录）、发散思维（对一个问题寻求多种答案或观念、思想）、聚合思维（对一个问题寻求最佳答案或最普遍答案）、评价（对人的思维品质或事物性质作出某种鉴别）。智力活动的第三个维度则是产物，是运用智力操作信息后得到的结果。这其中，以新颖独特的思维活动揭示客观事物本质及内在联系并指引人们去获得对问题的新的解释，从而产生前所未有的思维成果的创造性思维，是一个人智力水平高度发展的产物，它将给人带来新的具有社会意义的成果。

吉尔福特还指出，训练人的发散思维能力是培养创造力的一种方法。因为问题解决时，思维沿着许多不同的方向扩展，使观念发散到各个有关方面，就会产生多种可能的答案而不是唯一正确的答案，从而产生具有创见的新颖观念。所以不少心理学家认为，发散思维是创造性思维的最主要的特点，是测定创造力的主要标志之一。

正是由于这个原因，发散思维的培养也成为了高阶思维能力培养的重要内容。

2. 发散思维的分类

发散思维的特点是对问题的多角度思考，挖掘出比常规认识更为深刻的本质特征和内在联系。通常包括了八种形式。

(1) 立体思维：思考问题时跳出点、线、面的限制，立体式地进行思维。

例1：如图3-3-1所示，六根长度均为L、质量均为m、电阻均为R的金属条，组成了可以绕cd转动的框架。其中$abcd$水平放置在桌面上，$cdef$处在竖直平面。且cd点有卡子限制，线框只能顺时针旋转不能平移。如果系统放在与水平成$\theta=30^\circ$的

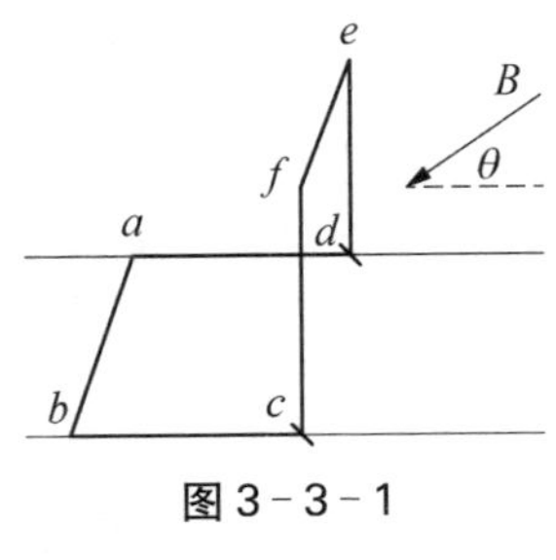

图 3-3-1

磁场中，磁感应强度满足 $B=kt$（k 为常数、初始 $B=0$），试问需经多少时间，线框可能转动。

这就是一个需要立体思维的问题。磁场的水平分量会在 $cdef$ 内产生感应电流 I_1，磁场的竖直分量会在 $abcd$ 内产生感应电流 I_2，从而在整个回路中形成 I_1 方向的合电流，并使 ef 杆受到水平向右的安培力。此时 ab 杆则分别受竖直向上与水平向左的安培力。当 ef 杆向右与 ab 杆向上的安培力矩大于 ab、bc、ad 三杆的重力矩时，线框才有可能转动。

这个问题涉及到了磁场的空间分量（包括方向和大小），涉及到了不同平面的安培力与重力，还涉及到了空间转动的力矩，是一个立体思维的典型案例。

(2) 平面思维：以构思二维平面图形为特点的发散思维形式

平面思维的问题在物理教学中大量存在，教师对这个问题的理解也较为直接。

例 2：如果机械波某时刻的波形如图 3-3-2 所示，且知 a 点向上运动，试判断 b、c 两点的运动方向。

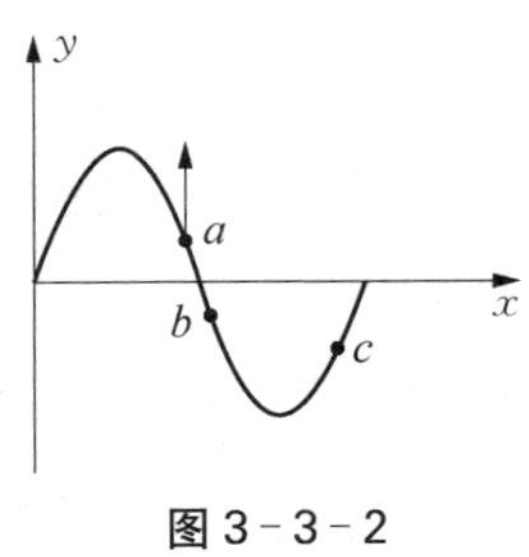

图 3-3-2

这就是以二维平面图形为特点的发散思维问题。根据机械波质点运动的规律，靠近波源的点属于先动的点，其后的点总是重复先动点的运动。所以对本题，就需要讨论波的传播方向。如果是右行波，a 点就是先动的点，b、c 两点的运动方向就分别是向上和向下。如果是左行波，c、b 就应该是先动的点，b 处在 a 的下方，a 就不可能向上运动。所以本图给出的场景，不可能存在左行波的情况。

本题对发散思维的要求，一方面包括了波的传播方向的讨论，另一方面则是通过讨论，排除掉左行波的可能性。

(3) 逆向思维：从相反方向思考问题的方法，也称为反向思维。在因果问题中，往往不是由因至果的推导，而是由果到因的逆推。

逆向思维在物理教学中可以有许多的案例。如在物理学发展史中，丹麦物理学及奥斯特发现电能产生磁后，英国的物理学家法拉第就以逆向思维方式思考磁能否产生电的问题，最终得到了法拉第电磁感应定律。再以破冰船的设计为例。传统破冰船是依靠自身的重力压碎冰块。而采用逆向思维的办法将向下压冰改为向上推冰，让破冰船潜入水下，依靠浮力从冰下向上破冰，就获得了极好的破冰效果。在物理教学中也会有逆向思维的很多问题。

如图3-3-3，离地高度为 h 的平台上，有两根水平导轨 ab 与 cd。导轨一端接有电源、电阻、开关，另一端的端点，放置了一根长为 L、质量为 m 的金属杆。整个系统置于方向竖直向下，磁感应强度为 B 的匀强磁场中。闭合开关，金属杆向右侧做平抛运动，落地点距离起抛点的水平距离为 S。试求开关闭合后通过导体的电量。

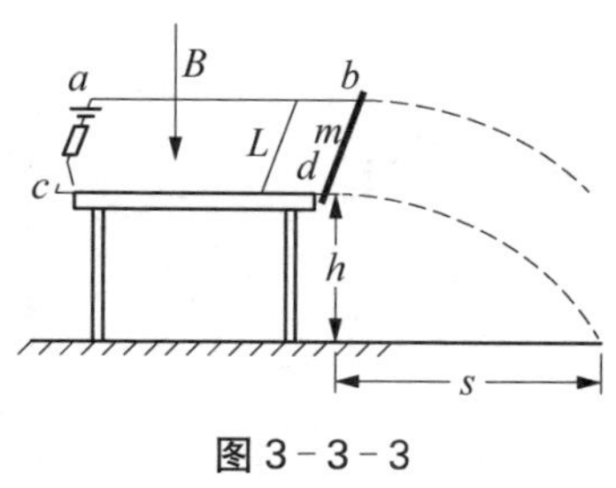

图 3-3-3

这个问题的求解，几乎全部需要逆向思维来考虑。由平抛的规律，可以推出金属杆抛出的水平速度 $v_0^2=\frac{gs^2}{2h}$；由水平速度又可以推出杆受到的冲量 $mv_0=Ft$；由杆的冲量又可以写出与安培力的关系 $Ft=ILBt$，再由电流的定义式 $I=\frac{Q}{t}$，就可以得到 $mv_0=Ft=ILBt=\frac{LBtQ}{t}$，即 $Q=\frac{mv_0}{LB}$ 的结论。

逆向思维培养的难度在于学生思维的习惯性方面。因为人们往往都会被习惯所迷惑，在思维上习惯于正向思维考虑而忽视了逆向思维，这就是教学中教师应该关注和引导的内容。

(4) 侧向思维：又称为“旁通思维”。这是一种从与问题相距很远的事物中受到启示、从而解决问题的思维方式。它也许不能算是逻辑思维的推理，或者说是正向思维的旁侧再建立一条思维通道，从这个思维通道中去解决问题。

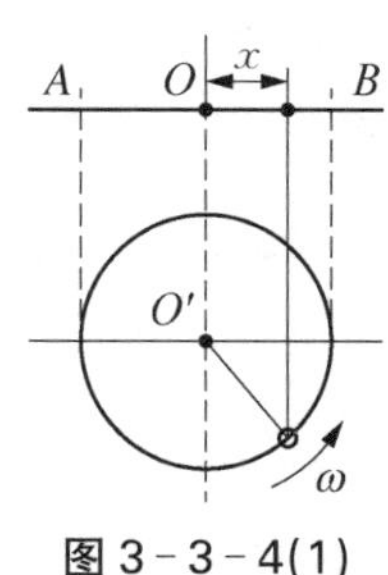

图 3-3-4(1)

例3：简谐振动是物体在某一平衡位置附近的往复运动，它的运动规律就是通过另一种运动——匀速圆周运动来表述。如图3-3-4(1)。当物体在 O 点附近做简谐振动时，就可以用振幅 A 的大小为单位圆、以 ω 匀速圆周运动的物体来与之对照，从而得到物体离开平衡位置的位移的表示：$X=A\cos\omega t$。这就是借鉴了圆周运动的规律来表征简谐振动的运动学特征。

再例如，动态电路分析中也能看到这样的情况。如图3-3-4(2)电路。如果滑动变阻器的滑动片 P 向下滑动时，判断通过电阻 R 上的电流变化。

根据闭合电路的欧姆定律，外电路电阻减小，路端电压将下降，电源输出的电流

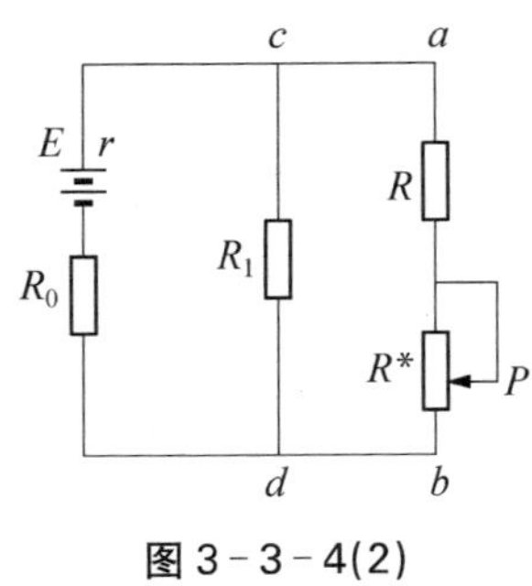

图 3-3-4(2)

将增大。但是对于 R 上面电流的变化，无论是单独使用电压的方法判断，或是单独用电流的方法判断，都将无法得到结论。因此在电压判断遇到障碍时，就需要再用电流来判断。或电流判断遇到障碍时，就需要再用电压来判断，这就是侧向思维。侧向思维的特点是思路活泼多变、善于联想推导、能够随机应变。

(5) 纵向思维：按逻辑推理的方法直上直下的收敛性思维。这是教学中最常使用的思维方法。或者由因至果的正推，或者由果至因的逆推。

例 4： 电容与容抗的关系。将电容为 C 的电容器接在交流电路中如图 3-3-5。试定性分析为什么容抗与电容成反比。

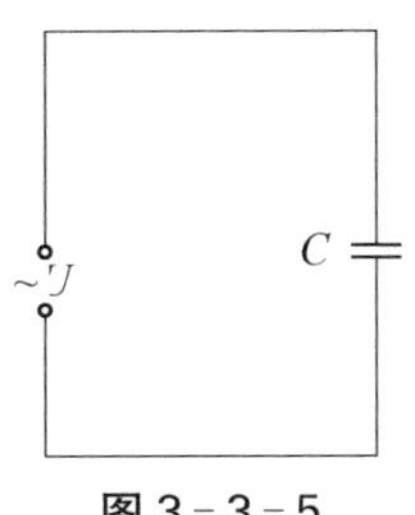

图 3-3-5

这不是根据公式来回答的问题，需要从电容器的特性与电路工作特点来进行回答。电容器的特点是电容越大，存储的电量越多。电容器工作在交流电路上，由于不停地充放电，就使得电容器两端电路形成了电荷的定向移动，表现为“通交”。而充放电时电荷移动数量，则是电流大小的表示，电流的大小，则说明了对于阻碍作用的关系。

所以，电容大——电量存储多——充放电移动电荷多——电流大小——反映为容抗。这就是纵向的思维。当然这也是一个逻辑推理的过程。只不过推理的方向直上直下，表现为纵向罢了。

(6) 横向思维：这是相对于纵向思维而言的一种思维形式，也有学者将其归类到侧向思维的范畴中。横向思维是指思维面较宽、能够不受纵向思维的模式影响，以横向拓展、从宽度发展的角度去思维的形式。这种思维善于“举一反三”，也会“逃离逻辑”，与逻辑思维往往会处在对立的角度。但它的特征则是寻找更多的答案。

例 5： 电阻随温度变化的灯泡问题

如图 3-3-6(1)所示电路中，电源电动是 $E=8\ \mathrm{V}$，内阻不计，$R_1=10\ \Omega$，$R_2=30\ \Omega$，它们的电阻均不随温度变化。白炽灯 L_1、L_2 相同，它们的 $I-U$ 特性曲线如图 3-3-6(2)所示。当电键 S 断开时，流过白炽灯 L_1 的电流为多少？当电键 S 闭合时，两个白织灯消耗的总功率为多少？

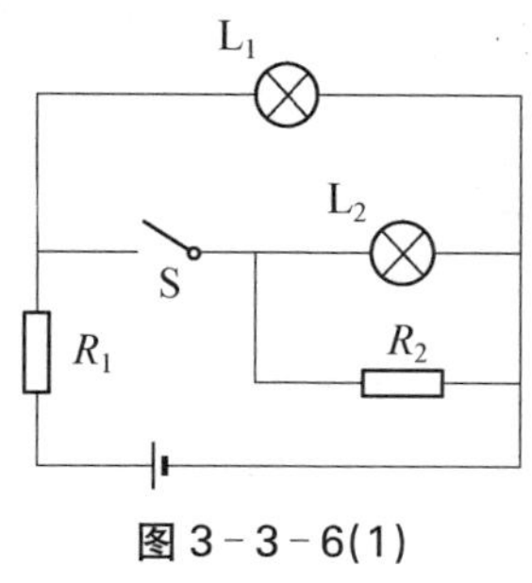

图 3-3-6(1)

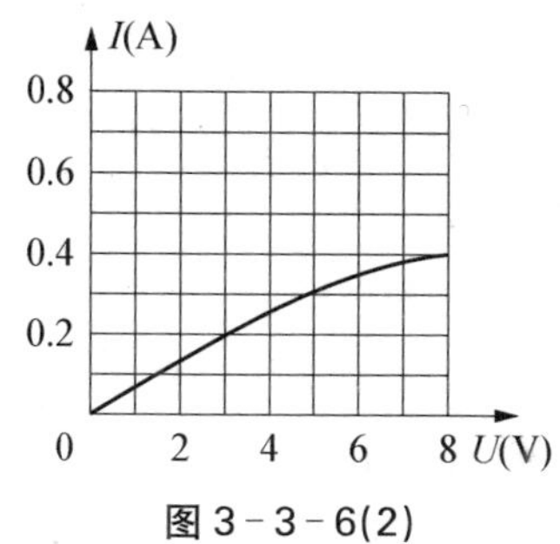

图 3-3-6(2)

先看第一个问题。电阻 R_1 与灯泡 L_1 组成了简单回路。但流经 L_1 的电流完全不能按照闭合欧姆电路 $I=\dfrac{E}{R_1+R_{L_1}}$ 的计算方法处理。一方面 L_1 的阻值不知，另一方面，则是 L_1 的阻值不是定值，这就使逻辑思维的过程受到了阻碍、遭到了中断。就需要采用横向思维的方法来思考。

看一下闭合电路欧姆定律的通常情况，如图 3-3-7(1)。该电路中当外电路为纯电阻时，一定存在着电源特性曲线 $U=E-Ir$ 和电阻的工作曲线 $U=IR$，当这两条曲线出现交点时，交点就成为了电路的工作点，从而即可确定电路的工作状态，如图 3-3-7(2)。

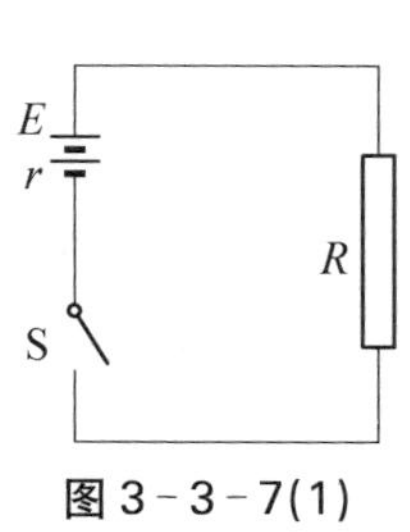

图 3-3-7(1)

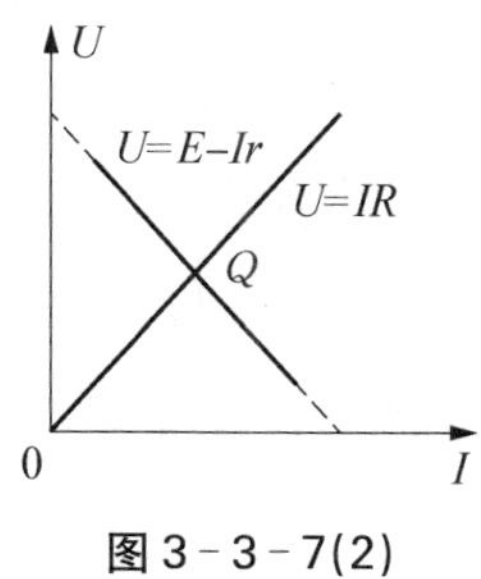

图 3-3-7(2)

上述图 3-3-6(1)所示的电路，尽管电源内阻忽略，不是闭合电路的标准情况，但是仍能借助于这种思想，成为横向思维的过程。

图 3-3-6(2)给出了灯泡 $I-U$ 特性曲线，它们工作时的 $I-U$ 的关系曲线又是怎样的呢？

列出灯泡 L_1 的 $I-U$ 的关系式：即 $U=E-IR_1=8-10I$，将这个关系图像画在图 3-3-6(2)中，两条图线的交点就是灯泡 L_1 此时的工作状态，只要读出图中电流的读数：$I=0.3\,\text{A}$，就完成了第一问的求解。

第二个问题仍然不能用闭合欧姆电路直接求解。利用横向思维的办法，再来寻找灯泡的 $I-U$ 的关系曲线。因为灯泡两端电压 $U=E-I_0R_1=I_1R_2$，且 $I_0=I_1+I_2$（I_0 为流经 R_1 的电流，I_1、I_2 分别为流向 R_2 电阻和灯泡的电流）。所以 $30I_1=8-10(I_1+I_2)$，$I_1=0.2-0.25I_2$。又因每一个灯泡的电流 I 为 I_2 电流的一半，所以 $I_1=0.2-0.5I$。至此，就得到了每一个小灯泡的电流与电压关系 $U=R_2I_1=30(0.2-0.5I)$。将这个工作曲线画在图 3-3-6(2) 中，两条图线的交点为 $I=0.2\text{A}$、$U=3\text{V}$，就是小灯泡的工作状态，两个灯泡消耗的功率 $P=2IU=1.2\text{w}$。

这个题目在闭合电路欧姆定律与 $I-U$ 特性曲线不能直接使用，无法进行逻辑思维的情况下，采用了求解灯泡上 $I-U$ 关系曲线，并由两条图线的交点确定工作状态，这种从其他角度开辟问题求解思路的方法，就是典型的"脱离逻辑"的横向思维过程。

(7) 多路思维：从多角度、多方面思考的发散思维最一般的形式，这也是教学中教师最为熟悉的思维方法之一。

例如：匀变速直线运动的问题，可以在运动学基础上用牛顿第二定律来解决；也可以从能量角度采用动能定理或机械能守恒定律来解决，还可以用冲量定理或动量守恒定律来解决。

(8) 组合思维：又称"连接思维"或"合向思维"，是指把多项貌似不相关的事物通过想象加以连接，从而使之变成彼此不可分割的新的整体的一种思考方式。也可以简单说是以某一事物为发散点，将其与其他事物联结成具有新价值的思维方式。

组合是一种创新。它的思维方式是将两个看似不相干的事物进行组合，使整体具有单个事物所不具备的新质，增加了新的功能。例如：电扇加定时器、电冰箱加温度显示器、彩色电视机上附加一遥控器、带橡皮头的铅笔、含微量元素的食品等。从组合的类型看，可以有同类组合和异类组合。

同类组合是若干相同事物的组合。参与组合的对象在组合前后基本原理和结构一般没有根本的变化。往往具有组合的对称性或一致性的趋向。异类组合是两种或两种以上不同领域的技术思想的组合、两种或两种以上不同功能物质产品的组合。组合对象（技术思想或产品）来自不同的方面，一般无主次关系。

物理教学中，组合思维主要体现在问题解决时各种不同思维方式的组合上。

例 6：如图 3-3-8 所示，轻弹簧上端固定，下端连接着质量为 m 的重物。先用带有把手的托板 P 托住 m，使弹簧比自然长度缩短了 L，然后由静止开始以加速度

$a(a<g)$ 匀加速向下运动。若已知弹簧的劲度系数为 k，试求经多少时间托板将与 m 分开？

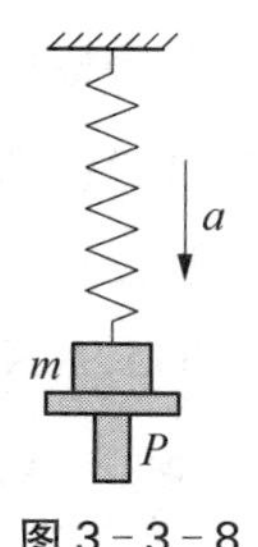

图 3-3-8

这个问题首先要用逆向思维的方法判断托板与 m 分开的临界条件。

当弹簧向下伸长超过自然长度后，m 在重力和弹簧弹力的作用下，运动加速度开始小于 g。当其等于 a 时，就将与托板分离。所以 $mg-kx=ma$ 就是分离条件。根据这个条件，弹簧从原长向下拉伸的距离应该满足 $x=\frac{m(g-a)}{k}$。弹簧从初始位置到分离位置的总位移即为 $s=L+X$，这就是平面思维。m 从静止开始以加速度 a 行进 s，应该满足 $s=\frac{1}{2}at^2$，这就是逻辑思维。所以这个问题的求解，就是这三种思维的组合应用。

除了上述的发散思维的八种形式外，发散思维还可以分为"自身式的发散思维"和"赋能式的发散思维"，从教学的角度看，教师应该通过赋能式发散思维的引导和训练，使学生达到自身式发散思维能力的发展。

(二) 发散思维能力培养的教学策略

1. 点拨思维方法的学习——授之以渔

教学中不仅要进行"一题多解"、"一事多写"、"一物多用"等方式的训练，培养学生的发散思维能力。还要在教学过程，特别是例题教学和习题教学时，点拨问题解决的思维方式，指导学生实践思维的活动。

例如，在运动学课程中，可以通过匀加速运动和匀减速运动的可逆性变换的分析和计算，让学生体验逆向思维的过程；在静力学中，通过摩擦力方向不同而导致的外界平衡条件的讨论，让学生体验横向思维过程：在交流电内容中，通过变压器变压比关系的得出(原线圈感生电动势近似等于输入电压，副线圈感生电动势近似等于输出电压，二者之比就是变压比)，体验纵向思维过程；通过磁场中带电粒子的螺旋运动，体验组合思维的过程等案例，点拨思维的应用，授之以渔，使学生在思维的发展中，认识思维的不同形式，了解不同思维的特点，逐渐发展自己的思维水平。

2. 思维培养的系列化—教学设计

物理学科的教材体系，有着严谨的学科系统和结构。教学总是按照某一单元或模块的顺序来实施。例如，从大的板块看，包括力学、热学、光学、电学、原子物理学。

而从各板块内部看，以力学为例，则包括了运动学、静力学、动力学、曲线运动、振动与波、能量、动量、相对论初步等。教材的内容体系既兼顾了学科的结构，也兼顾了学生的知识学习的循序渐进和认知心理的发展。

但是就思维发展的要求而言，教学中还应该在知识学习、方法学习的同时，加强思维方法学习和实践的设计，注重学习过程中对思维点拨。这就要求能在教学设计时，以模块内容为单位、以系列化分析来统筹，将模块内部的思维方法进行梳理，融合到教学内容和教学过程中去。

如在牛顿第二定律教学模块中，部分的设计如下：

力使物体运动状态改变的原因——逻辑思维；

利用实验获得 m 一定是的 $a-F$ 图象，F 一定是的 $a-m$ 图象——平面思维；

从实验结论获得第二定律——组合思维；

运动和力、利于运动的简单计算——纵向思维；

整体法和隔离法解决应用问题——系统思维；

临界问题处理——逆向思维和逻辑思维；

……

当这些思维培养的关键点梳理后，就可以在教学设计中有针对性的丰富和拓展这些内容，使知识和方法的学习与思维内容融合，体现高阶思维的培养过程。

3. 发散思维的实践——思维导图

思维导图，英文是 The Mind Map，又叫心智图，是表达发散性思维的有效的图形思维工具。它运用图文并重的方法，把各级主题的关系用相互隶属与相关的层级图表现出来，将主题关键词与图像、颜色等建立记忆链接，运用左右脑的机能，协助人们在科学与艺术、逻辑与想象之间平衡发展。

思维导图是一种图象式思维的工具以及一种利用图象式思考辅助工具，把概念图(由美国康奈尔大学的诺瓦克博士提出)、知识树、问题树等图示方法的优势特性嫁接过来，同时将结构化思考、逻辑思考、辩证思考、追问意识等思维方式融合进来，使用一个中央关键词或想法，以辐射线形连接所有的代表字词、任务或其他关联项目，引起形象化的构造和分类的图解。使之在学科教学中，转化为“学科思维导图”，成为了一种“基于系统思考的知识建构策略”。

以“正负号”的教学为例，这往往是学生觉得比较乱、容易出错的问题。可以利用思维导图的方法，在“正负号”这个关键词下，设定四个二级目录：生活中的正负号、矢量的正负号、标量的正负号,在向下逐级发散。

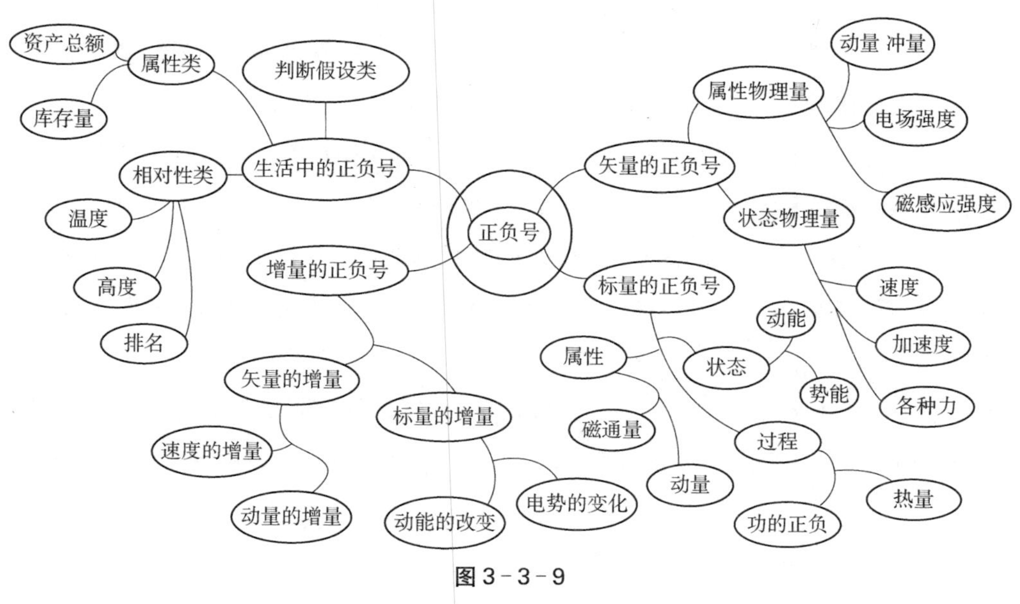

图 3－3－9

二级目录“生活中的正负号”下,可以再设三个三级目录:属性类、相对性类、判断假设类并配以内容。如资产总额的正负——资产性质;温度正负——相对于零度的比较;“他就是小偷”——判断的正确与否。

二级目录下“矢量的正负号”下,可以有两个三级目录:属性与状态。属性中如动量,就是运动物体自身的属性。电场强度和磁感应强度,则是对场的性质的说明。其他的量,如速度、位移、加速度、重力、弹力、摩擦力、浮力、安培力、洛伦兹力等都是状态量。其正负号都是对于方向的标识与说明。

二级目录下“标量的正负号”下,可以再设置三个三级目录:属性、状态与过程量。如属性量中的磁通量的正负——磁感线穿过线圈的方向;带电量正负——带电的性质。状态量中动能、重力势能、电势、电场势能等,也都有自己正负号的特殊含义。过程量中,功的正负——增加或减小物体动能的反映,或气体对外做功方向的说明。

二级目录下“增量的正负号”下,也可以设两个三级目录:矢量的增量、标量的增量。矢量的增量中要涉及到矢量的运算,需要考虑方向。如速度的增量、动量的增量等。标量的增量可以是过程量的积累,如动能的变化、电势的变化。也可以是状态变化后的效果。如线圈在磁场中翻转 180°的磁通变化。

通过这样的三级目录下的具有一定宽度的内容呈现,就可以使中学物理中的正负号内容一目了然，落实了“基于系统思考的知识建构”策略。

当然思维导图在教学中的应用，也曾有一些争论。

第一，由于“思维导图”过于强调“图象记忆”和“自由发散联想”而非“理解性记忆”和“结构化思考”。无法加深学生对知识的理解，属于一种浅层的学习。

第二，因为任何学科知识都是有其内在逻辑及固定结构的，而“自由发散联想”具有对思维不加控制的特点，所以不适合用于学科知识教学。

第三，基于学科知识的特性，学科教学必须强调“理解性记忆”和“结构化思考”，随着学段的升高，知识越来越抽象和复杂，就更加要强调“理解的深度”而非“记忆的速度”。

这样一些观点，对于教学中思维导图的使用，应该是一种“善意的提醒”。任何一种学习的方式，都会有其利弊的两方面，教学中的取舍总是应该满足“利大于弊”的原则。

4. 团队学习的思维碰撞——头脑风暴

“头脑风暴”是一种无限制的自由联想和讨论，其目的在于产生新观念或激发创新设想，对于激发思维广度和深度，发展高阶思维能力有着重要的意义。头脑风暴的特点是让团队学习的成员，在思维的相互碰撞中激发创造性。对他人提出的设想或方案质疑，确定可行性内容，并针对问题提出改进性意见，产生尽可能多的设想和方案。

教学中头脑风暴的使用，最多的是用于对某些问题的求解和讨论。因此学生团队不应该受任何条条框框限制，从不同角度，不同层次，不同方位，大胆地展开想象，尽可能地标新立异，与众不同，提出独创性的想法。也可以这样说，头脑风暴就是“思维导图”的教学形式或会议形式。

例 1：电阻的测定

1. 伏安法测电阻

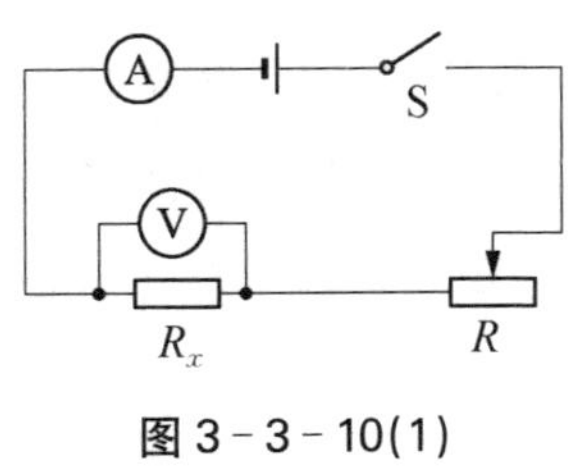

图 3-3-10(1)

一般来说，电阻的测量多是首选伏安法。如图 3-3-10(1)所示。闭合 S 后，使 R 有一定读数，利用 $R_x=\frac{U}{I}$，就可得第一次待测电阻 R_x 之值。再使用平均值方法测得待测电阻 $R_x=\frac{R_1+R_2+R_3+\cdots+R_n}{n}$。

伏安法测电阻的误差，主要是电流表与电压表内阻引起的。尽管可以根据待测电阻的大小采用内接和外接减小误差，但始终无法消除误差。

2. 等效替代法

这个电路中，以滑动变阻器 R 的输出电压提供测量电压。增加了电阻箱 R_0。等效替代法就是在测量的过程中，让通过待测电阻的电流（或电压）和通过电阻箱的电流（或电压）相等。两种不同的电路如图 3-3-10(2)所示。

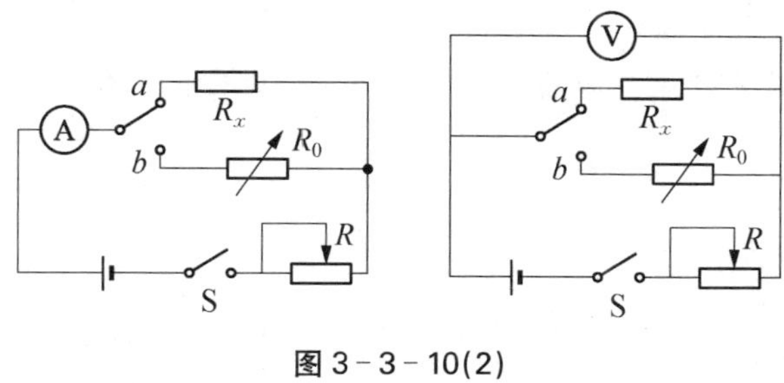

图 3-3-10(2)

对前一幅图，将单刀双掷开关调到 a，闭合 S 调节 R，使安培表读数为 I_0。保持 R 不动，将单刀双掷开关打到 b，调节 R_0 使安培表读数仍为 I_0，则电阻箱的读数就是待测电阻的数值。后一幅图的原理与前一幅图基本相同。

3. 补偿法

电路如图 3-3-10(3)所示。R_0 为定值电阻，与电流表的内阻 R_A 构成了补偿电阻，R'为限流电阻。闭合开关 S_1 后，先将双掷开关 S_2 置于 1，记下此时电压表与电流表示数 U_1、I_1，则有 $\frac{U_1}{I_1}=R_X+R_A+R_0$。再将 S_2 接到 2，记下此时电压表与电流表示数 U_2 和 I_2，即有 $\frac{U_2}{I_2}=R_A+R_0$。两式相减，可得 $R_X=\frac{U_1}{I_1}-\frac{U_2}{I_2}$。除了上面三种测量方式外，还有其他一些电阻测量的方法。

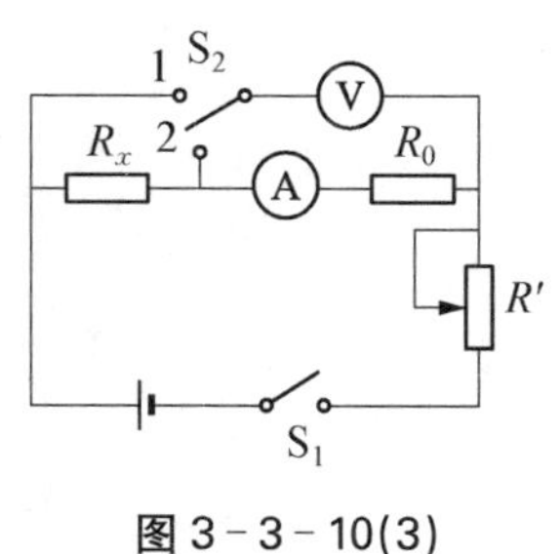

图 3-3-10(3)

4. 安阻法测电阻

根据欧姆定律和串并联电路的知识，用电流表测出电路中的电流，计算出待测电阻的阻值。这种用电流表和定值电阻测电阻的方法称为安阻法。

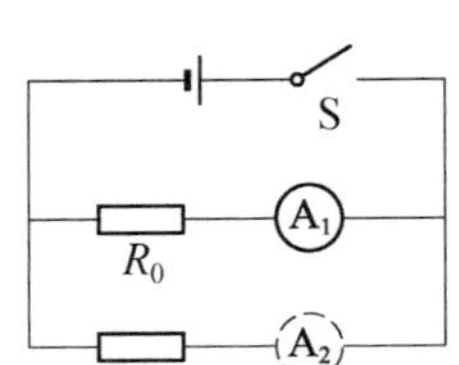

图 3-3-10(4)

如图 3-3-10(4)所示。把电流表与定值电阻 R_0 串联在一起，闭合开关 S，用电流表测出流过定值电阻 R_0 的电流 I_0；断开开关 S，再把电流表与待测电阻 R_x 串联在一起，用电流表测出流过待测电阻 R_x 中的电流 I_x。因为 R_0 与 R_x 两端的电压相等，所以 $I_0R_0=I_xR_x$，解得 $R_x=\frac{I_0R_0}{I_x}$。

安阻法测电阻还有另一种形式。如图 3-3-10(5)所示。闭合开关 S_1，断开 S_2，测出流过定值电阻 R_0 的电流 I_o；闭合开关 S_1、S_2，测出电路中的总电流 I。因 R_0 与 R_x 两端电压相等，所以 $I_0R_0=(I-I_0)R_x$，解得 $R_x=\frac{I_0R_0}{I-I_0}$。

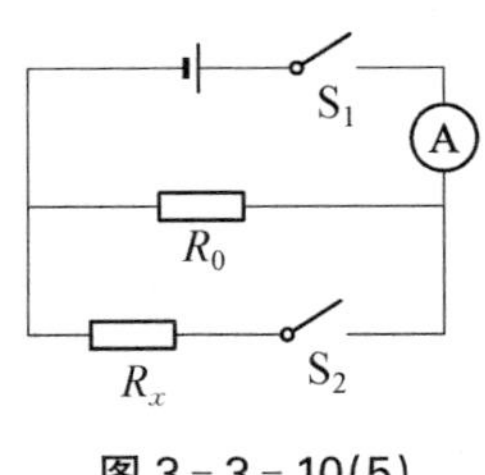

图 3-3-10(5)

5. 伏阻法测电阻

根据欧姆定律和串并联电路的知识，用电压表测出电路中的电压，计算出待测电阻的阻值。这种用电压表和定值电阻测电阻的方法称为伏阻法。

方法一：如图 3-3-10(6)所示。闭合开关 S，用电压表分别测出 R_0 和 R_x 两端的电压 U_0 和 U_x。因为 R_0 和 R_x 串联，所以流过它们的电流相等。由 $\frac{U_0}{R_0}=\frac{U_x}{R_x}$，就得到了 $R_x=\frac{U_xR_0}{U_0}$。

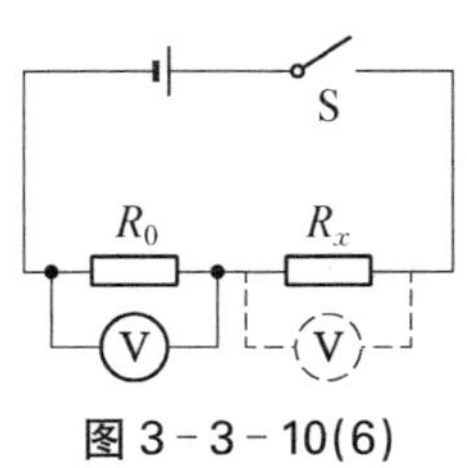

图 3-3-10(6)

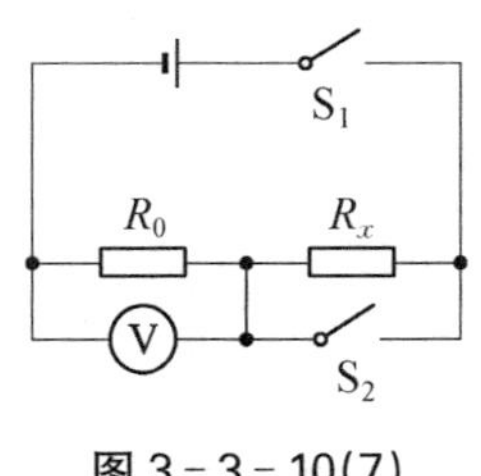

图 3-3-10(7)

方法二：如图 3-3-10(7)。闭合开关 S_1，断开 S_2，测出 R_0 两端的电压 U_0；闭合开关 S_1、S_2，测出电源两端的电压 U。因为 R_0 与 R_x 串联，所以流过 R_0、R_x 中的电流相等，由 $\frac{U_0}{R_0}=\frac{U-U_0}{R_x}$，得 $R_x=\frac{(U-U_0)R_0}{U_0}$。

除了这些典型的电阻测量方法外，还有对电流表或电压表内阻测量的方法。

6. 半偏法测电表内阻

(1) 半偏法测电流表内阻

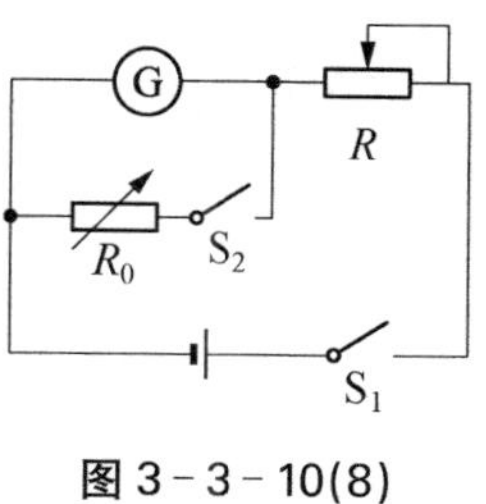

图 3-3-10(8)

半偏法测电流表内阻的电路如图 3-3-10(8)。R 为滑动变阻器，R_0 为电阻箱，G 为待测内阻的电流表。先闭合 S_1，调节 R，使电流表指针偏转到满刻度；再闭合 S_2，调节 R_0 使电流表指针指在刻度盘的中央。在 $R \gg R_0$ 的条件下，近似有 $R_g = R_0$。

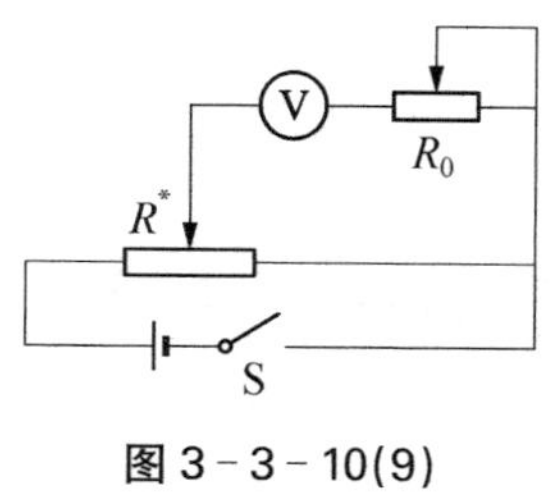

图 3-3-10(9)

(2) 半偏法测电压表内阻

如图 3-3-10(9)所示。R^* 为滑动变阻器，R_0 为电阻箱，闭合开关 S 前，将滑动变阻器 R^* 滑片 P 移到最右端，并将电阻箱 R_0 的电阻调至零。闭合 S，调节滑动变阻器 R^* 的阻值，使电压表的指针指到满刻度；保持 P 不动，调节电阻箱 R 阻值，使电压表指针指到刻度盘的中央，记下此时 R_1 的值。在 $R^* \ll R_1$ 的条件下，近似有电压表阻值 $R_v = R_1$。

对于电阻的测量，还有其他一些方法。如欧姆表的测量、电桥的测量等等。这些内容，有些是学生已经知道的，有些则是学生听说过、接触过、但未必能很详细地了解。教学过程中只要将主题提前布置给学生，动员学生自主地进行文献资料查询、再组织学生开展头脑风暴的活动，一定会使学生团队的学习活动精彩纷呈。

从问题解决的维度出发，提出的劣构问题解决能力、迁移能力和发散思维能力的培养，其指向性都是创造性思维的培育，这与高阶思维能力培养中的目标是完全一致的。

从高阶思维能力培养的角度出发，在探索与实践的方向上，我们分成了认知和问题解决两个维度。认知维度中，通过"分析、评价"的过程，发现不足或缺陷，进行修改、完善，最后达到"创造"。问题解决维度中，则通过劣构问题的解决、迁移能力的实践和发散思维的培养，达到创造性思维的培育。

尽管这两个维度的划分，与《学习论》中的内容划分可能不一致，但从实践过程看，还是有较好的针对性。我们希望这样的探索与研究过程，可以使物理教学在学生对高阶思维能力培养工作中，取得更为有效的成果。

(上海市市西中学林勤)

第四章
高阶思维能力评价的研究

一、思维发展评价的困难

高阶思维能力培养的评价，是本课题研究的难点。

一方面，教育活动的培养效果往往不能够立即显性化，这是由于教育功能的滞后性所决定的。另一方面，反映学生思维能力的内容，又有着诸多的外部环境因素和学生基础的影响。这就给评价工作带来了很多的挑战。

二、实验评价的案例

课题首先在学生实验的教学中开展了评价研究，主要采用演绎和归纳相结合的方法。设计了实验教学思维能力分析表，从高一年级的实验教学内容的若干个实验中，按照“实验原理的分析”“实验现象的解释”“实验数据的解读”“实验现象的迁移”四个一级指标、“原理的理解和叙述”等九个二级指标、“原理分析正确”等三十一个三级指标，根据教学要求，对学生实验中思维能力进行考量。

以下是两个具体实验（研究共点力的合成、牛顿第二定律）的案例。

例 1：

实验教学思维能力分析表

年级 高一　**实验名称** 研究共点力的合成　**姓名** ________

<table>
<tr><th>一级指标</th><th>二级指标</th><th>三级指标</th><th>实验问卷内容</th></tr>
<tr><td rowspan="4">实验原理的分析</td><td rowspan="4">原理的理解和叙述</td><td>原理分析正确</td><td rowspan="4">1. 如果几个力共同作用产生的效果与一个力的作用效果相同，这一个力就叫作那几个力的________，那几个力叫作这一个力的________。
2. 力的合成运算法则：①________、②________。
3. 本实验中应用了等效替代方法，其等效性是指________。</td></tr>
<tr><td>描述规范清晰</td></tr>
<tr><td>物理观念准确</td></tr>
<tr><td>逻辑层次分明</td></tr>
</table>

续 表

<table>
<tr><th>一级指标</th><th>二级指标</th><th>三级指标</th><th>实验问卷内容</th></tr>
<tr><td rowspan="4"></td><td></td><td></td><td>4. 如何用平行四边形定则通过作图法求互成角度两力的合力。
5. 能通过实验描述合力与分力间所遵循的规律。</td></tr>
<tr><td rowspan="3">实验中的实现</td><td>实验目的说明</td><td rowspan="3">在进行“研究共点力的合成”的实验中，下列操作是否正确或必要？（用√或×表示）
1. 将橡皮筋的一端固定，另一端套上两个绳套。
2. 将两个弹簧测力计分别钩住绳套，互成角度地将橡皮筋拉长至某一位置。
3. 记录橡皮筋的原长和伸长的长度。
4. 记下结点的位置，在读取弹簧测力计数值时，手应按住结点不动。
5. 记下拉力（即绳套）的方向。
6. 用一个弹簧测力计代替两个弹簧测力计将结点拉到原伸长的位置，记下示数和方向。
7. 用平行四边形定则画合力，通过修改使画出的合力尽可能与真实合力相符。
8. 改变拉力的夹角再做几次。</td></tr>
<tr><td>器材原理说明</td></tr>
<tr><td>操作步序说明</td></tr>
<tr><td rowspan="6">实验现象的解释</td><td rowspan="3">现象描述</td><td>直观描述</td><td rowspan="3"> 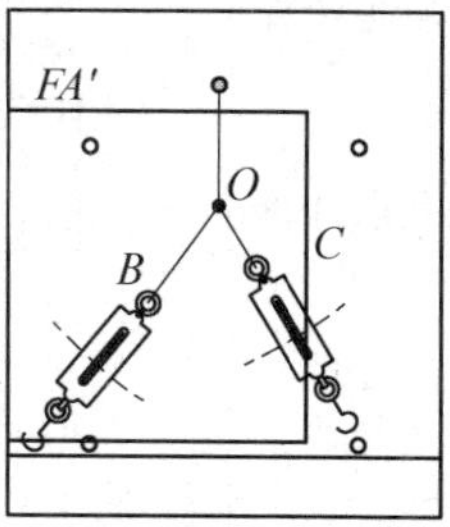图 4-2-1 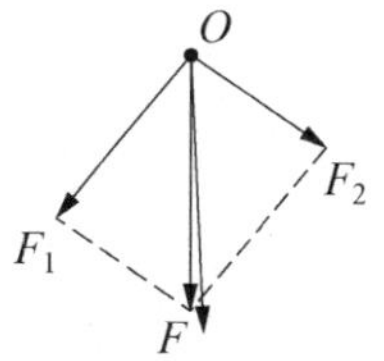　　图 4-2-2
1. “研究共点力的合成”的实验情况如图 4-2-1 所示，其中 A 为固定橡皮筋的图钉，O 为橡皮筋与细绳的结点，OB 和 OC 为细绳，图 4-2-2 是在白纸上根据实验结果画出的图示。则图 4-2-2 中的 F 与 F' 两力中，方向一定沿 AO 方向的是________。
2. 结合推理及图形分析说明合力与分力合成的过程遵循的规律。</td></tr>
<tr><td>类比描述</td></tr>
<tr><td>图像描述</td></tr>
<tr><td rowspan="3">现象解释</td><td>条件描述</td><td rowspan="3">1. 如果两个分力合成时夹角不变，分力大小的变化对合力大小和方向有什么影响？
2. 如果两个分力合成时大小不变，分力夹角的变化对合力大小和方向有什么影响？
3. 本实验操作时，分力的值大一点好还是小一点好？
4. 弹簧秤如果直接拉住橡皮条而不使用绳套是否可以？为什么？</td></tr>
<tr><td>过程描述</td></tr>
<tr><td>因果描述</td></tr>
</table>

续 表

<table>
<tr><th>一级指标</th><th>二级指标</th><th>三级指标</th><th>实验问卷内容</th></tr>
<tr><td rowspan="4"></td><td></td><td></td><td>5. 如果保证分力的图示均在白纸内,力的标度大一点好还是小一点好?
6. 弹簧秤的调零应是在弹簧秤竖直位置还是在弹簧秤水平位置?
7. 弹簧秤拉住细线时,如果细线不平行于纸面,合成时会有什么影响?</td></tr>
<tr><td rowspan="3">现象质疑</td><td>能否改变实验条件</td><td rowspan="3">1. 本实验如果不在水平面上做(比如在竖直平面内做),是否可以?
2. 有同学提出可以用信息化实验(DIS)来完成实验,你觉得应该怎样设计?
3. 本实验的误差可能由哪些方面的因素造成?
4. 有人说,两个弹簧秤的机械性能不同,所以实验一定有误差存在,你同意吗?</td></tr>
<tr><td>能否改变描述方法</td></tr>
<tr><td>误差存在原因</td></tr>
<tr><td rowspan="9">实验数据的解读</td><td rowspan="3">数据获取方法</td><td>数据获取方法</td><td rowspan="3">1. 实验中获取的数据主要包括哪些数据?
2. 实验数据的获取类型你能简单归纳吗?
3. 实验时你怎样体现多组数据的获取,而减小实验误差的方法呢?
4. 有人说从弹簧秤上直接读出读数是直接测量,而从作图利用标度读出结果则是间接测量。你同意吗?
5. 数据获取中哪些因素引起的误差是可以减小的?</td></tr>
<tr><td>科学思想体现</td></tr>
<tr><td>数据获取评价</td></tr>
<tr><td rowspan="3">数据处理方式</td><td>数据处理方式叙述</td><td rowspan="3">1. 弹簧秤的读数可以直接读出,而作图得到的合力大小则需要利用标度读出。
2. 两个互成角度的分力通过绳套拉橡皮条时,为什么不需要测量两个分力的夹角?
3. 用一个弹簧秤通过绳套拉橡皮条时,合力的重复读数和方向的记录,是否有必要?
4. 用一个弹簧秤通过绳套拉橡皮条时,若拉绳方向不平行于纸面,对合力的读数有什么影响?</td></tr>
<tr><td>数据处理方式特点</td></tr>
<tr><td>数据处理方式评价</td></tr>
<tr><td rowspan="3">数据结论说明</td><td>数据结论的表述</td><td rowspan="3">1. 实验操作中的等效作用,表现在________。
2. 误差范围内获得的实验结果说明,两个分力可以按其效果,合成为一个________。
3. 两个分力合成一个合力的数学方法,称为________________。
4. 将一个合力分解,可以看成两个分力合成的,平行四边形定则。
5. 本实验是用两个已知分力的合成,与所测合力比较。能否使用所测合力,分解在两个分力方向进行比较?</td></tr>
<tr><td>数据结论的意义</td></tr>
<tr><td>数据结论的拓展</td></tr>
</table>

续　表

一级指标	二级指标	三级指标	实验问卷内容
实验方法的迁移	方法感悟	实验中的科学方法	1. 除等效的方法外，本实验其他科学方法还包括________方法和________方法。 2. 等效的科学方法，在物理内容的学习中，曾经使用过。 3. 推理及数形分析的方法，曾在物理内容学习中使用过。 4. 如果在物理学习中形成合力，你觉得可以包括哪些方面的内容，试举例说明。 5. 试举例说明推理的科学方法在生活中的应用。
		曾经实验中的使用	
		生活中的借鉴应用	

例 2：

实验教学思维能力分析表

年级　高一　　**实验名称**　牛顿第二定律　　**姓名**　________

一级指标	二级指标	三级指标	实验问卷内容
实验原理的分析	原理的理解和叙述	原理分析正确	1. 通过物体所受合外力不变时________与________的关系、物体质量不变时________与________的关系的研究，验证牛顿第二定律。 2. 实验中的研究对象是______________。 3. 欲使拉动小车的外力，近似等于砝码的重力，其条件应满足______________。 4. 实验中要求平衡摩擦力，其原因是________________________________。 5. 在得到了加速度 a 与质量 m、外力 F 的关系后，将比例式写成等式，比例系数是如何处理的？
		描述规范清晰	
		物理观念准确	
		逻辑层次分明	
	实验中的实现	实验目的说明	1. 在合外力不为零时，探究和外力、物体质量、物体加速度之间的关系，采用的科学方法是________的研究方法。 2. DIS 实验中，平衡摩擦力可以通过轻轻推动小车在轨道上运动，从小车运动的________图像来观察。 3. 平衡摩擦力后，小车的运动可以看成________运动模型。 4. 实验中没有使用加速度传感器，而采用了位移传感器，这种测量方法称为________测量的方法。 5. 保持吊桶总质量不变，在小车上加装金属片，是为了改变______________。 6. 保持小车总质量不变，在吊桶中改变金属小球数量，是为了改变______________。 7. 实验中有一个运动传感器需要固定在小车上，它的质量是否需要计入小车的总质量中？（选填“是”或“否”）。
		器材原理说明	
		操作步序说明	

续 表

<table>
<tr><th>一级指标</th><th>二级指标</th><th>三级指标</th><th>实验问卷内容</th></tr>
<tr><td rowspan="8">实验现象的解释</td><td rowspan="3">现象描述</td><td>直观描述</td><td rowspan="3">1. 小车在细线拉动下，沿轨道的运动应该是什么运动？
2. 小车运动的 $s-t$ 图像应为________。
3. 小车运动的 $v-t$ 图像应为________。（以上选填“直线”或“曲线”）
4. 小车的运动是利用 DIS 软件从 $v-t$ 图像上得到的。
5. 每释放小车一次，只能得到一个加速度的值。它应该对应________不变、或者________不变的情况。
6. 实验在数据采集基础上，需描绘质量不变时小车的 $a-F$ 图象。它是________图象。
7. 实验在数据采集基础上，需描绘外力不变时小车的 $a-m$ 图象。它是________图象。
8. 将上述图象转为 $a-\frac{1}{m}$ 图象，它是________图象。（选择正比例或反比例）</td></tr>
<tr><td>类比描述</td></tr>
<tr><td>图像描述</td></tr>
<tr><td rowspan="3">现象解释</td><td>条件描述</td><td rowspan="3">1. 实验中测量的加速度是________（选填系统加速度或小车加速度）。二者在条件下可以近似相等。
2. 实验描绘的 $a-F$ 图像，其物理意义是________。
3. 对于实验描绘的 $a-\frac{1}{m}$ 图像，其物理意义是________________。
4. 对于确定的每一个质量，描绘出其 $a-F$ 关系图像如图 4-2-3，可否在图中得到牛顿第二定律的关系？
5. 对于确定的每一个外力，描绘出 $a-\frac{1}{m}$ 关系图像如图 4-2-4，可否在图中得到牛顿第二定律的关系？ 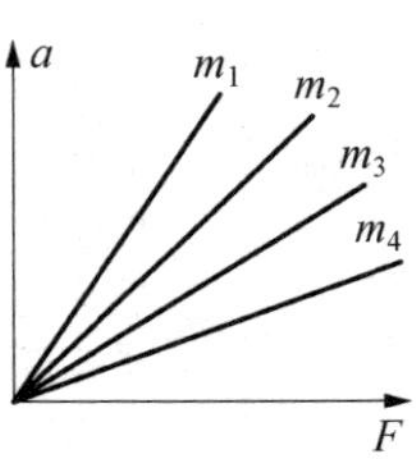
图 4-2-3 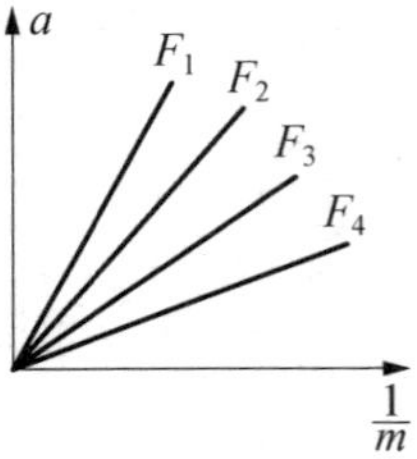　　图 4-2-4</td></tr>
<tr><td>过程描述</td></tr>
<tr><td>因果描述</td></tr>
<tr><td rowspan="2">现象质疑</td><td>能否改变实验条件</td><td rowspan="2">1. 实验中对于加速度的测量如果不用位移传感器而采用光电门传感器，是否可以？
2. 如果用光电门传感器测量加速度，光电门的数量应为________个。所需测量的物理量分别为________、________、________。
3. 上述条件下加速度的大小应为________。
4. 本实验的误差可能由哪些方面的因素造成？</td></tr>
<tr><td>能否改变描述方法</td></tr>
</table>

续　表

<table>
<tr><th>一级指标</th><th>二级指标</th><th>三级指标</th><th>实验问卷内容</th></tr>
<tr><td></td><td></td><td>误差存在原因</td><td>5. 如果实验的 $a-F$ 的图像未过原点(图 4-2-5)，那么对于这个现象怎样解释？
6. 如果实验的 $a-1/m$ 的图像发生弯曲(图 4-2-6)，如何解释这个现象？
图 4-2-5　　图 4-2-6</td></tr>
<tr><td rowspan="9">实验数据的解读</td><td rowspan="3">数据获取方法</td><td>数据获取方法</td><td rowspan="3">1. 实验直接测量的数据包括哪些？
2. 信息化系统获取的数据包括哪些？
3. 为什么要在 $v-t$ 图上的上升段较为平滑的一段获取加速度？
4. 质量不变时，将外力测量值和 DIS 获得的加速度值记录，再利用________法，就可以确定 $a-F$ 的关系。
5. 外力不变时，将质量测量值和 DIS 获得的加速度值记录，再利用________法，就可以确定 $a-\frac{1}{m}$ 的关系。</td></tr>
<tr><td>科学思想体现</td></tr>
<tr><td>数据获取评价</td></tr>
<tr><td rowspan="3">数据处理方式</td><td>数据处理方式叙述</td><td rowspan="3">1. 采用作图法，研究 $a-F$、$a-\frac{1}{m}$ 的关系，有什么意义？
2. 将获取的 $a-m$ 图像转化为 $a-\frac{1}{m}$ 图象，其意义①________；②________。
3. 质量不变时，将外力与加速度对应值列表后，能否用计算机图象拟合功能来分析 $a-F$ 的关系？</td></tr>
<tr><td>数据处理方式特点</td></tr>
<tr><td>数据处理方式评价</td></tr>
<tr><td rowspan="3">数据结论说明</td><td>数据结论的表述</td><td rowspan="3">1. 对实验 $a-F$ 图象的物理语言描述。
2. 对实验 $a-\frac{1}{m}$ 图象的物理语言描述。
3. 从 $a-F$ 图像和 $a-m$ 图象的结论中，可以得到 a、F、m 之间的关系：________。
4. 牛顿第二定律的完整叙述为________。
5. 受到相同合外力时，质量大的物体其加速度与质量较小物体的加速度相比，________。
6. 两个物体加速度相同时，质量大的物体所受合外力________。(选填“较大”“较小”)。</td></tr>
<tr><td>数据结论的意义</td></tr>
<tr><td>数据结论的拓展</td></tr>
</table>

续　表

<table>
<tr><th>一级指标</th><th>二级指标</th><th>三级指标</th><th>实验问卷内容</th></tr>
<tr><td rowspan="3">实验方法的迁移</td><td rowspan="3">方法感悟</td><td>实验中的科学方法</td><td rowspan="3">1. 请说出本实验中三种以上的科学方法①________，②________，③________。
2. 有同学说，该实验中也有等效替代的方法，你同意这种说法吗？如果有，等效替代的方法体现在________________。
3. 间接测量的科学方法，在初中物理内容的学习中，曾经使用过。
4. 控制变量的科学方法，曾在初中物理内容学习中使用过。
5. 图象处理的方法，曾在初中物理内容学习中使用过。
6. 试举例说明以上科学方法在生活中的应用。</td></tr>
<tr><td>曾经实验中的使用</td></tr>
<tr><td>生活中的借鉴应用</td></tr>
</table>

实验教学的指标和问卷内容的设定后，课题组老师对一千二百多位学生进行了问卷调研，包括课题组教师任教的十个班级（A 班），和非课题组教师任教的班级（B 班）。从调研的结果看，二级指标“现象的质疑”、“数据结论的说明”、“方法感悟”中的问卷回答差异较大。具体见下表：

三、实验评价的分析

	A 班正确率	B 班正确率
能否改变实验条件	68.21%	61.44%
能否改变描述方法	74.35%	70.51%
误差存在原因	78.62%	72.78%
数据处理方式评价	71.45%	66.38%
数据结论的拓展	76.14%	73.56%
曾经实验中的使用	89.32%	84.51%
生活中的借鉴应用	84.21%	76.64%

尽管学生问卷结果与学生基础，教师教学风格、教学要求有一定关系，但总体看：

第一，问卷基本能对实验教学中高阶思维能力的培养进行初步的效果衡量；

第二，教学中关注高阶思维的能力培养，对学生的学习是能够产生潜移默化的影响；

第三，在高阶思维能力培养中，“分析、评价、创造”，以及“劣构问题解决”、“迁移能力”、“发散思维”已经初步为学生所接受。

对于高阶思维能力培养的其他方面的评价，主要参照了《普通高中物理课程标准（2017年版）》核心素养中科学思维五个层次的标准。为了使评价工作能够适应认知维度和问题解决两个维度，更有针对性、准确性，这个问题将是课题组后续需要进一步突破的方向。

（上海市市西中学林勤）

第五章 课题研究的反思

《物理教学中培养学生高阶思维能力的探索与实践》,已经经历了三个阶段的研究过程。第一个阶段主要是认识高阶思维、了解高阶思维,分析认知维度上培养高阶思维的相关要素与核心环节:这就是"分析、评价、创造"。第二个阶段则是从问题解决维度出发,探索高阶思维培养中的"劣构问题的解决能力"、"迁移能力"、"发散思维能力"的提升。第三个阶段,则是开始了高阶思维能力培养的评价研究。

从课题组的角度看,课题的研究已经取得了初步的成果,同时,也引发了课题研究中对一些问题的更多思考。

一、高阶思维与科学思维的关系问题

科学思维是物理课程标准(2017 年版)中学科核心素养的重要内容。《课标》中描述的科学思维的内容,包括了"物理建模"、"科学推理"、"科学论证"、"质疑创新"四个模块的内容,并且将其水平分成了五级。那么科学思维与高阶思维的关系应该如何理解呢?

从思维科学的角度看,科学思维是一个覆盖了思维内容的极其庞大的概念。它不仅包括了课标中现在提出的内容,还包括逻辑思维、辩证思维、形象思维等多种思维的方式和内容,可以说是思维科学诸多内容的整体集合和统称。2017 年版《课标》中的科学思维内容,仅仅是科学思维培养过程中的若干途径或方法,例如建模的方法、推理的方法等。

高阶思维则是起源于教育目标分类表的认知维度的思维分类,它仍然属于科学思维的范畴,只不过是它的分类属性与其他思维方式的分类属性不同而已。物理教学中的高阶思维培养研究,不仅包括了从认知维度和问题解决两个维度的考量,还包括了对高阶思维培养相关要素与核心环节的考量,包括了对高阶思维培养的具体内容的考量。所以,从思维培养的实践看,《课标》中提出的途径和方法,也是高阶思维能力培养中可以予以借鉴和操作的内容。这二者之间的关系将是课题研究需要深入探讨的问题之一。

二、高阶思维能力的评价研究

对于高阶思维能力的评价研究，是课题研究中尚需要投入更多精力的内容。课题组目前仅对实验教学过程中的情况进行了设计研究，同时利用《课标》核心素养中“科学思维”的层次划分进行教学培养工作的分析研究，这还需要进一步的辨析、比较、说明，也将是课题后期要重点攻关的内容。

三、教学中的各类考试对思维培养的评价不足

思维发展的外显性往往是较为弱化且并非很直观的。这就决定了对于思维培养工作中评价研究的难度。重视思维培养工作，就应该在日常教学中有所创新。例如考试命题中的“双向细目表”就可以进行调整，增加思维发展的内容。再例如，研究教学反馈和测评方式的变化，通过不同类型或特色的考试，促进学生的高阶思维能力发展。但是目前教学中的各类考试，对思维发展的促进与评价，尚显不足，需要更多的一线老师在教学实践中进行探索与总结。

（上海市市西中学林勤）

主要参考文献：

[1] 中华人民共和国教育部. 普通高中物理课程标准(2017 年版)[M]. 人民教育出版社，2017.

[2] 张亚梅，陈曦. 解读乔纳森的问题解决观[J]. 中国教育技术装备北京，2009. 12.

[3] 钟志贤. 教学设计的宗旨：促进学习者高阶能力发展. 电化教育研究南昌，2004(11).

[4] David H. Jonassen，钟志贤，谢榕琴. 基于良构和劣构问题求解的教学设计模式(上). 电化教育研究南昌，2003(10).

David H. Jonassen，钟志贤，谢榕琴. 基于良构和劣构问题求解的教学设计模式(下). 电化教育研究南昌，2003(11).

[5] 陈刚，舒信隆. 新编物理教学论[M]. 华东师范大学出版社，2006.

[6] 莫雷. 教育心理学[M]. 广东高等教育出版社，2002.

[7] 廖伯琴. 普通高中物理课程标准(2017 年版)解读[M]. 高等教育出版社，2018.

[8] 董泽民. 认知心理学在物理实验教学中的运用研究. 现代商贸工业，2011(05).

[9] 李同吉，吴庆麟. 论解决结构不良问题的能力及其培养[J]. 华东师范大学学报(教育科学版)　上海，2006(01).

[10] 祝令健,陆建隆. 物理问题解决中的良构图式初探[J]. 物理教师苏州,2010(05).
[11] 托尼·巴赞. 思维导图大脑使用说明书[M]. 外语教学与研究出版社,2005.
[12] 齐伟. 思维导图[M]. 湖南教育出版社,2010.
[13] 赵国庆,陈志坚. "概念图"与"思维导图"辨析[J]. 中国电化教育北京,2004(08).
[14] 刘妍. 知识迁移能力的培养[J]. 学园昆明,2014(12).
[15] 李国海. 培养学生的概括和迁移能力[J]. 安徽教育合肥,2000(04).
[16] 林勤. 高中中高阶思维能力培养的实践研究[M]. 上海华东师大出版社,2019.

第六章
子课题研究报告

一、高中物理实验中高阶思维能力的评价研究

子课题研究报告一

高中物理实验中高阶思维能力的评价研究

邵军：上海视觉艺术学院附中；王文涛：上海戏剧学院附中

一、研究背景

1. 培养高阶思维能力是普通高中教育的一个重要目标

国务院办公厅2019年6月发布了《国务院办公厅关于新时代推进普通高中育人方式改革的指导意见》(国办发〔2019〕29号)，文件要求“全面贯彻党的教育方针，落实立德树人根本任务，发展素质教育，遵循教育规律，围绕凝聚人心、完善人格、开发人力、培育人才、造福人民的工作目标，深化育人关键环节和重点领域改革，坚决扭转片面应试教育倾向，切实提高育人水平，为学生适应社会生活、接受高等教育和未来职业发展打好基础，努力培养德智体美劳全面发展的社会主义建设者和接班人”，“改进科学文化教育，统筹课堂学习和课外实践，强化实验操作，建设书香校园，培养学生创新思维和实践能力，提升人文素养和科学素养”。①

2020年5月，教育部发布了《教育部关于印发普通高中课程方案和语文等学科课程标准(2017年版2020年修订)的通知》，明确提出“中国学生发展核心素养是党的教育方针的具体化、细化”“普通高中的培养目标是进一步提升学生综合素质，着力发展核心素养，使学生具有理想信念和社会责任感，具有科学文化素养和终身学习能力，

① 中华人民共和国国务院办公厅. 国务院办公厅关于新时代推进普通高中育人方式改革的指导意见.[2019-06-11]

具有自主发展能力和沟通合作能力。”①

2016 年 9 月，北京师范大学发布“中国学生发展核心素养”的研究成果。中国学生发展核心素养以“全面发展的人”为核心，包括文化基础、自主发展、社会参与三个维度，综合表现为人文底蕴、科学精神、学会学习、健康生活、责任担当、实践创新等六大素养。② 其中“科学精神”素养下的“理性思维”“批判质疑”“勇于探究”，“学会学习”素养下的“勤于反思”，“实践创新”素养下的“问题解决”“技术应用”等方面都指向了学生的高阶思维。

进入二十一世纪，国家在深化课改的二十多年里，制定了一系列标志性的政策文件，这些文件指导和推动了普通高中教育改革的持续发展。“创新思维”“解决问题的能力”“实践能力”“逻辑推理”“批判质疑”等词语多次在各级文件中出现，而这些词语指向的是高阶思维能力。鉴于高阶思维对个体发展以及国家发展的重要性，培养高阶思维能力俨然已成为普通高中教育的一个重要目标。

2. 高阶思维能力评价正在成为高中生综合评价的重要内容

2014 年 9 月，国务院发布了《关于深化考试招生制度改革的实施意见》(国发〔2014〕35 号)，着力改变“唯分数论影响学生全面发展，一考定终身使学生学习负担过重”的问题，“规范高中学生综合素质评价。综合素质评价主要反映学生德智体美全面发展情况，是学生毕业和升学的重要参考。建立规范的学生综合素质档案，客观记录学生成长过程中的突出表现，注重社会责任感、创新精神和实践能力，主要包括学生思想品德、学业水平、身心健康、兴趣特长、社会实践等内容。”③

2018 年 11 月，上海市教委印发了《上海市普通高中学生综合素质评价实施办法》，该办法旨在评价高中学生的整体发展，推进素质教育。该实施办法指出，高中学生综合素质评价的内容包括：品德发展与公民素养、修习课程与学业成绩、身心健康与艺术素养、创新精神与实践能力等四个方面的内容。而“创新精神与实践能力”方面“主要反映学生的创新思维、调查研究能力、动手操作能力和实践体验经历等。”使高阶思维能力成为了高中综合评价所关注的内容之一。

《普通高中物理课程标准(2017 年版 2020 年修订)》指出，“物理学是基于观察和

---

① 中华人民共和国教育部. 教育部印发普通高中课程方案和语文等学科课程标准(2017 年版 2020 年修订).［2020－05－13］

② 核心素养研究课题组. 中国学生发展核心素养. 中国教育学刊，2016(10)：1—3

③ 中华人民共和国国务院. 关于深化考试招生制度改革的实施意见.［2014－09－04］

实验，建构物理模型，应用数学等工具，通过科学推理和论证，形成系统的研究方法和理论体系。"高中物理课程的重要任务之一是"引导学生经历科学探究过程，体会科学研究方法，养成科学思维习惯，增强创新意识和实践能力"。物理学科核心素养中"科学探究"是指"基于观察和实验提出物理问题、形成猜想和假设、设计实验与制订方案、获取和处理信息、基于证据得出结论并作出解释，以及对科学探究过程和结果进行交流、评估、反思的能力。"①

因此，高中物理实验教学中，关注学生的高阶思维能力发展，设计"分析、评价、创造"的教学过程，强化学生的思维活动，开展实验教学的评价探索，是学生高阶思维能力培养工作中具有积极的探索内容。

二、研究的目标与内容

进入 21 世纪，迅速变化的社会生活要求学生具备在新情境中解决实际问题的能力。2019 年 6 月发布的《国务院办公厅关于新时代推进普通高中育人方式改革的指导意见》，以及 2020 年 5 月，教育部新修订的普通高中课程方案和各学科的课程方案，都指向了发展学生的综合素养，提升学生的高阶思维能力。本研究以高中物理实验的内容为载体，开展学生实验学习中高阶思维能力的评价，以期通过评价活动获得更多关于学生高阶思维能力发展的信息，从而改善高中教学实践，提高学生的高阶思维能力。

本研究的目标和内容如下：

1. 研究目标

研究高中物理实验中高阶思维能力评价的基本框架与策略。

2. 研究内容

(1) 在高阶思维能力要素的架构下，形成物理学科高阶思维能力的评价框架。

(2) 进行高阶思维能力评价的技术研究，制订命题原则、命题流程以及评价任务开发的策略，设计科学合理的评分规则。

三、核心概念界定

1. 高中物理实验

本研究中，"高中物理实验"指的是，上海市教育委员会教学研究室编著的《上海市高中物理学科教学基本要求》中，基础型课程和拓展型课程里所涉及的学生实验和教师演示实验，也包含这些实验所相关的延伸性、迁移性的实验。

---

① 中华人民共和国教育部. 普通高中物理课程(2017 年版 2020 年修订). [2020 - 05 - 13]

2. 评价研究

高中物理实验相关的评价框架、评价技术以及评价工具。

四、课题研究的实践

本课题研究中，我们首先对高中物理实验进行了再认识，同时开展了高中物理实验中高阶思维能力评价的框架设计、项目评价的技术研究，以及评价工具的编制和评分标准的制定。

(一) 高中物理实验的再认识

高中物理课程的教学，旨在帮助学生从物理学的视角认识自然，理解自然。实验是物理学的基础，高中物理实验的学习包括以下几个方面：

1. 识别物理原理

主要是学生识别和表征物理学科内容中基本科学原理的能力，以及将物理原理用各种形式来表示，比如言语、图象、表格、公式和框架等。具体来说：

一是学生描述观察、测量观察以及对观察进行分类。二是表述或识别物理实验中涉及的物理原理。三是将实验中涉及的物理知识的不同表现形式联系起来。

2. 运用物理原理

运用物理原理解释实验现象。对实验现象进行解释不仅仅需要回忆和使用理论的能力、解释想法、信息和事实的能力，还需要理解这些知识是如何获取的，理解我们对这些知识的确定程度有多少。对于这种能力，学生需要了解在科学探究中用来获取知识所使用的标准形式和程序、了解对这些获得的知识进行证明时这些形式程序的作用与功能。

运用物理原理预测实验现象。包括基于物理原理的定量预测，能确定变量之间量的关系。

举出一个观察示例，表明一个物理原理。

提出、分析和评价各种解释或预测。

3. 开展科学探究

开展科学探究包括：设计或批评物理实验过程；使用适当的器材和技术进行科学研究；识别数据信息中的模式和规律，找出实验数据与理论模型之间的关联；基于证据得出结论并做出解释，以及对科学探究过程和结果进行交流、评估、反思。

4. 进行创新实验设计

进行创新实验设计是指应用物理知识和技能在现实世界中解决问题的系统过

程。具体包括：

根据标准和物理原理，提出或评论解决问题的方法；

进行科学的设计决策权衡，在解决方案中进行选择；

应用物理原理或数据来预测实验设计决策的影响。

（二）高中物理实验中高阶思维能力评价的框架设计：

1. 对现象进行科学的解释

一是针对一个更为复杂的或较不熟悉的现象、事件或过程，利用广泛的知识、想法和概念，建构或运行一个心理模型来给出可接受的、合理的科学解释或表征；二是当文本中的数据/信息并不能回答问题时，能判断出这种情况；三是评价科学模型的合理利用及其局限性；四是提出解释性的假设。

2. 评价和设计科学调查与实验

一是对变量进行操作来回答科学问题，判断趋势，对数据进行添加或推断。二是判断给定的科学研究中要探索的问题，提出多种对给定问题进行科学探索的方法。三是评价科学家如何确保数据的可靠性，如何确保解释的客观性和可推广性；四是评价对给定问题进行科学探索的几种方法。

3. 科学地解读数据与证据

一是分析较复杂数据来判断控制实验的结论是否合适、推断是否正确，并给出相应的理由；二是能区别基于科学证据及理论的论证和基于其他思考的论证；三是分析、解读数据并得出适宜的结论；四是评价不同来源的科学论证和证据。

一级指标	二级指标
A　对现象进行科学的解释	A1　科学解释或表征
	A2　能判断数据信息有效性
	A3　评价科学模型的合理性
	A4　提出解释性的假设
B　评价和设计学科调查与实验	B1　判断趋势，对数据进行添加或判断
	B2　提出多种对给定问题进行科学探索的方法
	B3　评价科学家如何确保数据的可靠性，如何确保解释的客观性和可推广性；

续 表

一级指标	二级指标
C 科学地解读数据与证据	C1 分析较复杂数据来判断控制实验的结论是否合适、推断是否正确，并给出相应的理由
	C2 能区别基于科学证据及理论的论证和基于其他思考的论证；
	C3 分析、解读数据并得出适宜的结论；
	C4 评价不同来源的科学论证和证据。

(三) 项目评价的技术研究

评价学生的高阶思维能力，可以通过学生在完成具体试题上的反应去间接地判断学生高阶思维能力水平。而具有指向性的试题则成为了项目评价的内容。

1. 项目评价的基本要求

从项目评价的设计看，它应该满足的基本要求：

(1) 项目的难度。项目难度表示的是测验题目的难易程度，通常用得分率来衡量。题目越难，得分率越低；题目越容易，得分率越高。得分率的计算方法是将此题的平均分除以该题目的满分。

(2) 项目的区分度。项目区分度是指测验题目对不同水平学生的区分能力，也就是表征该试题能不能将水平较高的学生和水平较低的学生区分开来的程度。区分度高的试题，其区分学生水平的能力较强。

区分度一般用鉴别力指数或相关系数来表示。鉴别力指数，通常是用按照总分从高到低的规则对学生进行分组后，两组学生在某题目上的平均得分率之差来表示。相关系数是通过计算某道试题上的得分与测验总分之间的相关得到。相关系数越大，说明区分度越高。根据高阶思维能力测试题目得分类型(测验总分默认为是连续分数)，采用的相关系数主要是点二列相关系数、皮尔逊积差相关系数。

(3) 试卷的效度。效度是在测试目标的要求下，证据和理论对测试成绩进行解释的程度。效度是以证据为基础的，效度检验的过程就是在理论分析的基础上，积累和收集各种证据的过程。通常来说，效度证据的来源一般有基于测验内容的凭证、基于解题过程的凭证、基于内部结构的凭证、基于和其他变量关系的凭证、基于评价结果的凭证。

(4) 试卷的信度。信度指的是当对由个人或亚群体组成的总体重复进行测试时，所测量结果的一致性程度。在经典测量理论中，信度系数定义为真分数方差与观察分数方差之比。信度系数的估计是通过考生参加一次考试的结果进行的。

(5) 试卷的量尺分数。在经典测量理论视角下，学生在测量工具上的得分依赖于其在每个项目的得分。一般会事先标定每道测试题(或每个评价项目)的满分，根据学生不同的表现或作答赋予不同的分数。将学生在每个题目上得分相加，即得到每个学生在该测量工具上的总得分。总得分一般有 3 种形式，分别是原始总分、测验总分满分为 100 的量尺分数、测验总分的平均分为 500，标准差为 100 的量尺分数。

经典测量理论中关于难度、区分度、信度、效度等指标对于衡量高阶思维能力评价任务设计的质量以及评价高阶思维能力评价工具的品质都提供了一定的支持。

2. 项目评价的反应理论

假设 1：被试在试题上的作答结果反映了被试真实的行为表现。

这个假设的含义是如果被试知道试题的正确答案，那么他(她)将作出正确的回答。如果被试答错了题或者对试题作了错误的反应，则认为他(她)不知道这个题的正确答案。即个体在面对问题情境并作出反应时，表现的是他(她)的真实状态，而不是随机或混乱反应。

假设 2：局部独立性。

这个假设的含义是被试对一个试题作出正确反应的概率不受同一试卷中对其他项目的回答的影响。也就是说，只有被试的潜在特质影响对试题作出的反应，潜在特质对每一个被测试者来说，其值是固定的，项目之间是互不相关的。

假设 3：潜在特质空间维度有限性。

这个假设的含义是，任何一个具体的项目反应理论模型都是建立在有限潜在特质空间维度基础上，模型的实际意义在于它能否很好地解释测验所测量的所有维度。潜在特质空间维度有限性认为我们假定被测试者在一组试题上的成绩或反应是以潜在特质作为基础的，或者说，如果这一组试题是用于测验被测试者潜在特质，那么我们就说这个潜在特质构成了一个维的潜在特质空间。

假设 4：项目特征曲线的形式假设。

项目反应理论的一个关键就是在被试对项目作出的反应或作出反应的概率与被测试者的潜在特质之间建立某种函数关系，项目特征曲线就是这种函数关系的图象。

项目反应理论之所以要作出项目特征曲线形式的假设，是因为项目反应理论的建立不是首先从理论上推导出函数关系的存在，而是先假定有某种形式的项目特征曲线，然后找出满足相应曲线的函数形式。因此，关于项目特征曲线的特征形式的假设实际上就是对未来函数关系的假设。

3. 评价工具编制的策略研究

一个良好的评价应该具备一些特征，如评价任务设置目的是给每个学生一个展示自己所能做事情的机会，应要求学生展示与课程内容直接相关的知识、理解和能力。在学生完成任务之前，应该告诉他们评分的标准和规则。在命题的过程中"清晰"是一条很重要的准则，这意味着评价目标是明确的，评价任务是清晰的，语言阐述是没有歧义的。要使评估任务具有"深度"，应要求学生展示出"理解、应用、分析、评价、创造"等认知过程。

根据对高阶思维能力本身的认识以及教育测量学的基本要求，为了保证开发出一个高品质的高阶思维能力评价工具，在评价任务的设计时可以采用如下的策略。对某些内容领域来说，其中的一些策略可能会比另外的一些策略更适用。当然，这并不是一个穷尽的策略集，也可以列出其他的策略。

(1) 评价任务应具有公平性

要避免试题存在项目功能差异。即开发试题的过程中，要考虑到外部的影响。这些外部因素可能导致性别差异，影响学生动机或者完成给定任务的意愿。

(2) 评价任务应具有新颖性、情境性与开放性

根据本研究对高阶思维的定义，只有当学生将记忆中储存的信息与新信息进行整合的时候，高阶思维才可能发生。

(3) 一个评价任务聚焦于一个问题

遇到某个情景或者诸如此类东西的时候，学生要能够进行批判性的审视，从而得出这些信息主要的观点或者主题。

(4) 做出一个演绎的结论

理论上讲，演绎就是从普遍性的理论知识出发，去认识个别的、特殊的现象的一种逻辑推理方法。

(5) 明确暗含的假设

明确假设的内容，这本身就是一项重要的技能。检验假设同样帮助学生判断观点的正确性。

(6) 明确一个需要解决的问题

为了评估学生是如何确定要解决的问题的,展示一个方案或者一个问题描述,要求学生去明确要解决的问题,或者使用学科语言或者概念呈现出一个能够表示这个问题的言论。

(7) 描述并评价问题解决的多样化策略

多方面思考解决问题的办法,评价并选择出最好的办法,然后解决问题,这是一个真实世界的技能,也是一个重要的高阶思维能力。

4. 项目评价中的数理模型

(1) 统计模型——RASCH 模型

Rasch 模型是丹麦数学家 George Rasch 所提出,此模型是以概率的方式来表示被试的作答反应。通过 Rasch 模型公式的转换,可把被试的能力和题目的难度置于一个相同的等距量尺(logit)上进行比较,因此可提供受试者能力和试题难度对照图和学生作答诊断图(Kennedy et al., 2008)等分析图表,作为评价结果的反馈和学习诊断。

(2) 测量评价工具的建模

美国加州伯克利评估研究组基于项目反应理论的测量模型,提出了"四基石"方法作为测验工具开发、设计的框架。该框架包含四个基本要素,即结构图、项目设计、结果空间和测量模型。构建模型的过程始于假设存在描述学习者潜在能力的结构。

结构图:结构图是对学生日益复杂的概念的假设描述。结构图将学生发展理解的复杂层次划分为可以定性区分的层次。因此,一个学习进程可以被视为一个单一的结构图,或由几个相关的结构图组成,每个代表一个大的想法或实践。

项目设计:应该将项目设计与结构图的不同级别相对应。这种一致性代表了关于学生如何对被测量构造的特定水平的理解作出回应的假设。因此,可以设计一个项目来衡量一个单一层次或多个层次的构造。

结果空间:结果空间就是评价者如何根据"原始"反应作出推断,以及如何对反应的各个方面进行分类和评分。结构图标识了构造知识的质量上不同的层次,包括学生对知识的了解和应用。结果空间有助于识别与构造图的特定水平相对应的学生反应,强调对应于特定水平的学生反应的特征。从本质上讲,它是一个项目的编码方案或评分指南,将学生的反应映射到结构图的各个级别上。

测量模型：这个统计模型被用来将得分数据关联到结构图。因此，它可以被看作构造图的技术版本。构建建模方法采用以试题水平为中心的 Rasch 模型。Rasch 模型将学生的能力与试题的难度联系起来，将试题和被试放存同一尺度上。该模型通过使用怀特图进行可视化，怀特图是与所有试题难度相关的，是所有学生熟练的。

(四) 评价工具的编制

(1) 评价工具编制的原则

代表性原则：任何一个评价都会受到测试时间和试题容量的限制(即使是计算机自适应测试也面临同样的问题)，最后采用的试题只是符合全部测试内容的一个抽样。因此，试题要有较好的代表性和比较宽的覆盖面，并且突出重点。

适切性原则：编制的试题要基本适应考查年级学生的认知发展水平，要考虑学生已有的背景知识。不能因为是高阶思维能力评价，就错误地认为试题的考察能力要求可以超越学生的认知发展阶段。当然，评价任务也要为学生展示高阶思维能力提供足够的空间。

公平性原则：试题要消除不必要的干扰以及各种各样的偏见。试题中使用的素材不能给不同区域、不同性别、不同种族的学生造成不公平的现象。

(2) 评价工具的总框架

高阶思维能力的评价工具包括：

① 测试说明，也就是测试的定位；

② 测试的内容或能力框架，包括测试内容或能力的具体内涵；

③ 比例结构，包括内容、题量、题型等的比例；

④ 试卷双向细目表，即一个包含了内容维度、能力维度、试题具体描述与难度的材料；

⑤ 测试样例及评分规则。

(6) 表现水平描述，即不同水平层次的学生能做什么的阐述。

其中的高阶思维能力的测试题的开发应关注：

① 考虑该试题的测量目标；

② 要收集与测试内容相关的测试材料，尤其是不同类型的材料；

③ 考虑试题的形式；

④ 具体试题的编写或者是评价任务的设计；

⑤ 制定初步的评分标准。在具体实践的过程中第一和第二不是严格意义上具有

先后的关系,也可以是先收集到合适的材料后,再在此基础上思考其可以承载的评价目标。

试题的初步开发一般有“选题”、“改题”或“编题”三种行为或是三种行为的组合。无论是选题、改题还是编题,都要符合教育测量学的基本要求。

(3) 工具设计的预测试

预测试的目的主要是发现测试题目是否存在指导语不当、题干或选项中是否存在措辞不清、题目选项无干扰、评价任务是否清楚等问题。同时通过试测,收集学生的作答反应数据及作答时间,为试题的进一步修订提供实证数据支持。因此,预测试的对象要和正式参加测试的对象基本一致,特别是要注意引导学生认真对待,积极作答。

(4) 试题质量分析

对试题的质量分析一般是从定性和定量两个角度进行分析。从定性的角度来看,主要是判断试题的内容和数量是否符合试题双向细目表中的要求。从定量的角度来看,主要是依据预测所获得的相关资料,运用统计分析的方法,对试卷的信度、效度以及测试题目的难度、区分度、试题的项目功能差异等做出客观的分析(具体的分析方法后文会详细介绍)。

(5) 试题修订

试题经过测试与分析后,一般有三种处理结果:一是无需修改,直接保留;二是需要修改,可以保留;三是无法修改,需要删除。一般对于缺少心理测量特性(如学生对试题的理解与本试题的测量目标之间不一致),难度太大,或难以批改的试题造成编码困难的都需要修改。

(五) 制订评分标准

(1) 建立编码规则

开放性试题的答案采用两位数字进行编码。

第一位数字:表示答案的等级。正确答案的第一位数字为 1、2 或 3 等(数字越高,等级水平越高)。错误答案的第一位数字可以设定为 0,空白作答的第一位数字可以设定为 9。

第二位数字:表示答案的类型,它能提供诊断信息。第二位数字可以是 0 到 3 等(如 30—33, 20—23, 10—13 和 70—73)。第二位数字的取值范围要根据学生的作答结果进行具体确定。一般来说,对于教育改进没有明显价值的作答类型可以不进行过细的编码。

由于不是所有不正确的学生作答都可以纳入到预先定义的类别中，因此，第一个数字为7，第二数字为9的编码可以赋给评分标准中没有包含的、且没有任何特定诊断意义的“其他”类型。

代码99表示学生没有作答的空白答卷。

(2) 初步拟定评分标准

在命题的过程中，根据对题目中情境的设置与设定的提问方式，命题者初步对学生可能作出的回答进行估计。按照知识掌握程度和能力水平，将各类型的答案划分为高低不同的层次和类型，并各赋予一个编码，制定出初步的评分标准。

(3) 修订完善评分标准

试题编制完成以后，一般要经过小范围的测试。根据试测的结果对最初的评分标准进行补充，可能要对答案层次和类别的框架结构进行调整，此外，对每个类别要添加典型作答样例，作为对类别描述的进一步说明。

评分标准修订工作期望达到的目标是：一、各“层次”由低到高表现出比较明显的梯次；二、各“类别”的描述界定清晰；三、每个类别下的“样例”都准确无误，能够对类别描述做出进一步的说明，从而尽可能使每一种作答类型都能够被清晰地判别，正确地赋予相应的编码。

(4) 最终确定评分标准定稿

在正式测试以后，由于样本的规模增大，学生的作答类型会更加丰富，因此，需要对评分标准进行再次修订并最终定稿，作为最终的评分标准。

一般来说，要从所有的作答中随机抽取200份试卷或学生作答总量的5—10%进行试评，评分标准编制小组根据阅卷成员的评阅结果，对评分标准进一步讨论研究，检验评分标准的包容性、适切性和可操作性，在此基础上进行修订并形成正式的评分标准。

(六) 案例研究

1. PISA 2015的科学测试分析

PISA 2015的科学测试框架对于理解科学知识和方法的缘由提出了更高的要求。学生不但要知道引导出科学知识的方法，还要认识支撑这些方法的合理性的理由。PISA 2015愈加要求学生能够理解科学家是如何收集科学数据和实证，以及如何基于数据和实证来进行推理论证后构建科学知识的。关于对于科学内容和方法的认识的知识所包含的是科学家所采用的工作方法和实践的缘由，科学探究的结构和标志性特征，以及支撑科学有关自然世界的论断的基石。

例题：温室效应

阅读文章并回答问题。温室效应：事实还是幻想？

生物需要能量才能生存，而维持地球生命的能量来自太阳。由于太阳非常炽热，因此将能量辐射到太空中。只有一小部分的能量会到达地球。

地球表面的大气层，就像包裹着我们的星球表面的毯子一样，保护着地球，使她不会像真空的世界那样，有极端的温差变化。

大部分来自太阳的辐射能量，会透过大气层进入地球。地球吸收了部分能量，其他则由地球表面反射回去。部分反射回去的能量，会被大气层吸收。

由于这个效应，地球表面的平均温度比没有大气层时的温度高。大气层的作用就像温室一样，因此有“温室效应”一词。

温室效应在二十世纪越来越显著。

事实表明，地球大气层的平均温度不断上升。报章杂志常说，二氧化碳排放量增加，是二十世纪气温上升的主要原因。

一位名为小德的学生有兴趣研究地球大气层的平均温度和地球上二氧化碳排放量之间的关系。

他在图书馆找到下面两幅曲线图。

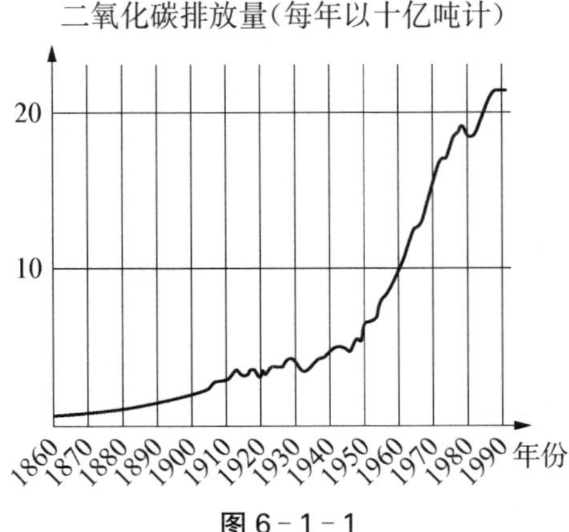

图 6－1－1

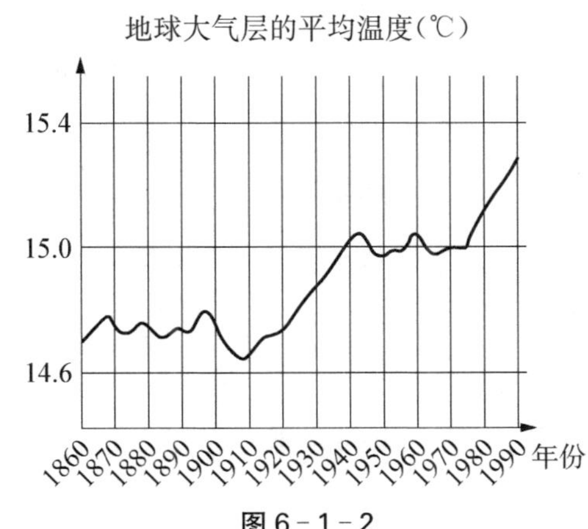

图 6－1－2

小德从曲线图得出结论，认为地球大气层平均温度的上升，显然是由二氧化碳排放增加而引起的。

问题 1：

曲线图中有什么数据支持小德的结论？

评分标准：

满分

编码为 11： 指出（平均）温度与二氧化碳排放量均上升。

当排放量增加时，温度增加。

两条曲线都上升。

从两幅图可见。自 1910 年。温度与二氧化碳的排放量均开始上升。

当 CO_2 排放时，温度便会上升。

两幅图均显示了上升的趋势。

所有东西都在上升。

CO_2 排放量越高，温度越高。

编码为 12： 指出一般而言，气温与二氧化碳的排放量有正相关。（注：这个编码旨在反映学生是否懂得运用以下的专有术语。例如："正相关"、"形状相似"及"成正比例"——虽然，严格来说，下列例子并不完全正确，但它反映了学生对题目有足够的了解，所以可以给予分数。

CO_2 的含量与地球的平均温度成正比。

线条形状相似，表示两者之间有关系。

零分

编码为 01： 指出（平均）温度或二氧化碳排放量其中一项有上升。

温度上升。

CO_2 增加。

它显示了温度的急剧转变。

编码为 02： 指出气温与二氧化碳之间有关系，但没有清楚表明两者有什么关系。二氧化碳的排放量（图 6－1－1）与地球温度（图 6－1－2）的上升有关。

二氧化碳是导致地球气温上升的主因。

其他答案。

二氧化碳的排放量大幅增加，其上升幅度比地球平均温度的上升幅度大。（注：这个答案不正确，因为“两者皆增加”并不是题目所要求的答案。正确答案必须指出 CO_2 的排放量与气温的增加幅度。）

CO_2 增加是由于地球大气层的温度上升。

图表所显示的上升趋势。

有上升趋势。

编码为 99：没有作答。

试题的特点：测试的是测试目标，完全符合领域的目标框架，真实情境，贴近生活，符合命题要求，有利于学生个性发展，促进学生的态度形成和创造性思维发展。本问题需要学生从图表数据分析入手，对问题通过科学数据进行解读。满分编码分别为 11 和 12，两个同时满分但答案获得的级别是有区别的，在每个满分编码中又有许多种不同可能的答案，学生的学习背景不同，答题情况可能与试题编制原理与技术完全不同，落实到每个学生，答案只有一种可能，阅卷教师必须熟练地掌握各答案才能给出正确的判断。本题给出的零分编码也由 01 和 02 组成的两个答案，每个答案所包含的背景是完全不同的，也就是说阅卷教师对学生为什么错，错在哪里，属哪一类错误都必须做出准确的判断，也就是教师在阅卷过程还要和本组的同事进行良好的合作，这种做法对培养教研团队是非常有利的。

问题 2：

小德的同学小妮不同意他的结论。她比较两幅曲线图，指出其中有些资料并不符合小德的结论。

请从曲线图中举出一项不符合小德结论的资料，并解释答案。

评分标准：

满分

编码 2：能够指出两幅图中，有哪一部分的曲线不是同时上升或下降，并作解释。例如：

（约）在 1900—1910 年这段时期，CO_2 增加，但温度则下降。

1980—1983 年这段期间，CO_2 下降而温度则上升。

1800—1900 年这段期间，温度的变化不大，但第一幅图则持续增加。

1950—1980 年这段期间，温度没有上升，而 CO_2 却不断上升。

由 1940 年开始，至 1975 年间，温度的变化不大，但 CO_2 则大幅增加。

1940 年的气温比 1920 年的高得多，但 CO_2 的排放量则变化不大。

部分得分

编码 1 指出了正确的时间，但没有解释，指出了一年年份(而不是时期)并提供了合理解释，或举出了证据，证明小德的结论不是正确的，但却写错了时期。

在 1940 年至 1950 年期间，温度很高，但二氧化碳却非常低。【注：这个解释虽然差，但两者的分别却被清楚点出来了。】

零分

编码为 0： 仅仅就其中一条曲线的改变趋势作出描述，而没有把改变与两幅图联系在一起。

这条曲线首先上升，然后又下滑。

在 1930 年，曲线向下滑。指出了一段时间(但表达不明确)或指出了一个年份，但没有提供任何解释。

其他答案：

1940 年，平均温度上升，但二氧化碳排放量没有增加。

1910 年左右，温度上升，二氧化碳排放量却没有增加。

编码为 99： 没有作答。

命题意图： 考查质疑并寻找科学证据支撑其观点的能力。本题需要考生在对两组图象进行认真分析后，用数据或图线来支持题目中所讲的数据，本题属于开放性问题，这对考生运用科学方法的要求是较高的。题目中学生多元的解答方式和内容给阅卷带来了很大麻烦，这对阅卷教师的要求是很高的。面对同样的实验数据、同样的事实，在同一题中寻找不同的证据支撑不同的论点，面对同样的事实，要看到不同的方面，培养了学生的发散思维能力，更是培养创新型人才必须具备的素质和能力。当然，这对阅卷教师的理念也是一种巨大的冲击。

问题 3：

小德坚持自己的结论，即地球平均温度的升高，是由于二氧化碳排放的增加而引起的，但小妮则认为他的结论太草率。她说："在接受这个结论之前，你必须确定在大气层内其他会影响温室效应的因素维持不变。"

请写出小妮所指的其中一个因素。

评分标准：

满分

编码为 11： 能够写出一个因素，该因素与太阳发出的能量或辐射有关。

太阳发热，地球有可能改变位置。

由地球反射回来的能量。（假设学生表达的"地球"是指"地面"）

编码为 12： 写出一个自然成分或污染物。

空气中的水蒸气/湿度/云。

火山爆发活动。

大气层污染情况（气体、燃料、碳氢化合物、氧化氮、黑烟、废气等）。

废气的数量（CFC）。

含氯氟烃。

汽车数目。

臭氧（作为空气的一种成分）。【注：如学生填上臭氧层受破坏，请用编码 03】

零分

编码为 01： 写出影响二氧化碳浓度的因素。

砍伐热带雨林。

CO_2 的排放量。

化石燃料。

编码为 02： 不够明确或不够具体的因素。

肥料。

农药喷雾。

天气情况如何（如：降雨量、温度）。

编码为 03： 其他错误因素或其他答案。

氧的含量。

氮。

臭氧层的洞越来越大。

编码为 99：没有作答。

命题意图：考查科学、全面思考问题，面对同一问题从多视角发现并提出问题的观察与思考能力。本题属开放性命题，其开放空间比较宽泛，对培养学生创造性思维和求异思维能力的提升有很大引领作用。本题各类答案的编码较多，特别是零分编码又分为三类，分为“影响 CO_2 浓度原因”的 01 代码、“不够明确或不够具体的因素”的 02 代码和“其他错误或其他答案”的 03 代码三类，把学生的错误分为三类有利于评价时对学生所学内容的认知情况和引发错误的原因进行细化，从而达到对教育现状进行正确评价的目的。在对本题学生的满分回答也分为“与太阳发出能量或辐射有关的”的 11 代码和“写出一个自然成分或污染物”的 12 代码。也就是说学生要知道为什么对，面对同一问题他们会想起什么？本题选取环境问题中的“温室效应”入手，考查学生从图象中获取信息的能力，前两问的两种观点都必须从两幅对比的图像中寻求证据支持两个观点，这是一种很好的科学研究方法，所有的证据都是以图象的形式给出，学生要在读懂图象的基础上，自己进行比较、归纳，分析得出自己的结论。这种培养学生科学素养的方法，打破了传统教学中面对同一事实只有一种答案的习惯，对我国学生固有理念是一种冲击，也是让教育回归的一个好范例。本题给定的发散思维范围要控制在“必须确定在大气层内”，这也正是控制学生由求同思维变为发散思维后无限发散的方法之一。

PISA 测试阅卷与我们先行各类考试卷有很大不同。学生答题的多元性和复杂性，这给阅卷带来了很大麻烦，评卷老师很难统一标准；其次，阅卷编码并不是测试分数，PISA 评价标准由国际组织单位确定，阅卷者并不知道每题所给的分数，评卷只是给出一系列相关的编码。就算是满分编码和零分编码也各有所不同，这对评价机构评价提供了更多、更有效的参考资料；再次“无错假设、有利推断、发现闪光点、忽略微差错”是阅卷工落实的核心理念之一。也就是说可以对学生某些错误结论背后的正确想法做出推断并给出正确的评价，这也是 PISA 测试的理念之一，但也由此引发了标准难以掌控的问题。

PISA 作为世界上对教育有较大影响的评价系统，经上海登陆后，对上海的基础教育改革产生的影响是深远的，也向世界展示了上海教育的强势。目前上海的物理高考试题中，也有借鉴 PISA 题目，例如上海 2015 年高考选择题第六题：“一碗水置于火车车厢内的水平桌面上。当火车向右做匀减速运动时，水面形状接近于哪幅图”源于 PISA 2006 年科学题公交车之问题 1。

高阶思维能力评价，必定是分层的，多元化的，信息化技术手段是必要的工具。PISA 2015 中所有的试题都采用机考，学生一般需要通过计算机与测试软件互动后解题，这也使得各校老师能够加强教学的信息化，在评价中，设计在计算机上模拟表征的真实生活情境，善于通过调控虚拟环境中所呈现的条件来解决问题。

2. 上海物理等级考试模拟卷实验试题分析

试题一：如图 6－1－3 所示，是“用 DIS 研究加速度与力的关系”的实验装置。①

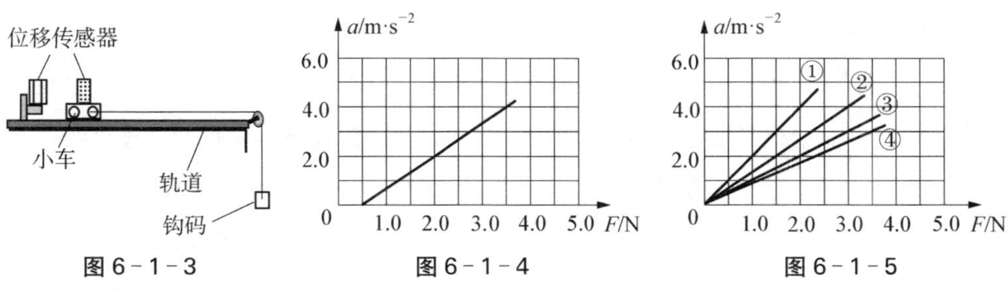

图 6－1－3　　图 6－1－4　　图 6－1－5

(1) 小车上安装的是位移传感器的________部分(选填“接收”或“发射”)。

(2) 实验中，多次改变________的总质量，获得多组小车运动的加速度 a 和所受拉力 F 的数据。某同学根据数据绘出的图象如图 6－1－4 所示，图线没有通过坐标原点，经检查分析，是由于小车与轨道间存在摩擦所致，则该小车与轨道间的摩擦力大小为________N。

(3) 另外 4 位同学均得到一条几乎通过坐标原点的直线。现将这 4 位同学的 $a-F$ 图像画在同一个坐标系内，得到如图 6－1－5 所示的 4 条图线，这 4 位同学记录的小车总质量分别为：$m_1=0.50\,kg$、$m_2=0.75\,kg$、$m_3=1.00\,kg$、$m_4=1.20\,kg$。由图 6－1－5 及 4 位同学记录的小车总质量，推断出小车加速度与小车总质量的定性关系是：________________________，你是如何推断的：____。

评价标准：

① 上海静安区 2020 学年高三物理质量检测卷第 18 题

(1) 发射

(2) 钩码,0.5

(3) 拉力大小相等时,小车总质量越大,加速度越小(合理即可);

在图 6-1-5 中作一条与纵轴平行的直线,结合该直线与 4 条图线交点的纵坐标值及相应同学记录的小车总质量,可以推断出:拉力大小相等时,小车总质量越大,加速度越小。

试题评析:本试题考查牛顿第二运动定律实验操作和数据处理。第 1 问,属于记忆性,在教学基本要求中属于 A 级。第 2 问,属于 B 级,要求学生在理解图形含义基础上,对坐标轴的物理含义理解与应用。第 3 问,按照本文对高阶思维能力评价的指标,为 C3 分析、解读数据并得出适宜的结论。与以往试题不同之处在于,尽管这是一道常规试题,但提问的角度有创意,初看是让学生直接写答案,实质上是让学生在给定的图 6-1-5 中找寻结论。第 3 问中,给出 $a-F$ 图像,要求学生推断加速度与小车总质量的关系。尽管这个结论在教材中是给出,但学生想当然的回答 $F=ma$ 却是拿不到分数的,因为学生并没有理解图中数据,一味套用公式。这在后面要求写出推断理由就暴露出学生的思维能力。本题满分 10 分,全区 1 000 多人测试,测试均分 6.14 分,难度系数 0.614。此题满分的学生占 12%。试题本身知识点不难,甚至可以说是简单,但却对学生的高阶思维能力做了很好的评价和区分。

本题源自传统试题改编,在问题的设计上调整评价角度,成为一道评价学生实验方面高阶思维能力的范例。受到应试教育影响,谈到实验我们的学生想到最多的就是控制变量法、减少误差等问题,在阅卷中我们发现中国孩子见到实验就写“控制变量”、“误差不太大”等一些常用的套话。从另一侧面也应当引起人们反思:在现行物理的实验教学中不断强化的控制变量法对学生形成固定思维,是否在某种程度上扼杀了学生的创造性。

由于此题的开放性,也提高了阅卷的难度,在阅卷过程中,需要采用分层得分的方案。我们对其第 3 问的评价重新编码:

第 3(1)评分标准:

满分

编码为 11: 拉力大小相等时,小车总质量越大,加速度越小。

外力不变时,加速度与质量成反比。

编码为 12: 小车总质量越大,加速度越小。

加速度与质量成反比。

零分

编码为 01：加速度与力成正比。

质量与加速度有关。

编码为 02：$F = ma$。

编码为 03：其他错误因素或其他答案：质量大，惯性大。

编码为 99：没有作答。

第 3(2) 评分标准：

满分

编码为 21：在图 6-1-5 中作一条与纵轴平行的直线，结合该直线与 4 条图线交点的纵坐标值及相应同学记录的小车总质量，可以推断出：拉力大小相等时，小车总质量越大，加速度越小。

编码为 22：图中斜率表示质量的倒数，在外力相同的情况下，质量越小，斜率越大，加速度越大，加速度与质量成反比。

零分

编码为 01：牛顿第二定律。

$F = ma$。

编码为 02：加速度与力成正比。

编码为 99：没有作答。

试题二："用 DIS 研究机械能守恒定律"实验装置如图所示①。

(1) 本实验用到的传感器是________，为让标尺盘处于竖直平面内，标尺盘上的垂直线与自然下垂的摆线要________（选填"平行"或"垂直"）。

图 6-1-6

(2) 某同学以摆锤运动的最低点为零势能面，在离开最低点一定高度 h 处静止释放摆锤，测量摆锤到达最低点的瞬时速度，测得动能与重力势能的三组数据。由第 1 组数据可估算出摆锤下落高度 h 约为________m。

① 上海金山区 2020 学年高三物理质量检测卷第 18 题

	挡光时间(s)	最低点处动能(J)	释放点处重力势能(J)
1	0.004698	0.0109	0.0110
2	0.004659	0.0111	0.0110
3	0.004619	0.0113	0.0110
摆锤宽度:0.0080 m			

(3) 该同学根据上述三组数据中动能与重力势能近似相等,得出:摆锤在释放后,摆动整个过程近似满足机械能守恒。这一推断证据________(选填"充分"或"不充分"),理由是____。

评价标准

(1) 光电门传感器,平行

(2) 0.15

(3) 不充分;只有初末位置的数据,不能说明整个过程机械能始终守恒

试题分析:本题第3问,属于C1,分析较复杂数据来判断控制实验的结论是否合适、推断是否正确,并给出相应的理由。但试题数据还不够复杂,没有更多变量干扰。本题可以在数据上增加复杂程度。

3. 改编试题分析

试题三:如果有人宣称其找到一个单磁极物质,对此你可能表示怀疑,并要求他将这种物质给你检验。

(1) 你设想用现有的条形磁铁去判断,若

A. 用条形磁铁一端,去接触该物质任何部位,结果总是能相互吸引

B. 用条形磁铁一端,去接触该物质任何部位,结果总是能相互排斥

你认为________(填"A"、"B"或者"AB都")具有说服力,能初步证明他找到了单磁极物体,你的理由是:____。

(2) 利用高中物理所学知识,还可以用哪些方法来检测单磁极物质的存在,请你设计一个实验方法,并提出其利用的物理原理。

试题分析:本题第1问属于A4提出解释性的假设,编码21;本题第2问属于B2提出多种对给定问题进行科学探索的方法,编码31。

本题为开放性试题,从所涉及知识看,对学生的要求并不高,对问题的可行性研究和论证是该题的强化方面。从此题可以看出,学生在学科知识方面学得够深,并不

能说明学生思维能力就越强。

五、课题研究的思考

1. 思维能力评价的研究是不断发展完善的过程

我国对思维能力评价的研究属于起步阶段。目前,我国还是借鉴发达国家的评价理论和评价工具,还很有很长的路要走。现在,国家制定了学生核心素养培养目标,对培养学生的能力提出了明确的要求。如何评价学生的思维能力,以及如何评价这种培养方法的有效性,是接下来重要的研究方向之一。当前要做的就是通过发达国家成熟的评价理论,开发适合我国国情的评价手段和方法,编制评价题库,利用信息技术手段提高评价的效率。其次,要培养教师如何运用评价工具,科学且高效评价学生思维能力,为改进教学提供指导。为今后建立我们国家的评价理论体系打下基础。

2. 思维能力评价是主观评价和客观评价的综合

目前研究评价工具和试题,主要针对客观评价而言,主要是对学生进行总结性评价。而学生的思维是在学习的过程中发展的,需要教师通过学生言语交流、展示等外显,例如通过学生讲解问题解决思路,相互交流解决方案等被老师所观察,进而对其评价。这些主观评价同样需要科学评价方法和工具。这样评价对指导培养学生的思维能力提升更具有效性。如何设计主观性的评价方案,使之科学性和有效性是值得今后所要研究的方向。

参考文献:

[1] 王茂华. 高阶思维能力评价研究[D]. 华东师范大学博士论文上海,2018.

[2] 周叶文. 中小学表现性评价的理论与技术[M]. 华东师范大学出版社上海,2014.

[3] 郭玉英. 中学理科课程标准国际比较与研究[M]. 北京师范大学出版社北京,2014.

[4] 洛林 w 安德森. 布卢姆教育目标分类学修订版[M]. 外语教学与研究出版社北京,2009.

[5] 林勤. 高阶思维能力的培养及教学方式[M]. 华东师范大学出版社 2019.

[6] 周兆富. 物理试题编制原理与技术[M]. 广东教育出版社,2016.

二、在初中物理教学中用建模学习提升高阶思维

子课题研究报告二

在初中物理教学中用建模学习提升高阶思维

时代中学　茅宇华

市西初级中学　彭磊

一、课题的提出

《普通高中物理课程标准(2017 年版)》指出：物理模型的构建是学习和研究物理的重要手段[1]。模型构建可以帮助学习者从物理学角度形成对客观世界的本真认识，形成对客观事物的本质属性、内在规律及事物间的联系与相互关系的简介、概括和建构的反映。物理建模教学不同于传统的物理教学模式，是在教师的引导下，学生根据自身所掌握的物理知识和方法，自己亲自动脑设计，动手操作，通过建立物理模型来解决实际问题。这个过程中，可以锻炼学生自主建立物理模型的能力，并在此基础上培养学生的逻辑思维能力，对培养学生的学科素养有非常重要的意义。

高阶思维，是指在较高认知水平层次上的心智活动和认知能力。是超越简单回忆事实性知识，以分析、评价、创造为认知目标的思维。而建立物理模型(physical model)需要在研究和解决物理学问题时，对物理问题的各种要素进行分析、比较、判断后舍弃次要因素，抓住主要因素，整个构建过程需要学生不断经历分析、评价、创造和再评价。因此，物理模型的建构是一种复杂的高级认知过程，是培养学生高阶思维的重要途径。

开展建模教学，培养学生的高阶思维是一个循序渐进、由简及难、逐渐渗透的过程。物理模型的分类方式有很多，但鉴于初中学生的实际情况，不必要求学生明确物理模型的类别，而应从让学生经历建模过程的体验出发，在发现物理规律的过程中获得科学素养。

二、课题研究的目标

初中物理课堂中开展建模的教学，促进学生高阶思维的发展。

三、课题研究的内容

1. 进一步理解建模教学的意义。

2. 学习和实践物理建模的基本方法和建模策略；

抽象问题具象化；

复杂问题抽象化；

模型应用中的再创造。

四、课题研究的实践

(一) 科学建模的意义

科学模型是指人们按照科学研究的目的，对研究对象或过程用各种手段与方法(包括物质形式和思维形式)进行再现的产物。科学模型是从实际的科学现象的对象或过程中抽象和概括出来的，是人们对物理研究对象和过程的结果表达与解释，也是物理学的重要研究方法。模型建构的理论基础为建构主义理论。以皮亚杰和布鲁纳为代表的认知主义学习观认为，客观的知识结构通过个体与之交换作用而内化为认知结构。

1. 通过建模教学，在学习和掌握物理知识的基础上，培养学生的创新能力。

物理模型是物理教学中的重要手段。使学生在建立物理模型的过程中可以更好地掌握物理知识。这对学生学习物理知识有着重要的作用。在建模教学中学生可以根据自己所掌握的物理知识来提出问题。并在教师的指导下，通过建立物理模型来解决问题。在这个过程中，既让学生学习到了物理理论知识，同时又培养了学生的创新能力，使学生的思维更加活跃。

2. 通过建模教学，可以提高学生在学习过程中的积极性和主动性。

在建模教学中，教师一般处于指导位置，而学生是课堂的主体，通过建立模型给学生提供了广泛的发挥空间，提高了学生学习物理知识、参与物理实验的积极性和主动性，培养了学生独立思考和团队合作的能力。

3. 通过建模教学，有利于增强学生探索事物本质规律的兴趣。

通过建模教学，学生体验到了学习物理的兴趣，增强学生探索事物本质规律的兴趣，使学生学会运用科学的、抽象的思维方式来解释物理问题。

(二) 建模教学的基本策略与方法

1. 抽象问题具象化

具象即具体而形象。在物理学习中很多知识学生无法具体经历到，对他们来说是笼统或空洞的。这时借助实物模型，以直观、放大、简化的形式真实再现客观细节，让学生获得具体而微的形象感知从而更好探索概念的本质。它是感知记忆的结果，而且是在抽象思维的作用下，对概念本质进行选取、综合后构建的模型，是使抽象的概念清晰化、直观化的手段，更是建立抽象的虚拟的物理模型的有力支撑。

例 1：借助水波及弹簧，用类比法构建声波物理模型

因为能直接感受到，所以学生容易理解声音能通过介质传播，但因为无法直接看到声波，“声音以波的形式传播”学生理解起来就困难了。

【建模策略】

(1) 理解声音是由声源向四面八方传播的。教师在学生中间说话，让学生推测声音是怎样传播的。

(2) 观察振动的音叉引起水波。轻轻敲击音叉，用发声的音叉轻轻接触水面，观察水面的变化。振动的音叉引起水波，音叉把振动传给了水。得出声音以同心圆方式向四周传递开去的图式(图 6－2－1)。

图式：

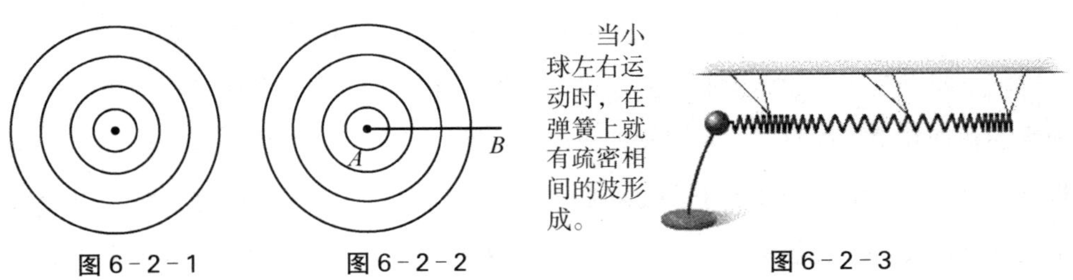

图 6－2－1　图 6－2－2　图 6－2－3

(3) 观察长弹簧的振动，理解疏密波。如图 6－2－2，当 B 点处接收到声波时，振动是如何从 A 点传递到 B 点的？如图 6－2－3，拨动小球引发弹簧振动，观察某个弹簧圈的振动情况。发现每个弹簧圈只在原位置附近左右振动，但振动的能量和信息被不断传递出去。

在感知基础上强调模型的建立，让学生的脑中有相应的图画，才能促进有意义的学习。

例 2：利用实物模型构建光的反射模型

光的反射现象是学生在生活中较为熟悉的，但因为光不可触摸，学生对此往往停留在感性认识上，很难构建心理认知图式。

【建模策略】

学生实验：观察反射光线和入射光线的位置关系。

(1) 将平面镜放置在水平桌面上，用激光笔当光源，观察光的反射现象。将卡纸竖直放置在平面镜上，拓画光路图，并描述反射光线与入射光线的位置关系。

此时，学生会得出反射光线与入射光线与镜面的夹角相等的结论。

(2) 利用牙签当作光线、用薄海绵当作平面镜，利用已有的光路图和结论构建光的反射立体模型。

(3) 以入射点为中心水平旋转改变入射光线的位置，多次重复实验。

此步骤为学生逐步建立光的反射空间概念。同时，学生会发现，拓画所得光路图始终保持不变，且各光路图所在平面相交于一条中心线，进一步构建了光的反射空间概念。

(4) 尝试用一支牙签替代“中心线”加入立体模型。这支牙签应该如何放置？

学生很容易得出这支牙签应垂直于镜面。光线从不同方向入射到同一点，这根“中心线”都过入射点与镜面垂直。相互交流后，还可以发现，光从不同角度入射“中心线”的位置也始终不变。此时，法线的概念已呼之欲出。在对反射面为曲面时的情况稍加介绍，反射角和入射角的概念也更易为学生接受。至此，学生心中的光的反射模型已确立形成。

2. 复杂问题抽象化

抽象是通过分析与综合的途径，运用概念在人脑中再现对象的质和本质的方法。这需要从许多事物中，舍弃个别的、非本质的属性，抽出共同的、本质的属性。这种通过建立模型来揭示原型的形态、特征和本质的方法称为理想模型法。理想模型法是物理学中经常使用的一种研究方法。它的特点是强调研究对象的主要特征，忽略次要特征，通过让学生观察、想象、类比、操作的环节，来揭示宏观、微观概念的本质。物理教学中可以通过适当的教学策略帮助学生通过抓住物理问题的主要因素建立物理模型，提升学生抽象思维的能力。一般过程如下：

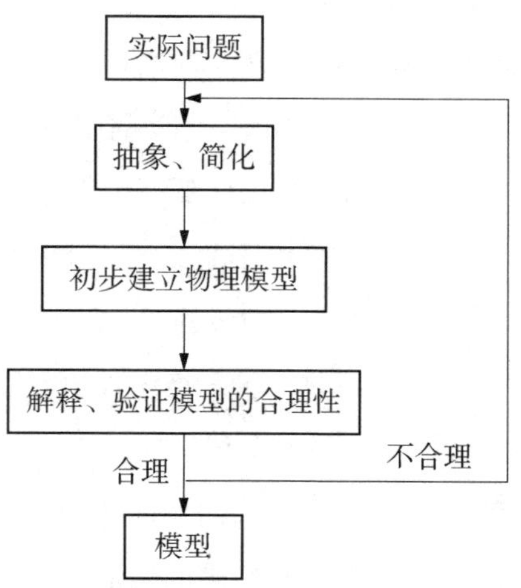

例 3：构建杠杆模型

生活中各种形式的杠杆随处可见，它们的形状、大小和用途都有很大的差别，但是这些工具或机械的本质都是杠杆。

【建模策略】

(1) 出示杆秤、撬棒、瓶起子的视频或图片。要求通过观察、分析和对比，归纳共性，找出这 3 种工具的共同特点。

这 3 种杠杆都较为直观，学生比较容易发现它们都绕着一个固定点转动。瓶起子的加入，让学生在讨论过程中对杠杆的形状从“直棒”放宽到了“棒”。此时学生通过抽象简化得出杠杆的初步模型为：在力的作用下绕固定点转动的棒。

(2) 利用提供的物品模拟撬棒工作。物品：软塑料尺、粗绳、螺丝刀、组装好的骑马钉和木块。

学生都选择了螺丝刀进行模拟。并在模拟后修正杠杆模型为：在力的作用下绕固定点转动的硬棒。一字之差，学生体验了模型的修正过程，明白了模型是随着新的发现不断发展的。观察并形成问题，不断质疑问题本身，养成追问论证的习惯，逐步形成正确的探究思路。

(3) 用力的示意图表示出促使杠杆转动的力。

(4) 用力的示意图表示出阻止杠杆转动的力。

通过作图，明确动力和阻力，同时知道通过支点的力无法使杠杆转动。

(5) 识别杠杆 1：用剪刀剪纸片、用镊子夹取砝码，找一找这两个工具中有杠杆吗？

这两种工具都为组合式杠杆，需要学生对照已建立的模型来识别。对照后可以发现它们都是由两根对称的杠杆组合起来的。

(6) 识别杠杆 2：体验脚踩式垃圾桶，观察垃圾桶结构示意图，找出杠杆。

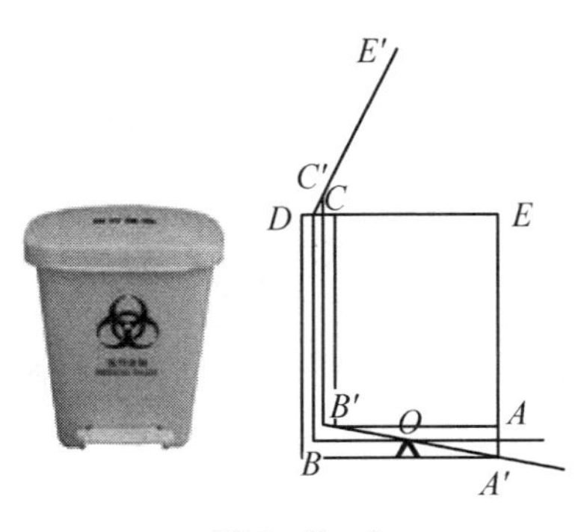

图 6-2-4

如图，垃圾桶中有 AB、BC 两根“棒”，其中 AB 是杠杆学生很容易确定，BC 不能绕固定点转动所以不是杠杆，稍加分析学生也能很快确定。DE 是垃圾桶盖，此时却要抽象成“棒”，对学生来说是一种思维定式的突破。

(7) 识别杠杆 3：一位同学演示做俯卧撑。

把人的身体、胳膊等抽象成杠杆，巩固之前思维定式突破的成果。

通过建立杠杆模型，将杠杆的本质从研究对象中抽象出来，抓住这个物体作为杠杆模型的主要要素，忽略其他要素（形状等），在教学过程中，加强对学生抽象思维能力的培养，帮助学生更好的解释物理问题。

例 4：匀速直线运动

忽略研究对象所经历的过程中某些次要特征，突出主要特征而构建的物理模型是物理过程模型[2]。

匀速直线运动是初中物理学习的第一个过程模型，但教学中重视结论，而忽视建模的过程的倾向还是存在。

生活中，物体的运动往往都是很复杂的，物理学中，为了研究物体运动的规律，可以利用所学的数学知识，将物体的运动情况用数学方法模型化，可以更加直观地反映物体运动的本质规律。而对于物体运动过程的建模也是对物理过程进行“抓主略次”的思维加工过程，借此培养学生由形象到抽象再到形象、建构清晰的时空观、化繁为简解决复杂问题的能力。

【建模策略】

（1）学生活动：请学生分组分时测量同一玩具电动车直线运动时每经过相同时间间隔（t）经过的路程，以描点方式在印有刻度尺的纸上记录现象。

完成这个活动，需要学生具备一定的数学知识，在活动中，学生经历“拍摄记录小火车的运动”——“运用软件等时分隔小火车的运动轨迹，并以此为依据进行贴纸”——“学生展示交流，得出小火车运动的特点”——“教师演示，将学生贴纸结果转变为数轴表示路程”——“思考活动现象，认识到“相等时间”是任意的，完成对定义方法的理解”的完整过程。在这个活动中，学生第一次将物理信息标注在数轴上，尝试在数轴上用数据点来表示贴纸的位置，而数轴上点与点之间的距离即表示在一段时间内，玩具电动车通过的路程。通过在数轴上建立过程模型，学生自主搜集证据，分析问题和得出规律的过程，呈现了问题解决的思维方法，进一步认识了直线运动中的路程和时间，为后续的路程-时间图象学习积累经验。

（2）在记录的现象中提取相关数据记录在表格中

表 6-2-1 玩具电动车沿着直线运动时位置和时刻的关系（大间隔）

时刻/s	0	10	20	30	40	50	…
位置/cm	0	10	20	30	40	50	…

分析数据后发现，玩具电动车每经过相同时间间隔(t)经过的路程相等。

(3) 初步构建匀速直线运动的模型：物体沿直线运动，在相等的时间内通过的路程相等的运动。

至此，这个模型的描述和上教版八年级第一学期的物理教科书描述一致。但，穷其实质，学生还没有构建"任意相等时间"。

(4) 运用已有模型完成表 6－2－2

表 6－2－2　玩具电动车沿着直线运动时位置和时刻的关系(小间隔)

时刻/s	0	5	10	15	20	25	30	35	40	45	50
位置/cm	0		10		20		30		40		50

让学生感悟、模仿、内化，这就是一种渗透式的过程建模体验教育。

3. 模型应用中的再创造

当遇到新的问题情景如果只会搜索已有的储存，而不善于思考怎么建立一个新的模型，这样的学习经历对于素养的养成是无益的。所以，在初中物理教学中我们还应教会学生在应用模型时学会构建新模型来解决新问题。通常，我们可以借助类比的方法在新旧问题间找出相似的地方，再通过比较分析对相似概念进行比较，揭示它们之间的差异和共性，从而升华思维，既模仿又有创新，提高学生分析问题、解决问题的能力。

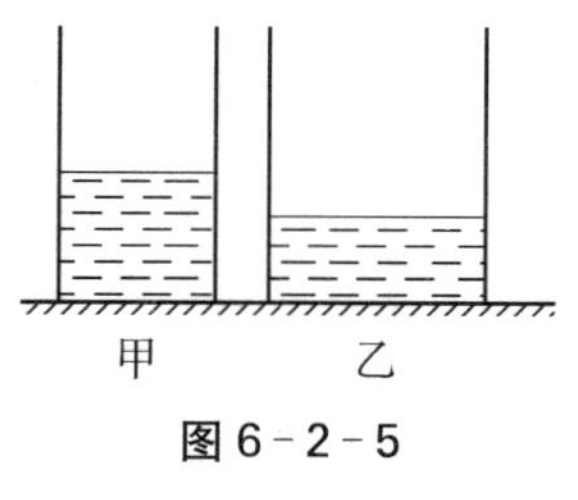

图 6－2－5

例 5：液柱和柱状固体

【问题情景】如图 6－2－5 所示，水平地面上的轻质圆柱形容器甲、乙分别盛有水和酒精。若要使水和酒精对容器底部压强相等，有哪些可行的方法？利用学生的差异思维讨论得出几种可行的方法：①在甲容器中抽去部分水；②在乙容器中加入部分酒精；③在乙容器中浸没一个金属块……

【应用模型】在学生给出可行的方案后，再要求学生给出支撑方案的依据。通过计算，学生很轻松地发现，对于方法①和②既可以用 $p=\dfrac{F}{S}$ 又可以用 $p=\rho gh$ 来解释。究其原因，柱状液体对容器底部的压强其产生的原因就是因为液柱受到重力作用，这和固体对水平支撑面产生压强的原因一致，因此可借鉴柱状固体的物理模型来解决问题。

【分析模型】让学生尝试用已有模型解决问题。此时对于方法③，学生也给出了 $p=\frac{F}{S}$ 和 $p=\rho gh$ 来解释。但是进一步的计算表明，若使用 $p=\frac{F}{S}$，F 不等于酒精的重力，也不等于酒精和金属块的总重力。通过分析，一部分学生认为此时“液柱”的形状发生改变，一部分学生认为“液柱”的密度不均匀了。殊途同归，都评价柱状固体的物理模型不再适用于此情景。

学生体验了从实际情景中抽象出物理问题，构建物理模型，寻求结果解决问题的过程。体验了使用物理语言描述实际现象的过程，尝试了应用物理语言和方法，通过抽象简化，建立能揭示刻画并解决实际问题的一种强有力的物理手段。让学生掌握建模的思想方法来分析、判断、解释一些物理问题，是指向人的发展，指向人适应社会生活和进一步发展的必需，无疑是授人以“渔”，是教给了学生的终身学习提供一种解决问题的“工具”。

例 6：从磁场模型到重力场的表达

类比法，许多物理现象彼此之间存在着许多相似或相同的物理属性，于是，人们推测某些现象之间存在着另外的物理属性，进而可以建立起相应的模型，这种构建的方法就是类比法。物理现象的相似性是类比法构建物理模型的基础，也是关键物理现象之间或多或少的相似性，也为利用类比法构建物理模型提供了基础和条件。

【问题情景】(2018 年上海中考题第 16 题)

小明同学根据“小磁针在通电螺线管周围会受到磁力的作用，说明电流周围存在磁场”，从而猜想在地球周围也可能存在某种“重力场”。

① 小明猜想的依据是__________。

② 同一物体在月球上受到的重力大约是地球的六分之一，推测月球上的“重力场”比地球的要_______________(填“强”或“弱”)。

③ 根据通电螺线管的磁场分布，小明推测重力场最可能是下列哪个图？

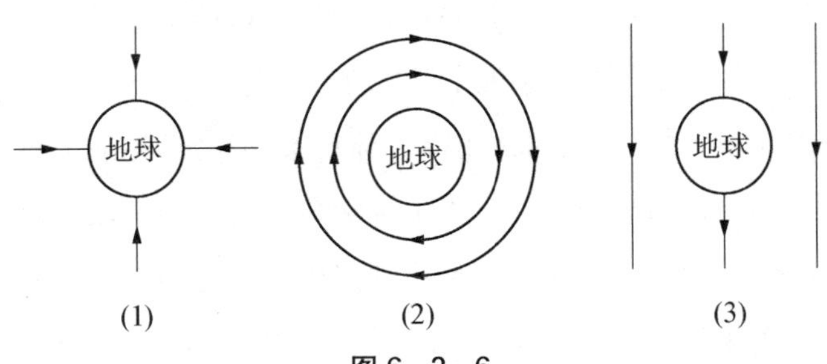

图 6-2-6

【应用模型】首先识别原有模型为通电螺线管磁场模型，该模型表征了通电螺线管磁场的形状与强弱。模型的建构过程是通过研究在通电螺线管周围的小磁针所受磁场力的大小与方向归纳总结出来的。需要新建的模型是否有与原有模型类似的地方呢？相似点在于在地球周围的物体受到地球重力作用。

找到相似性，就找到了利用类比法构建物理模型的基础和条件。

【构建模型】

如何表达：场的方向——用带箭头的线段；强弱——线段的密集程度。

两者的区别：①方向：磁场力的方向为从 N 极指向 S 极，重力方向竖直向下(指向地球球心)②强弱：在月球上受到的重力是地球上的六分之一。

构建初步模型如图(1)。

【检验模型】越靠近地球，重力场越大——“重力线”越密集。

五、课题研究的思考

1. 学习物理是一个提出问题、构建模型、修正完善模型，最后在问题中应用模型的过程。通过对物理模型的构建、分析、应用，处理和解决物理问题，较好地发展了学生良好的科学思维习惯和严谨科学的学习态度，从而提高了学生解决问题的能力，有助于形成学生终身发展的必备品格。

2. 教师有意识地采用建模方法教学，使教师进一步认识和关注了建模的教学过程，并对建模的方法和策略有了更多的研究，提炼了一些行之有效的教学策略。

3. 促进学生对模型的理解是模型教学的核心，主要表现为对模型的判断与修正，这就要求对模型进行深度分析。初中学生受到知识结构和思维发展规律的限制，有时候只停留在内容性知识层面。当以有的物理模型无法解决问题时，学生在质疑、批判的基础上，主动合理地构建新模型的能力还比较弱。这就要求老师更好地进行方法指导，引导初中学生在情境中质疑批判模型。

结束语

初中物理教学不仅要教给学生物理概念和规律，培养学生独立解决实际问题的能力，更重要的是在学习中体会和掌握主要的物理思想方法，为学生的终身发展奠定基础。搭建物理模型可以将物理知识变得十分具象，帮助学生加深对于物理知识的理解，避免学生畏惧物理知识的心理。让学生学会探究和创新在注重培养核心素养的今天越发显得重要，而这一切又离不开物理建模能力的培养。帮助学生树立建模意识，学会构建物理模型，运用物理模型解决实际问题，是中学物理教学的重要任务。

参考文献：

[1] 中华人民共和国教育部. 普通高中物理课程标准(2017年版)[M]. 北京：人民教育出版社，2018，33(01).

[2] 曹宝龙. 物理模型的建构与教学建议[J]. 物理教学探讨，2016(05).

[3] 苏明义. 中学物理教学建模[M]. 广西教育出版社，2003(5).

[4] 李良. 初中物理模型法教学初探[J]. 中学课程辅导(教师教育)，2018(6).

三、初中电学复习课中培养学生高阶思维能力的实践研究

子课题研究报告三

初中电学复习课中培养学生高阶思维能力的实践研究

五四中学　胡圣浩

和田中学　戴蓉婷

一、课题的背景

随着课程教学改革的不断深入，2021年上海市中考改革方案将全面启动。就物理学科而言，《2021年上海市初中物理终结性评价指南》明确提出了物理学科的能力目标由物理基础知识、物理基本技能和物理综合能力三部分组成。其中对学生物理综合能力的具体要求是：(1)能运用物理概念和规律解决问题。(2)能针对给定的任务，设计和评价探究方案，并得出初步的结论。(3)能从指定的材料中获取信息，并对所获得的信息进行处理和交流。

二、课题的提出

【例1】在图1所示的电路中，电源电压保持不变，电阻R_1、R_2的阻值相等。电键S闭合后，电流表的示数为I_0，电压表的示数为U_0，电路正常工作。一段时间后，观察到一个电表的示数变小，另一个电表的示数变大。若电阻R_1、R_2中仅有一个出现故障，请根据相关信息写出两电表的示数及相对应的故障。

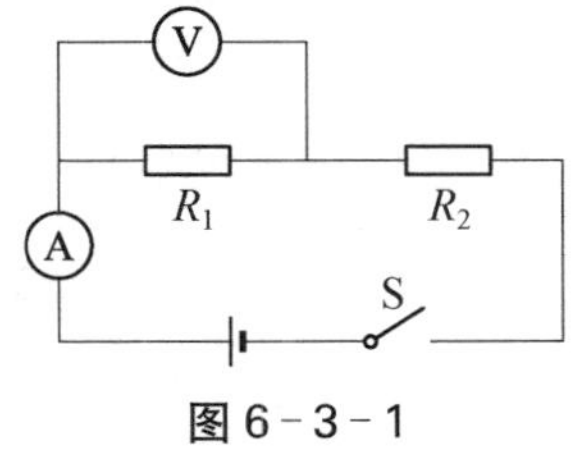

图6-3-1

【例2】小华同学做“用电流表、电压表测电阻”实验，现有电源(电压为2V的整数倍且保持不变)、待测电阻R_x、电流表、电压表(只有0～3V档完好)、滑动变阻器(标有“20Ω 2A”字样)、电键以及导线若干。实验中小华正确连接电路，且使变阻器接入电

路中的电阻最大，闭合电键时电表示数如图 6-3-2(a)、(b)所示。

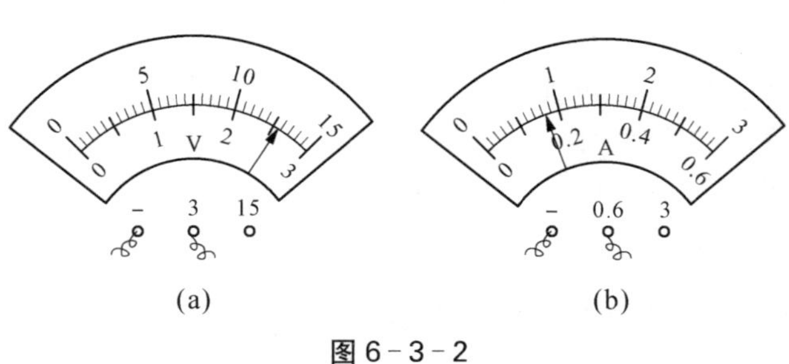

(a) (b)

图 6-3-2

小华的实验记录：

表 6-3-1

实验序号	电压表示数(V)	电流表示数(A)
1	1.4	0.30
2	…	…
3	…	…

① 通过计算说明实验所用电源的电压。

② 小华移动变阻器的滑片，观察到电表示数变化范围较小。然后他调整了电表的接入位置重新实验：

(a) 根据图 6-3-2 中电表的示数等信息判断，在闭合电键时能否使变阻器接入电路中的电阻最大，并简述理由。

(b) 根据小华重新实验中所记录的一组数据(见表 6-3-1)，计算待测电阻 R_x 的阻值(精确到 0.1 Ω)。

以上两例题均考查了学生对电学知识的综合运用能力。本校学生在解决此类电学综合问题方面是存在较大问题的。对此，笔者首先想到的是物理基础知识与物理基本技能的掌握还不够牢固。为了验证这一点，笔者就上述两题所涉及到的电学基础知识设计了相关的测试题：

表 6-3-2

序号	电路故障基础知识测试题
1	该电路属于串联电路还是并联电路?
2	电压表Ⓥ测量的对象是哪一个用电器?
3	若电流表示数变小，对应的故障可能是什么?
4	若电流表示数变大，对应的故障可能是什么?
5	若电压表示数变小，对应的故障可能是什么?
6	若电压表示数变大，对应的故障可能是什么?

表 6-3-3

序号	“用电流表、电压表测电阻”实验基础知识测试题
1	请画出该实验的实验电路图。
2	请写出该实验正确的实验步骤。
3	若实验步骤正确，闭合开关时电流表与电压表有什么特点?
4	已知滑动变阻器规格，根据闭合开关时电流表与电压表的示数求电源电压。
5	已知电源电压，根据闭合开关时电流表与电压表的示数求滑动变阻器的最大阻值。
6	根据电压表与电流表的示数求待测电阻值。

上述测试题有一部分涉及电学基本概念与定律和实验的基本操作技能，另有部分涉及简单的应用和电路动态判断。以下是汇总后的各班基础知识测试题得分情况：

表 6-3-4　电路故障基础知识测试题得分情况

班级	1 班	2 班	3 班	4 班
人数	17	19	19	18
得分率 1	1	0.95	1	0.94
得分率 2	0.94	0.95	1	1
得分率 3	0.76	0.74	0.89	0.77
得分率 4	0.76	0.74	0.74	0.77
得分率 5	0.76	0.68	0.74	0.72
得分率 6	0.76	0.68	0.74	0.72

表 6-3-5　“用电流表、电压表测电阻”实验基础知识测试题得分情况

班级	1 班	2 班	3 班	4 班
人数	17	19	19	18
得分率 1	0.88	0.89	0.95	0.89
得分率 2	0.82	0.89	0.84	0.83
得分率 3	0.94	0.89	0.89	0.94
得分率 4	0.76	0.74	0.74	0.72
得分率 5	0.76	0.68	0.68	0.77
得分率 6	1	0.95	0.95	1

出人意料的是，从表 1、表 2 的得分情况来看，学生对于这些电学基础知识与基本实验技能的掌握程度是比较好的。但对于需要学生灵活运用这些基础知识与基本技能来解决复杂问题时，则存在着不尽人意的结果，这究竟是什么原因造成的呢？

学生在面对复杂问题时需要不同的思维能力：运用物理概念和规律解决问题的分析、评价能力；能针对给定任务的探究方案设计能力；在初步得出结论基础上的判断能力；以及能从指定的材料中获取信息，并对所获得的信息进行筛选、处理和交流的能力等。尽管在面对复杂问题或陌生情境时的求解方法和过程有所不同，但学生问题解决时的差异，其核心仍是思维水平、特别是高阶思维能力的水平差异而产生的结果。

正是这样的判断，才促成了本课题的立项和研究。

三、课题研究的目标

本课题的研究目标：初中电学实验教学中，培养学生高阶思维能力的实践研究。

四、课题研究的内容

1. 解析中考试题的特点，明确“高阶思维”培养的要求。

2. 初中电学实验复习课中培养学生高阶思维能力的具体举措。

五、课题研究的实践

（一）高阶思维的基本内容

高阶思维来源于布卢姆最早提出的学生在学习过程中需要掌握的一系列行为表现，其中处于较高层次的分析、综合与评价被称为高阶思维。目前普遍被接受的高阶思维的定义是指发生在较高认知水平层次上的心智活动或较高层次的认知能力。高阶思维能力是创新能力、问题解决能力、决策能力和批判思维能力的核心。发展学生的高阶思维能力，就是要培养学生搜集和处理信息的能力、获取新知识的能力、分析和解决问题的能力以及交流与合作的能力。

高阶思维能力是可以通过教学活动来培养与改善的。华东师范大学钟启泉教授提出，发展高阶思维，要以高阶学习活动予以支持。要以学习者为中心；要开展问题求解的学习活动；要形成知识共享、互动合作的学习模式。杨九诠教授在谈及高阶思维的培养时指出：高阶思维并非是从低阶思维一步一步发展过来的。高阶思维也不是由单向训练总加而成的。若干个孤立的、终结性的“100 分”无法累积为高阶思维。高阶思维孕育于复杂情景，具有显著的整体性、发展性特征。

（二）解析中考试题的特点，明确"高阶思维"的培养方向

如今的中考，有越来越多的试题与学习情境相结合，重视对学生物理综合能力的考查。其实在《评价指南》推出之前改变就已经悄然发生，笔者分析了近三年来上海市中考关于"电路故障分析"和"电学实验"的试题，现将试题/电路图、情境和考查目标展示如表 6-3-6：

表 6-3-6

年度	2018	2019	2020
电学实验试题	现有器材：电源（电压有 2、4、6、8、10 和 12 V 六档）、电流表、电压表和电键各两个，滑动变阻器（标有"20 Ω　2 A"字样）、待测小灯泡（标有"2.2 V"字样）和待测电阻 R_x 各一个，以及导线若干。小华要做"用电流表、电压表测电阻"实验，小红同时要做"测定小灯泡的电功率"实验，但由于变阻器只有一个，两位同学讨论后，设计实验方案并分配器材，然后使用各自分得的器材进行实验。实验中，小华发现电路中电流表的最小示数为 0.2 A；小红观察到当小灯泡正常发光时电流表的示数为 0.3 A。	小华做"用电流表、电压表测电阻"实验，现有电源（电压为 3 V 保持不变）、电流表、电压表、电键和待测电阻 R_X 各一个，三个滑动变阻器（分别标有"5 Ω　2 A""10 Ω　2 A""50 Ω　1 A"字样），以及导线若干。小华选择其中一个滑动变阻器，正确连接电路，进行实验。实验中，当滑动变阻器滑片 P 在中间区域某位置时，电压表和电流表的指针位置如图所示，小华记录第一组数据；然后移动滑动变阻器滑片 P，在电压表指针自图位置转过两小格时记录第二组数据，此时电流表、电压表指针偏转角度相同；接着继续操作完成实验。	小华做"用电流表、电压表测电阻"实验，现有电源（电压为 1.5 V 的整数倍保持不变）、待测电阻、电流表、电压表、滑动变阻器、开关各一个，以及导线若干。他正确串联电路后，将电压表并联在电路中。闭合开关，移动滑动变阻器滑片，将测得的两组数据记录在表一中。小华观察数据思考后重新连接了电压表，将新测得的两组数据记录在表二中。小华通过数据处理求出了待测电阻的阻值，完成实验。
情境	两位同学同时进行实验，但关键器材分配上出现问题，需要合理调配资源，设计方案完成实验。	实验中关键器材的规格未知，需要通过收集、分析文本信息，推理还原实验过程。	实验电路以及关键实验器材规格不明，需要通过对比、分析实验数据推测实验操作与意图。
考查目标	知识内容： 用电流表、电压表测电阻实验；测定小灯泡的电功率实验。 能力目标： 能从指定的材料中获取信息，并对所获得的信息进行处理和交流；能根据实验目的和要求，选择器材、确定操作步骤和处理实验数据。		

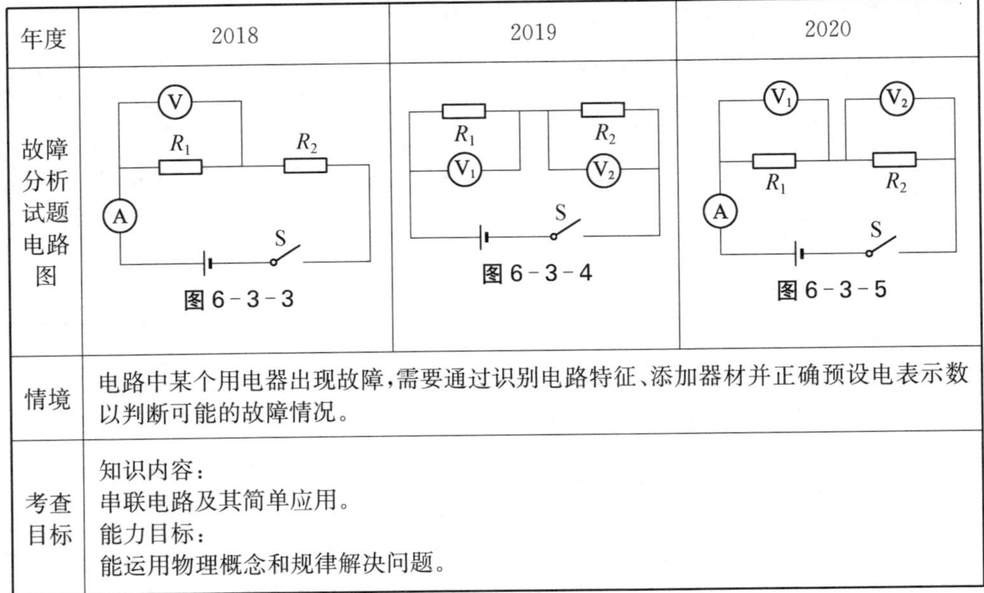

年度	2018	2019	2020
故障分析试题电路图	图 6-3-3	图 6-3-4	图 6-3-5
情境	电路中某个用电器出现故障，需要通过识别电路特征、添加器材并正确预设电表示数以判断可能的故障情况。		
考查目标	知识内容： 串联电路及其简单应用。 能力目标： 能运用物理概念和规律解决问题。		

上述试题在中考中都占有一定的“份量”，它们有如下几个共同特点：1. 知识目标都考查了学生对串并联电路的分析和计算；2. 情境设置都基于真实的电路问题或实验过程；3. 能力方面都对学生分析、综合与评价等高阶思维的运用提出了一定的要求。同时，两题在情境设置与能力考查方面又有所不同：“电路故障分析”的试题情境虽较为单一，但在不同的电路连接方式下，若配以电表或其他电路元件的使用，一样能够产生复杂的变化。该题偏重于考查学生的决策能力和解决实际问题的能力；“用电流表、电压表测电阻实验”的试题情境设置较为灵活，这是基于学生在实验时会真实遇到的诸如器材选择、电路设计、实验操作、结果处理等等一系列的问题。该题偏重于考查学生获取、处理信息和并以此为基础进行设计与评价的能力。反观自己的教学行为，由于传统评价体系的影响，在复习课的教与学中“以教为中心”的传统教学模式仍然占据主导。教师对于复习课的设计与实施往往偏重于知识的巩固与梳理，常见通过反复训练与讲解让学生形成技能，掌握解题策略。而这样的教学模式必然会忽视对于学生高阶思维能力的培养，更不用奢望这样的课堂能够满足差异化的能力培养目标了。因此，面向中考的复习课设计就显得尤为重要。

（三）在复习课中培养学生高阶思维能力

复习课除了对知识与技能的归纳与巩固之外，更应该确立对于学生能力培养的教学目标，在此基础上要创设合理的教学情境，进而在创设的情境之下选择若干学习任务并按照一定的层次设计成任务链。同时教师还应结合具体学情选择适合自己学生的学习模式。当然，一堂课采取怎样的评价方式也直接关系到学生辩证性思维和批判性思维的养成。以此为设计基本思路，笔者针对“电路故障分析”和“用电流表电压表测电阻”分别设计并实施了专题复习课，现借由对这两节课的教学展开分析，探索如何在复习课教学中培养学生的高阶思维。

1. 电路故障分析复习中高阶思维能力培养的举措。

(1) 着眼能力提升，确定教学目标。

电路故障分析一直是中考等大型考试的必考内容，考查学生运用电学知识解决实际电路问题的综合能力。学生平时这种题型没少练，但测验时正确率仍不高，而之前的小测验表明大部分学生电学基础知识与基本实验技能的掌握程度是比较好的，那就意味着很多学生在面对复杂问题或陌生情境时的信息处理、分析思辨、解决问题等涉及高阶思维的能力较为薄弱。复习课不应该是简单的重复知识，而应该让学生在能力上有所提升，基于此，本节课确定了如下提升高阶思维能力的教学目标：

1) 根据具体情境，分析判断故障类型，培养辩证性和批判性思维；

2) 通过选择恰当器材，确定具体故障，培养发散性和创造性思维；

3) 经由小组合作，设计出符合要求的电路，培养合作精神和学习热情。

(2) 聚焦真实问题，创设学习情境。

以往的复习课，大多以知识点的复习和大量的习题练习为主，学生往往会被习题牵着鼻子走，习题的答案总是有一个标准的，答题上也可以套用有固定的套路，这样就导致学生很少有自由思考和提出独立见解的时间和空间，课堂上生成的新东西很少。虽然对于部分学生来说，能起到巩固知识的作用，但几乎起不到培养思维能力的作用。提升高阶思维能力的复习教学很重要的一点就是展示解决问题的真实情境，引导学生围绕具有挑战性的学习任务，通过自主学习、合作学习等各种学习方式，积极参与整个有意义的学习过程，促进新的思维结构的形成，提升高阶思维能力。

本节课突破了“复习课讲习题”的局限，课堂中突出学生的动手实验，让学生在实际的实验操作中寻找问题的规律，“边实验边学习”，总结交流问题的答案。“电路故障分析”的试题自 2015 年起至今，都是填空的倒数第二题，且除了 15 年考的都是串联电路的单故障题，提问形式都为电表示数以及相应的故障，虽然题型较为单一，但实际的电学故障配合不同的电表以及其他用以判断的元件是千变万化的，对学生的分析思辨能力和解决实际问题的能力是非常大的考验，因此不少学生对此类题发怵和有畏难情绪。本节课就意在从实验中创设实际情景，让学生直观观察、分析、归纳，并切身体验、尝试自行解决问题，并成为学生的一种经验，使学生能够做到学以致用，以用促学，达到提高能力的目的。

(3) 设计有挑战性的递进学习任务

在课堂上，设置几种不同梯度故障电路的真实情境作为有挑战性的学习任务，以此来激发学生的深度思考，提高他们解决问题的能力。以下是本节课的具体任务和部分课堂实录：

任务一：给定具体的故障，讨论判断具体故障的方法。

师：现在每组同学的桌上，都已经连接了由两个小灯泡组成的串联电路，其中呢，有一盏小灯是有故障的，现在请同学们找出电路中的故障，你们打算怎么做呢？

组1：那还不简单，直接闭合电键看亮不亮呗。

师：我们的确可以把小灯的亮暗情况作为判断的条件之一，能具体说说吗？

组1：如果一亮一不亮，就是不亮的那个短路。如果两盏灯都不亮，就是其中一盏断路了。

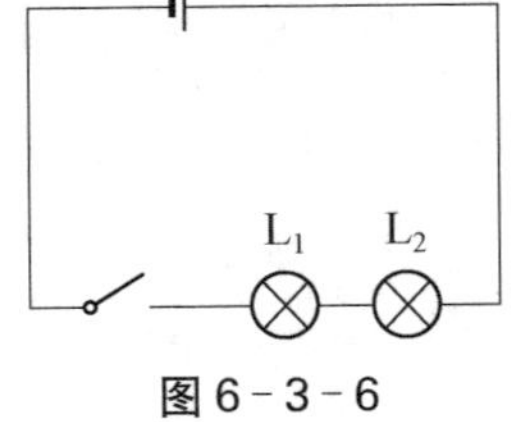

图6-3-6

师：那究竟是哪盏灯发生断路？该怎么判断呢？

组2：电压表分别并联在小灯两端，哪断哪有电压。

师：哪断哪有电压能说的规范一些吗？

组2：哦，就是电压表有示数的那个灯就是断路的那个灯。

师：好的。刚几位同学说的就是最基本的串联小灯故障的判断方法。那么电灯可以通过亮暗来判断断路或者短路，如果换成定值电阻怎么办？

组3：加一个电流表。

师：怎么加？怎么判断？

组3：电路里串联一个电流表，电流表有示数就是短路，示数为0就是断路。

师：那短路的话，怎么确定哪一个电阻短路了？

组3：还是把电压表并联到各电阻两端，示数为0的就是短路的那一个。

师：说的很好，这个方法同样也可以用来判断串联小灯的故障。接下来就请各组同学来判断你们桌上电路的具体故障。

(学生动手操作)

设计意图：作为本节课的起始任务，本任务属于最基本的电路故障判断，思维要求比较低，很多学生用一贯做题的套路或者说口诀就能够完成。但电路图本身就是个实际的情境，通过动手操作可以检验学生想法的准确性，培养了批判性思维，同时也为后续的任务作了铺垫。

任务二：缺少电表的情况下，判断具体故障。

师：刚我们用电流表和电压表顺利地判断出了串联电路中具体的故障，但有的时候呢，我们可能手边会缺少一只电表，或者某只电表损坏了，这时，我们应该如何进行判断故障呢？（此处停顿几秒给学生反应的时间）

师：我们从最简单的两个灯泡开始吧，如果两个灯泡都不亮，而你手边的电压表是损坏的，你该如何利用其他元件进行判断哪个灯泡断路呢？请各小组的同学讨论和实践一下。（学生活动）

组4：老师，我们有结果了。这个问题其实并不难，只要用一个电流表就可以解决。我们把电流表分别并联在两个灯泡的两端，如果并联在 L_1 两端的时候，L_2 亮了，说明断路的是 L_1，反之，则断路的是 L_2。

师：这个方法的确是正确且有效率的，也就是说未必需要电压表，也可以判断哪处断路了，虽然我知道大家对电压表“内断有，外断无”等这些技巧记得很牢，但实际情况就是哪怕只有一个电流表，也能判断断路故障在何处。那么，还有其他方法没？

组5：老师，我觉得如果用电流表，需要用两根导线去并联，还要考虑正负接线柱，挺麻烦的。我们就直接拿一根导线就行了，把一根导线直接并在灯两端，能让另一只小灯亮起来的就是断路的地方啊。

师：咦，这个方法好像更巧妙哦，其他小组同学想想，这样做合理吗？

组6：老师，这个方法我们也想过，的确有合理性，但是有个问题，就是前面说到过的，现在是两个灯泡，我们已知是断路故障了，但如果直接给我两个串电阻，光用导线就完全没法判断了吧？

组5：但老师现在给的就是俩串联小灯嘛，我们的方法不是更简便。

师：好，你们不用争了，你们说的都非常棒。第5组同学用一根导线判断哪里断路的确是合理而且简便的，而第6组同学想到了非小灯泡和非断路故障的情况，应该说想的比较深入和全面了，下一个任务就会给大家更多思考和发挥的空间。

设计意图：本任务属于一个承上启下的环节，在教师的点拨下，引导学生思考在缺少电表的情况下如何判断电路故障。直接将实际的问题抛给学生，以小组为单位展开实验活动，组织他们相互讨论和分享。在这个过程中，积极倾听学生的选择，对所有合理的答案表示尊重和支持，使学生在解决实际问题和与其他小组探讨不同答案的过程中，锻炼了发散性思维和批判性思维，提升了高阶思维的能力。

任务三：各小组挑选一个故障元件（实验室事先准备好若干个或短路或断路的小灯和电阻）组成串联电路，自行设置条件，由其他小组选择合适的元件，来判断出具体的故障。

师：刚第 5 组和第 6 组同学的讨论给我留下了非常深刻的印象，同一个故障我们可能会有 N 种不同的方式，达到殊途同归的效果。接下来就要请每个小组的同学开动脑筋，讨论和商量出一个故障电路，选择一个实验室提供的故障元件，将其组成串联电路，你们可以设置已知条件，并提供可选择的元件，让其他小组的同学利用提供的器材判断出你们所连接的电路的具体故障。注意，你们自己得先想好怎么判断哦。（学生讨论操作）

设计意图：本任务开放性非常强，设置故障的小组和判断故障的小组都需要有非常严密的思维，这些都是真实的情境，有极高的不确定性和复杂性，解决方法可能是多元的和发散性的，需要学生调动所有先前学过的知识进行分析推理论证，最后解决实际问题。这个过程中，不单单是培养学生的解题能力，更是培养他们的辩证思维，发散性思维和创造性思维，以及互动合作能力，极大地锻炼了高阶思维能力和科学素养。由于此环节较为复杂，现选取其中一组较有代表性的课堂实录进行说明。

组 5：这是我们小组凭印象把之前做过的题连接成的电路，已知电键闭合后，电压表 V 的示数始终为电源电压，给的器材有电流表和导线，请大家想想可以怎么选择器材判断出具体的故障？

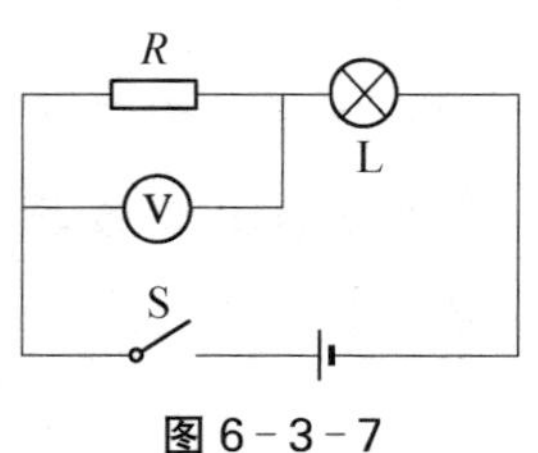

图 6-3-7

组 1：这道题根据已知条件，电压表的示数为电源电压，所以故障要么就是 R 断路，要么就是 L 短路。我们选择把一个电流表串联在电路中。（实验操作）大家可以看到，串联了一个电流表，电流表有示数，因此可以确定是 L 短路。如果电流表没示数的话就是 R 断路了。

组 5：没错，我们也想到了这招。但我们还有更简便的方法。

组 4：可以把电流表并联在 L 两端，电流表没示数就是 R 断路，有示数就是 L 短路。

组 5：好像也可以，感觉和第一组道理差不多。还有别的么?

组 6：用电流表替换 L，有示数为 L 短路，没示数为 R 断路。好像也和前面的差不多。

组 5：是的。还有别的方法没?

师：其实刚刚几组同学使用电流表来判断这个电路的故障，实质是相通的，也就是我们平时说的一题多解，殊途同归，都掌握的非常好，希望大家平时做题也有这种发散性思维的好习惯。那么你们小组还有什么方法吗?

组 5：老师，我们依然有很简单的办法，依然拿一根导线就可以了。

组 2：不对，我记得做过这道选择题，用导线并在 L 两端 V 的示数都不变的，没法判断。

组 5：谁说并在 L 两端了啊? 我并在 R 两端不就可以了吗? 如果灯亮了，说明 R 断路，如果灯没有亮，说明是 L 短路。你们说这样是不是既简便又合理啊?

其他小组思考后表示赞同。

师：好像你们小组特别会找简便效率的方法，值得鼓励。不过按你们的做法，其实是有一个缺陷的。谁能想到?

组 6：老师，我知道了！缺陷就是电源短路！如果 L 短路，再在 R 两端并一根导线，就变成电源短路了，我记得老师说过是不允许的。

师：说的很好，你们小组在分析问题的时候真的特别缜密。但不管怎么说，通过这道题，每个小组都积极开动思维了，并且相信你们通过这节课的实验操作，对电路故障应该有更深的认识了。

评析：这一小组的讨论，充分体现出了思维的发散性和思维的碰撞，完全符合了课堂设计的预期。虽然小部分学生还表现出对于习题标准答案的刻板记忆，但很多学生已经开始放开手脚进行思考，在自主解决实际问题的过程中，思维得到了训练，能力得到了提升。

2. 电学综合实验复习中培养学生的高阶思维。

(1) 基于课程标准，立足学生发展，确立教学目标。

作为上海市初中物理学科教材编制、课堂教学、考试评价的依据,《上海市初中物理学科教学基本要求》中提到:实验“用电流表、电压表测电阻”是初中电学知识的综合应用。要求学生能够设计“用电流表、电压表测电阻”的实验。其具体要求是:①知道实验目的;②知道实验原理及测量的物理量;③能设计实验方案,包括选择器材、画出电路图、设计数据记录表等;④会连接实验电路;⑤能进行多次测量并记录数据;⑥能求出电阻阻值。在纸笔考试中,还需要学生能够从指定的材料中获取信息,并对所获得的信息进行处理以推断题目所描述的实验相关条件。

学生对于本实验一直有着畏难情绪。其实对处于九年级冲刺阶段的学生而言,单一的实验目的、原理等知识要求和连接电路、测量、记录与处理数据等技能要求均已在之前的教学中得以落实。但这些知识与技能均来自于一种正向的学习经历,即学生一直在老师的帮助下处于一种器材完好、步骤正确、操作规范的学习情境之中。故而当学生在面临器材选择、电路更改、操作错误等实际问题时,往往会显得茫然无措。因此,本节复习课从发展学生思维的角度出发,确立了以下三条教学目标:

1) 通过选择合适的实验器材,学会设计符合要求的实验电路,培养创造性思维。

2) 尝试以不同的电路完成实验,体会不同方案对结果的影响,培养批判性思维。

3) 根据文字描述推测具体的实验操作并予以验证,培养举证意识和辩证思维。

(2) 围绕教学目标,基于实际操作,创设教学情境。

要培养学生的高阶思维,需要有复杂多样的教学情境予以支撑。学生在之前学习中经历的正确、规范却单一的实验过程只是能够完成实验的其中一条路径,在复习课上,需要打破思维定势,将学生置于可能存在各种问题与挑战的真实的实验情境中——器材不再单一和完好,实验步骤与操作也不再按部就班地展开,学生要重新经历“器材选择”→“电路设计”→“操作辨析”等过程,并在此过程中认识到本实验更为复杂的一面,从而能够产生出真实的问题,在不断探讨和解决问题的过程中实现思维的提升。这样的学习情境同时也促使学生将对抽象物理模型的分析与针对实际问题的解决联系在一起,感受物理学以实验为基础的学科本质。

(3) 从学生实际出发,层层递进,设计学习任务。

学生在教师的带领下围绕着有挑战性的任务开展的学习活动是落实教学目标的主要途径。以下是本节课的具体任务以及部分课堂实录:

师:刚才我们一起简单回顾了“用电流表、电压表测电阻”实验的原理、实验电路和操作步骤,同学们回答的都非常好。可光说不练假把式,接下来请同学们利用老师提供的器材动手完成实验吧。

任务一:现有4节干电池组成的电源,阻值约10Ω的待测电阻,表盘如图所示的电流表、电压表各一个,规格分别为"5Ω　3A"和"50Ω　1A"的滑动变阻器各一个,开关一个,导线若干。请选择合适的器材,完成"用电流表、电压表测电阻"的实验,要求能够实现多次测量。

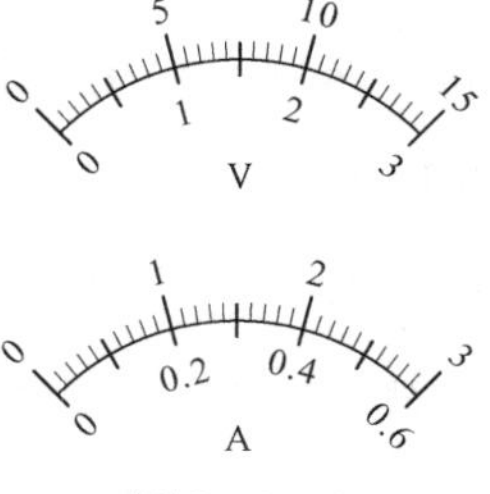

图6-3-8

表一	电压/V	电流/A	电阻/Ω	电阻平均值/Ω
1	4	0.38	10.5	11.6
2	5	0.42	11.9	
3	6	0.48	12.5	

表二	电压/V	电流/A	电阻/Ω	电阻平均值/Ω
1	1.1	0.1	11.0	11.3
2	1.8	0.16	11.3	
3	3	0.26	11.5	

两位同学完成实验后交流自己的实验数据及结果如上表所示。

师:大家认为哪一组的实验结果更精确呢?为什么?

生:第二组更精确,因为第二组电压表使用的是0~3A的小量程,数据更加精确。

师:那我要问一下第二组的同学,你们为什么不用小量程来测量电压呢?

生:我们也想啊!可我们一闭合开关,电压表的示数就已经超过了3V,移动滑片只会让示数更大!

师:那其他小组为什么能够用小量程测量呢?

生:我知道了,一定是他们用了那个"50Ω　1A"的滑动变阻器!用较大的滑动变阻器,在闭合开关时滑动变阻器的阻值最大,能够分到更多的电压,这就使得待测电阻两端的电压能够小于3V了。

设计意图：该任务看似简单，学生很乐意做自己熟悉的事情，以基本的实验操作入手，有助于学生克服畏难情绪。而在滑动变阻器规格上设计的小小“陷阱”引发了学生对“如何减小实验误差”展开思考。学生们通过互相之间的交流发现问题，运用串联电路特点的知识进行分析来解决问题，进一步激发了学生的学习动力。在此过程中也能体会到本实验对减小实验误差的要求不仅仅停留在“应使用小量程”和“多次测量取平均值”的浅层认识，而是要在选择器材时就有对电源电压、滑动变阻器和待测电阻的规格进行综合考虑分析的整体认识。

师：同学们分析的很好，看来这点程度还难不住你们。那若是器材没得选，你又该如何进行实验呢？

任务二：现电源电压可变，滑动变阻器仅有“10Ω　2A”一种规格可供使用，其余器材不变，请设计可行的方案以完成实验。

生：既然电源电压可变，那我们把电源电压降低一点就可以了嘛！

该学生的想法得到了普遍认同，于是教师让学生按照该方案进行实验。一位同学完成实验后上台交流了自己的实验数据如表三所示。同学们对比了数据后，开始有些议论。

表三	电压/V	电流/A	电阻/Ω	电阻平均值/Ω
1	2.1	0.2	10.5	11.2
2	2.6	0.24	10.8	
3	2.7	0.24	11.3	

生：你这电压不一样，电流咋还一样呢？做错了吧！

生：我也觉得有点奇怪，但我的读数没问题！电流表指针就在0.24 A左右。

生：那你滑动变阻器不能多移一点啊！两个示数就差那么一点点能准吗？

师：同学们对数据提出了异议，但我们的操作与读数也没错！那问题会出在哪里呢？

生：我感觉……额……该不会是电流变化范围太小了吧！

生：我也这样觉得，滑片从这头移到那一头电流表只变了一点点，读数的时候特别麻烦！

师：看来降低电源电压对实验精度也会有影响啊，那大家有没有其他既可以不用降低电源电压又能够保证实验准确的办法呢？

生：我觉得可以把电压表接到滑动变阻器两端去，通过计算得到待测电阻两端的电压。

生：那还不是一样？

生：哪里一样了？电源电压可以用大一点了呀！

师：怎么计算待测电阻两端的电压？

生：用电源电压减去滑动变阻器两端的电压就得到了待测电阻两端的电压。

师：那我们如何得到电源电压？

生：数电池呗，一节干电池1.5 V，电源电压一算就知道了。

生：我觉得不行，电池还有新旧之分，必须测量过才能确定电源电压。

师：我同意，必须对电源电压进行测量，所以还需要添加一个电压表。至于实验结果是否一样，大家动手试试不就好了？

改换方案后，同学们很快完成了实验，随即再次交流了数据，某组同学的数据如表四所示。这一次电流表与电压表的变化范围都有所增加，读数的准确程度得到提升。

表四	电源电压/V	变阻器电压/V	电阻电压/V	电流/A	电阻/Ω	电阻平均值/Ω
1	6	1.9	4.1	0.36	11.4	11.2
2	6	1.1	4.9	0.44	11.1	
3	6	0	6	0.54	11.1	

设计意图：如果说任务一是给学生的一次“热身”，解决了问题的学生们跃跃欲试地准备迎接再次的挑战。没想到是一个更加“简单”的任务——降低电源电压不就完了嘛！殊不知这次老师的陷阱比上次的更加隐蔽，当学生在实验时就应该感觉有些不妥，待到数据交流时才发现自己“上套”了，明明自己的理论完全正确，实践起来却问题多多。这样的挫折在学生的学习经历中几乎从未遇到过。而问题本身并不复杂，学生在调整思路之后很快就找到了解决之道，虽然这一方案看似没有变化——测量滑动变阻器两端的电压再通过计算得到待测电阻两端的电压——这不是多此一举吗？但在实践之后，学生能够体会到该方案的实质是得以提高电源电压，增大待测电阻两端电压的变化范围，提高读数的准确程度。经历了这一番理论与实际，思维与行动的激

烈碰撞后，学生的创造性思维、辩证性思维和批判性思维都得到了不同程度的提升。

这里需要对实验中的一个问题进行说明：对于初中学生来说，电源的内阻是不做考虑的。但在实际实验中，电源的内阻可能会对实验结果产生影响，因此严格来说改换电压表位置的方案也是一种理想化的想法。为了减少电源内阻对实验的影响，课例中使用的是崭新的干电池，尽力让实验结果不受影响。

师：同学们的表现都非常好，自己动手、动脑解决了问题。接下来我们来看看这位同学的实验过程，看看你能否还原他的实验过程。

任务三：某同学做“用电流表、电压表测电阻”的实验，实验器材齐全且完好，他连接完电路后，闭合开关，移动变阻器滑片，将测得的两组数据记录在表一中。他观察数据思考后重新连接了电压表，将新测得的两组数据记录在表二中。①请画出该同学前后两次实验的电路图；②请判断该同学所用电源的电压。

表一	电压表示数/V	电流表示数/A
1	2.6	0.18
2	2.3	0.20

表二	电压表示数/V	电流表示数/A
3	2.2	0.20
4	2.6	0.24

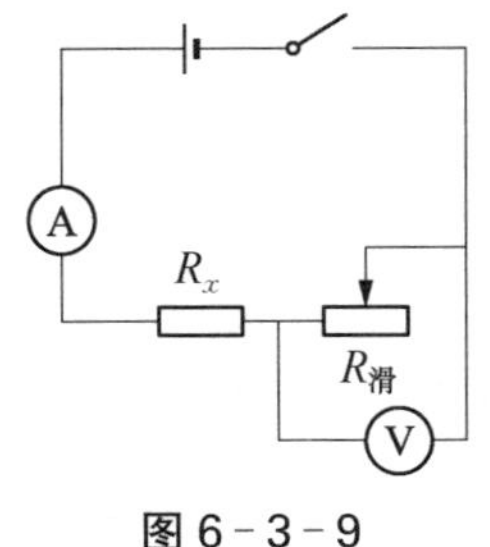

图 6-3-9

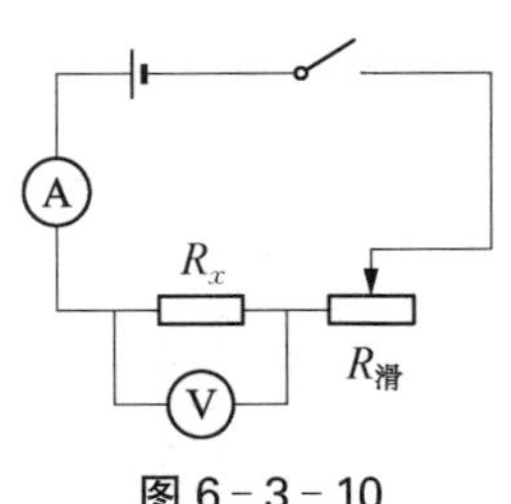

图 6-3-10

生：我认为第一次实验，电压表接在了滑动变阻器两端，第二次实验电压表接在了待测电阻两端。(电路如图 6-3-9、6-3-10 所示)

师：你判断的依据是什么呢？

生：第一次实验电压表变小的同时电流表却在变大，与我们刚才把电压表接在滑动变阻器两端进行实验的现象相同，第二次实验电流表与电压表一起变大，所以我判断第二次实验电压表测得是待测电阻两端的电压。

师：你说的很好，看来大家对本实验可能出现的各种现象已经比较熟悉了。那么从这些数据中你能看出他用的电源电压是多少吗?

生：电源电压应该是4.5V，你看第2组数据和第3组数据电流表的示数是一样的，说明这两组数据滑动变阻器的阻值是一样的，两电压表分别测的是滑动变阻器和待测电阻两端的电压，他们之和就是电源电压。

设计意图：通过实验观察与分析现象与根据数据和现象反推实验过程是互逆的一对思维过程。逆向思维是建立在正向思维的基础之上的，但逆向思维也是需要培养与训练的。在学生自己完成实验后，要求他们对他人的实验报告进行逆向分析，推测实验过程，发现实验中存在的问题是本节课学生思维的延续，也符合中考对学生思维能力的要求。

六、课题研究的成果

1. 提升学生分析综合性问题的积极性

上述课例的共同点都是从电学实验中出现的实际问题出发，设计层层递进的任务链，学生通过小组合作，交流讨论，师生互动逐步解决问题。在课堂中，真实的问题和实际的操作对学生更有吸引力，更能激发学生的学习主动性，使其积极投入到问题的研究中。学生在解决一个个的实际问题的过程中，相互讨论，分析思辨，训练思维，提升能力，起到良好的复习效果。

2. 提高教师复习课教学设计组织能力

培养学生高阶思维的复习课，对教师提出了更高的要求。教师须创设真实的实验或生活情境，代替理想化的习题情境，因此，必须将实验器材再次带进课堂，设计有层次的任务链，引导学生主动合作交流，一步一步解决实际问题。在课堂上通过设置任务和有效的提问，引导学生进行有深度的思维活动，通过实验增加学生的积极体验，提升综合运用知识的能力和培养发散性思维，把复习课的课堂上得更生动，让学生学会思辨和创造。

3. 总结复习课培养学生高阶思维的策略

培养学生高阶思维的复习教学，不能仅仅通过讲题来实现，而是需要通过解决实际问题的过程来锻炼学生思维。首先，教师要在设置有挑战性的真实情境和有梯度的任务链，把问题融入实际电学实验情境中；其次，教师在教学过程要积极倾听学生多元化的见解，善于观察和发现学生在探究过程中发掘出的值得交流讨论的问题，并及时抛给学生，组织学生讨论交流，引导学生围绕这些问题开展合作的思考或实验活动，解决问题；最后再引导学生进行交流分享，质疑和思辨，提升思维能力。

七、课题研究的思考

1. 关注学习“主动性”和“互动性”，改变教学模式

在传统的复习课中，由于要在有限的时间内保证训练量和所谓的“思维容量”，教师往往习惯于以自己的“教”为中心，致力于帮助学生整理知识结构，为学生归纳好解题方法以便进行训练巩固。事实已经证明，这样的复习课，对于高阶思维的培养用处不大，至少是低效的。高阶思维的培养，一定需要“以学为中心”的学习模式予以支撑。本节课上教师除了提出任务之外，更多的是处于一种启发者和讨论参与者的地位。学习的动机源于学生自觉能够解决问题的自信和解决问题后进一步动手探索的愿望。而发现问题后通过生生之间、师生之间平等顺畅的交流、讨论，自由的学习环境给了学生表达自己见解的机会，这有助于思维的外化。组内互助、组间质疑，这些能够导致认知发生变化的构建活动是高阶思维培养的重要途径。

2. 尊重思维差异，着眼学生发展，改善评价方式

作为复习课，虽必须指向中考，但在对学生的表现进行评价时不能眼中只有对与错，毕竟中考也明确提出了对思维能力的考察要求。学习过程中的评价是培养学生高阶思维的重要环节。笔者在本节课上鼓励学生自评、互评，培养学生的批判性思维。在设计与实验操作上允许学生有不同的想法，包容不同的思维过程，不同方案虽对结果会有影响但没有对错之分，引导学生仅就影响本身进行分析评价，培养创造性思维和辩证性思维。每一次评价都是思维的碰撞，有助于学生高阶思维能力的提升。

目前对于高阶思维的研究可谓百花齐放，笔者有幸接触到这一前沿概念，通过自己的教学实践，以上述课例研究了如何在复习课中培养学生的高阶思维。在此过程中越来越觉得高阶思维的培养不仅对学生当下的学习至关重要，更将是学生未来发展的宝贵财富。

参考文献：

[1] 2021年上海市初中物理终结性评价指南. 上海教育考试院颁布. 2021年
[2] 上海市初中物理学科教学基本要求. 上海市教委教研室[M]. 华师大出版社 2020
[3] 高中生高阶思维能力培养的实践研究. 林勤. 华师大出版[M]2019年6月
[4] 学科核心素养与高阶思维. 杨九诠[N]中国教育报北京 2016.12

四、高中物理习题课教学中培养学生的高阶思维能力的探究

子课题研究报告四

高中物理习题课教学中培养学生的高阶思维能力的探究

陈浩 王奕磊

一、课题的背景与提出

2017版普通高中物理学科课程标准中，提出了物理学科的核心素养。主要包括：物理观念、科学思维、实验探究、科学态度与责任。其中的科学思维又包括了模型建构、科学推理、科学论证和质疑创新四方面内容。这对于高中物理教学和学生培养，都具有着更强的针对性和指导意义。

思维，特别是高阶思维的能力，既影响着学生学科学习的水平，也是学生将来人生发展中认知学习和问题解决中的关键因素。以习题课教学作为载体，在习题课教学中开展高阶思维能力培养的研究，应该是物理教学中予以重视的教学目标之一。

目前我们物理课堂教学重点还是在记忆、理解和应用的低阶思维模式下进行着，我们的教学很多时间都在反复做练习，老师的要求是会做和做对就可以了。尽管这种方式会让学生考出好成绩，但对培养学生的高阶思维能力没有什么帮助。让学生养成的是低阶的思维习惯。具体表现在上课过程中，学生对于知识的来龙去脉兴趣不高，教师花了时间去引入情景，展现发现规律的过程，学生只是知道了大概，对其中的关键问题思考不深，或者不去思考，他们只关注了实验的结果、结论、公式，然后怎么去解题。即使在探究实验中，多数学生只是按照步骤一步一步实验，然后得出一个实验结果，对于操作过程遇到的问题并没有深层次的思考。还有一些拓展作业，很多学生用互联网只是做一点资料的简单的收集和整理工作，而没有加入自己的深度思考，这其实是把高阶思维转换成低阶思维。

这其实和我们的考试制度有关系，在高考中，记忆、理解、应用的低阶思维考试占了多数，我们教师在教研活动或者备课活动中也是以这些低阶思维为主线进行备课，而对于高阶思维的认识还处于摸索阶段，然而新高考的改革，开始注重高阶思维的培养，尤其是新的物理的等级考，开始向分析和说明方向衍生，可以看出未来高阶思维的培养开始显现出其重要性，我们物理教师应该要开始对高阶思维进行研究。

二、课题研究的目标

习题课教学中培养学生高阶思维能力的方法与举措。

三、课题研究的内容

(一) 高阶思维的基本认识

(二) 习题教学中培养学生的高阶思维能力

1. 设置递进式问题的教学

2. 设置一题多解型问题的教学

3. 设置难度适当的劣构问题的教学

4. 设置开放型问题的教学

四、课题研究的实践

(一) 对高阶思维的认识

对于思维的认识，我们都认为杜威(Dewey)对思维过程的解释十分经典，他认为："思维的过程是一种事件的序列链。这一生产过程从反思开始移动到探究，再到批判性思维，最后得到比个人信仰和想象更为具体的'可以证实的结论'"。杜威着重强调了问题之于思维的重要意义，思维的发生就是反思——问题生成——探究、批判——解决问题的过程。对于高阶思维的特征或者标准，可以查到美国学者瑞斯尼克(Resnick)的观点，他认为："高阶思维是不规则的、复杂的，能够产生多种解决方法，需要多种应用标准，自动调节，且包含不确定性。"而美国教育家布卢姆则迈出了更具操作性的一步，为我们现在的教师在教育教学实践中促进学生思维发展提供了指导平台。

如教育目标分类表格，美国教育家布卢姆按照认知的复杂程度，将思维过程具体分为记忆、理解、应用、分析、评价、创造六类，其中记忆、理解、应用为低阶思维，分析、评价创造为高阶思维。

BLOOM教育目标分类表——认知维度

认知层次	行为动词	思维分类
记忆	再识、识别、回忆、追忆	低阶思维
理解	解释、举例、分类、总结、推断、比较、分析	
应用	执行(熟悉的任务应用)、利用(不熟悉的任务应用)	
分析	辨别、区分、集中、选择、整合、分解、概述、构造	高阶思维
评价	检查、探测、监控、测试、评论、判断	
创造	产生、假设、规划、设计、创作、制作、发明	

“实验探究”主要包括问题、证据、解释、交流等要素。能在学习和日常生活中发现问题、提出合理猜测与假设;具有设计实验探究方案和获取证据的能力,能正确实施实验探究方案,使用各种科技手段和方法收集信息;具有分析论证的能力,会使用各种方法和手段分析、处理信息,描述、解释实验探究结果和变化趋势;具有合作与交流的意愿与能力,能准确表述、评估和反思实验探究过程与结果。这些就是高阶思维中的分析,评价和创造的认知层次。

根据以上对于高阶思维的认识中,可以看出,高阶思维是建立在低阶思维的基础上的一种更高层次的心智活动或者认知能力,不同于高级思维或者说是智商,它是一种可以培养和训练出来的能力。

(二)物理习题教学中培养学生高阶思维能力

1. 有意识地通过“设置递进式问题”的形式,引发学生的思考,培养学生逻辑思维能力和分析思维能力。

(1) 由一个简单问题开始,通过条件的变化,设置成阶梯性的问题,思维由低阶向高阶递进。

例1:一建筑塔吊如图6-4-1所示向右上方匀速提升建筑物料,若忽略空气阻力,则下列有关该物料的受力图正确的是(　　)。

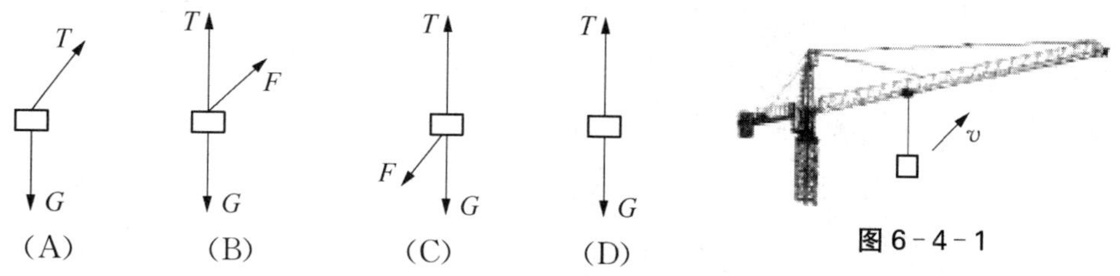

图6-4-1

单这道题来说还是比较容易的,因为物体匀速前进,处于平衡状态,受力平衡,所以受到重力和竖直向上拉力两个力的作用。如果就这样讲完了,就失去一次通过递进式训练,培养学生高阶思维的机会。

思考一:平衡状态下受力情况都是这样的,那么问题问向右上方匀速或者左下方匀速或者静止,受力情况相同。

思考二:不平衡状态下受力情况:以加速度方向作为讨论依据,加速度向右上方,有两种运动方式:向右上方加速或者向左下方减速,那么受力情况会怎样?显然应该是A。反过来,加速度向左下方,也有两种运动情况,向左下方加速或者向右上方减速,那么受力情况为图6-4-2。

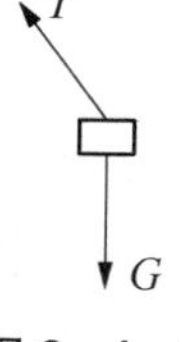

图6-4-2

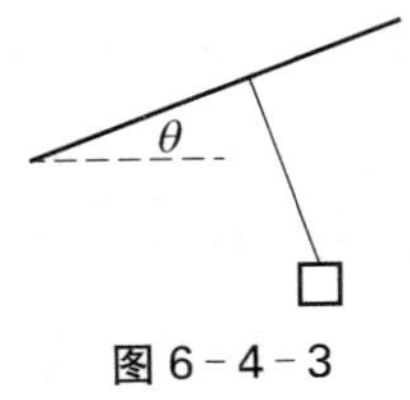

图 6-4-3

思考三：绳子拉力的方向与运动情况的关系。选取绳子垂直于塔吊为临界点分析，此时，加速度为 $a=g\sin\theta$，方向左下方。可以向左下方加速，也可以右上方减速。

那么当绳子与竖直方向夹角小于 θ 大于 $0°$ 时，加速度小于 $g\sin\theta$，夹角大于 θ，加速度大于 $g\sin\theta$。

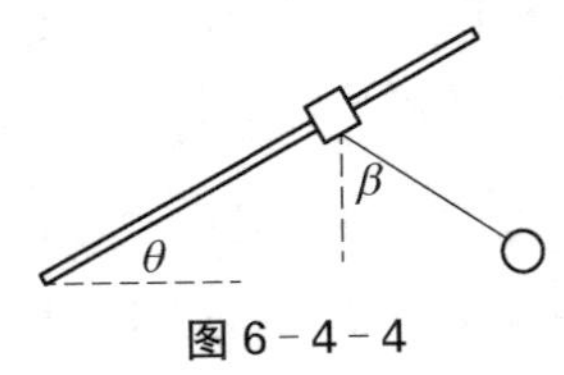

图 6-4-4

思考四：如图 6-4-4 所示，一固定杆与水平方向夹角为 θ，将一滑块套在杆上，通过轻绳悬挂一个小球，杆与滑块之间的动摩擦因数为 μ。若滑块与小球保持相对静止以相同的加速度 a 一起运动，此时绳子与竖直方向夹角为 β，且 $\theta<\beta$，则滑块的运动情况是什么?

有了前面的铺垫，这个问题就可以让学生充分参与交流和讨论，根据前面的铺垫，夹角大于 θ，那么加速度应该大于 $g\sin\theta$，可以根据正交分解的思路，以垂直于杆和沿杆方向分解拉力和重力，可求得加速度。但在运动情况的表述上，有同学会写向左下加速或者向右上减速两种情况。这就是学生没有将运动和力很好地联系起来。没有认真分析受力，是错误的根源。通过学生的交流讨论，问题得到解决：因为有摩擦力存在，加速度大于 $g\sin\theta$ 的情况只能是减速向右上方。

通过这样四个思考过程，将这一模型所有的可能问题彻底弄清楚，通过一个简单问题的递进式提问，能让学生沿着一个模型不断思考下去，思维层层上升，并通过讨论交流，分析综合，真正提升了高阶思维能力。

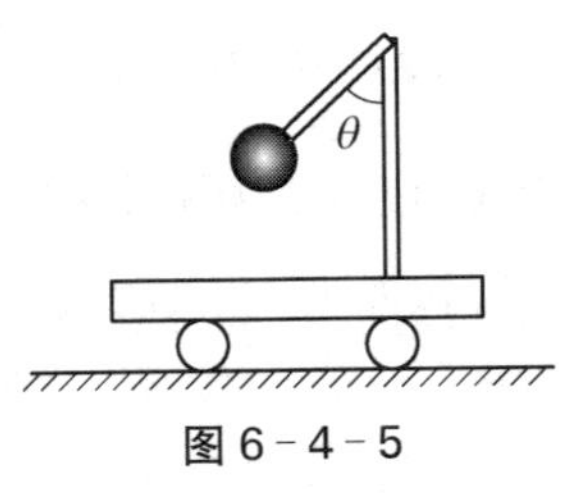

图 6-4-5

例 2：如图 6-4-5 所示，固定在小车上的支架的斜杆与竖直杆的夹角为 θ，在斜杆下端固定有质量为 m 的小球，讨论小车不同运动情况下杆对球的弹力问题。

这原本是一道选择题，将它改成这种由简单问题出发，通过递进式的提问，引起学生的讨论兴趣，促进学生思维的上升。

问题 1：小车静止或者匀速直线运动时，求弹力的大小和方向。

问题 2：小车向右匀加速直线运动，加速度为 a，求弹力的大小和方向。

问题 3：小车向右匀减速直线运动，加速度为 a，求弹力的大小和方向。

问题 4：把杆改成绳子，问小车的运动情况。

问题 5：如图 6-4-6，一小车上有一个固定的水平横杆，左边有一轻杆与竖直方

向成 θ 角与横杆固定，下端连接一质量为 m 的小球，横杆右边用一根细线吊一相同的小球。当小车沿水平面做加速运动时，细线保持与竖直方向的夹角为 a，已知 $\theta < a$，则下列说法正确的是(　　)。

A. 小车一定向右做匀加速运动

B. 轻杆对小球 P 的弹力沿轻杆方向

C. 小球 P 受到的合力大小为 $mg\tan\theta$

D. 小球 Q 受到的合力大小为 $mg\tan\alpha$

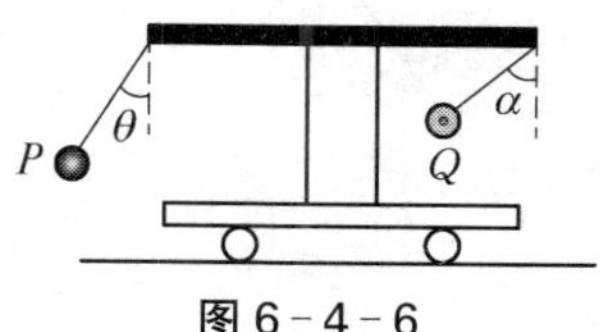

图 6-4-6

其实物理的一些典型例题都可以作为引子，引出问题，通过教师的适当改动，从简单的引出问题开始，通过层层递进式的提问，引导学生思考和讨论。如问题 1 到问题 4，学生会将这些所学内容成为解决问题而直接存在的知识点，最后教师将问题更加复杂化，比如问题 5。由于两个小球加速度相同，根据之前的知识，首先，运动可以向右加速也可以向左减速，A 错；弹力应该和细线方向一致，B 错；合力方向由绳子的夹角决定，所以 C 错，D 正确。学生能直接去解决比较复杂的问题，将理论和应用结合在了一起，就会产生良好的教学效果，更能激发学生学习的积极性。

(2) 把一个有一定难度的问题分解成几个相互联系的小问题，或者将某个问题的完整思维分解成几个阶段，然后将学生思维从低阶引向高阶的过程。

例 3：如图 6-4-7 所示，两足够长平行光滑的金属导轨 MN、PQ 相距为 0.8 m，导轨平面与水平面夹角为 α，导轨电阻不计。有一个匀强磁场垂直导轨平面斜向上，长为 1 m 的金属棒 ab 垂直于 MN、PQ 放置在导轨上，且始终与导轨电接触良好，金属棒的质量为 0.1 kg、与导轨接触端间电阻为 1 Ω。两金属导轨的上端连接右端电路，电路中 R_2 为一电阻箱。已知灯泡的电阻 $R_L = 4\,\Omega$，定值电阻 $R_1 = 2\,\Omega$，调节电阻箱使 $R_2 = 12\,\Omega$，重力加速度 $g = 10\,m/s^2$。将电键 S 打开，金属棒由静止释放，1 s 后闭合电键，如图 6-4-8 所示为金属棒的速度随时间变化的图象。求：

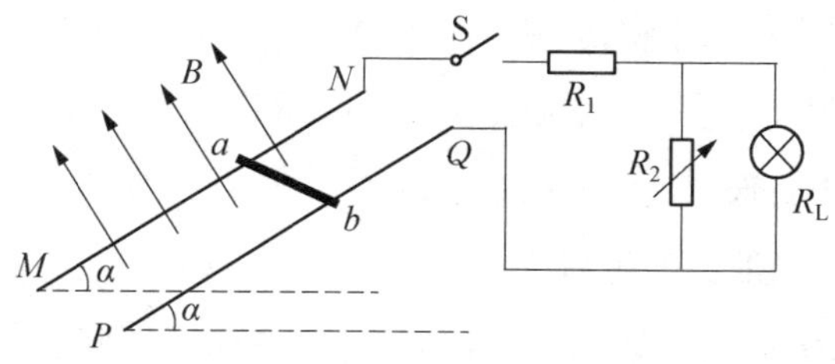

图 6-4-7

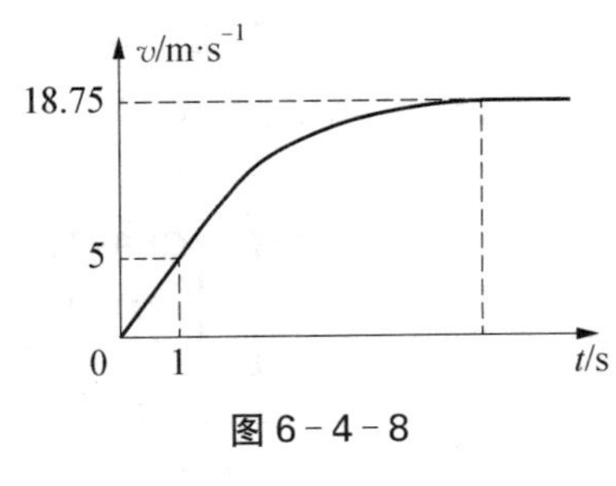

图 6-4-8

(1) 斜面倾角 α 及磁感应强度 B 的大小；

(2) 若金属棒下滑距离为 60 m 时速度恰好达到最大，求金属棒由静止开始下滑 100 m 的过程中，整个电路产生的电热。

这是一道力学、电路和电磁感应的综合题，题目长，难度较大。题目给出的 3 个问题已经进行过一次拆分，但是还不够。我们还要通过题目来提出更多小问题，层层递进，让学生思维顺利延续下去，实现从低阶思维向高阶思维过渡。

问题(1)求斜面倾角 α 及磁感应强度 B 的大小。附加问题，闭合电键后，分析导体棒的运动情况，说明为什么？这个问题是求 B 的一个重要思维连接，也是对学生分析问题能力的一个重要锻炼，并能使之与下面的图象完美结合，同时也为第(2)问做了必要的铺垫。

还有一个附加问题，分析电路结构，并求电路的总电阻是多少？这是解决问题的一个重要环节，不注意就会影响整个问题的解决。

问题(2)若金属棒下滑距离为 60 m 时速度恰达到最大，求金属棒由静止开始下滑 100 m 的过程中，整个电路产生的电热；由于第一问的附加问题，这一问就能比较容易解决，因为是变加速运动，只能选择能量的方法来解决问题。

分析问题往往要多问几个为什么，一个综合问题的分析，引导学生在审题过程的同时多分解一些小问题，这些问题起到一个很好的衔接思维的作用，帮助学生提升逻辑思维和分析思维能力，提高学生的高阶思维水平。

例 4：如图 6-4-9，长 $L=100\,\text{cm}$，粗细均匀的玻璃管一端封闭。水平放置时，长 $L_0=50\,\text{cm}$ 的空气柱被水银柱封住，水银柱长 $h=30\,\text{cm}$。将玻璃管缓慢地转到开口向下的竖直位置，然后竖直插入水银槽，插入后有 $\Delta h=15\,\text{cm}$ 的水银柱进入玻璃管。设整个过程中温度始终保持不变，大气压强 $p_0=75\,\text{cmHg}$。求：

图 6-4-9

(1) 插入水银槽后管内气体的压强 p；

(2) 管口距水银槽液面的距离 H。

这道题是陷阱题，告诉了玻璃管的长度，且开口向下到竖直位置，必然要判断水银是否漏出。要引导学生多问一个问题，就是开口向下后，水银是否漏出，如何判断？

设当转到竖直位置时，水银恰好未流出，由玻意耳定律 $p_1=\frac{p_0L_0}{L-h}=53.6\,\text{cmHg}$，由于 $p_1+\rho gh=83.6\,\text{cmHg}$，大于 p_0，水银必有流出。

接着再随着思路问：水银管内还剩多少水银？可以设管内此时水银柱长为 x，由玻意耳定律 $p_0SL_0=(p_0-\rho gx)S(L-x)$，解得 $x=25\,\text{cm}$。最后才能求出第(1)问中的问题，即插入槽内后管内柱长为 L'，$L'=L-(x+\Delta h)=60\,\text{cm}$，插入后压强 $p=\frac{p_0L_0}{L'}=62.5\,\text{cmHg}$。解决了第(1)问，第(2)问就是思维的延续，比较容易得到。即管内外水银面高度差为 h'，$h'=75-62.5=12.5\,\text{cm}$，管口距槽内水银面的距离 $H=L-L'-h'=27.5\,\text{cm}$。

有些陷阱问题，是需要引导学生在做之前多问几个问题，培养学生问问题的习惯，提高学生的高阶思维能力。

2. 通过设置一题多解型的问题，培养学生发散思维能力和全面分析问题的能力，提升高阶思维品质。

(1) 通过应用物理规律等效性，培养学生从不同物理观念的角度思考问题的方法，达到培养学生发散思维的目的。

众所周知，物理是一门自然学科，重点研究的是物质的基本构造及其运动规律。因此，同样的一个物理现象可能需要应用数个或者更多的物理学规律，应用种类各异的物理学规律或物理量，而得到一致的结果。这就是物理学中的一题多解。

例 1：在光滑的水面上，有两个半径为 r 的质量分别为 M 和 $2M$ 的光滑小球，当两球心间距大于 $L(L\gg 2r)$ 时，两球间无相互作用力。当球心相距小于 L 时它们之间有恒定的斥力，大小为 F，当质量为 M 的小球以某一初速度从很远处向质量为 $2M$ 的小球撞来，初速度如何时，才能避免两球相接触？

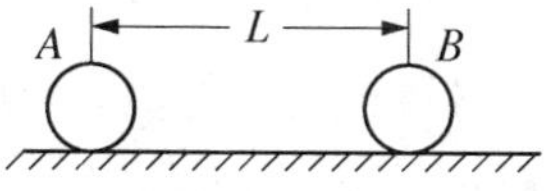

A L B

图 6-4-10

在本题中很明显可以从不同物理观念的角度来分析问题，其中主要包括能量观念、运动观念和相互作用观念。由此从不同的观念中再进一步确定使用相应的规律或定理。例如能量观念多数会涉及能量守恒或者能量转化，在本题中明显能量转化对应的动能定理是解决问题的方法。增加物理知识与实际问题的联系是培养学生对物理观念与规律理解的升华，也是培养学生发散思维的基本条件。当学生面对实际情境时，会联想到与此相关的物理概念和规律。例如多个物体的相互碰撞就是典型的利用动量守恒定律的实际情境。

解法一：应用动量守恒定律和动能定理求解

当两球速度相等时未碰则可以避免相碰，设小球的初速度为 v_0，以两小球组成的系统为研究对象，由动量守恒可得：$Mv_0=3Mv$

设两小球的位移分别为 s_1、s_2，则由动能定理可得：$\begin{cases} -Fs_1=\frac{1}{2}Mv^2-\frac{1}{2}Mv_0^2 \\ Fs_2=\frac{1}{2}\cdot 2Mv^2 \end{cases}$

由题设条件可得：$L+s_2-s_1>2r$

解得 $v_0<\sqrt{\frac{3F(L-2r)}{M}}$

解法二：应用运动学、动力学的方法求解

设两小球的位移分别为 s_1、s_2 则由运动学公式可得：$\begin{cases} s_2=\frac{1}{2}\cdot\frac{F}{2M}\cdot t^2 \\ s_1=v_0t-\frac{1}{2}\cdot\frac{F}{M}\cdot t^2 \end{cases}$

要使两球避免相碰则两球间距 $d=L+s_2-s_1>2r$

解并讨论可得 $v_0<\sqrt{\frac{3F(L-2r)}{M}}$

从解法一和解法二中可以明显发现对于题目本身的情境分析是相同的。都是当两球的速度相等时，两球的距离最小，且若此距离为零时，则两球就会接触。由于本题设定了在距离小于 L 时的斥力是恒力，所以才能在高中阶段利用牛顿运动定律发现小球的运动情况都是匀变速运动。本题中这两种方法的求解都是与实际生活情境较为不符合的，只是在规定条件下才能在高中阶段符合高中生完成的题目。在实际教学中可以把解法二在两种情况下加以利用，其一是强调相互作用与运动观念时可以重点提及恒力等关键字眼来联想物理情境。其二便是在面对学有余力的学生时可以将情境改为同种电荷的相互靠近与排斥情境，以强调自然界中的场力的大小与相互间距离的关系。

解法三：用 $v-t$ 图象求解

作出两小球运动图象如图 6-4-11。

$$S_{\triangle OPQ} = s_1 - s_2$$

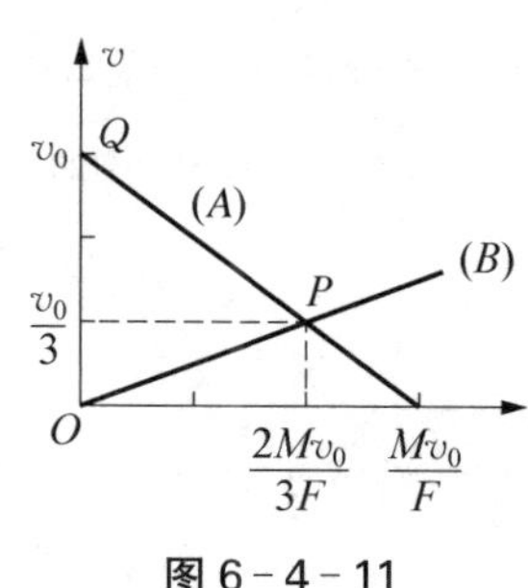

图 6-4-11

由题设条件可得 $S_{\triangle OPQ} < L - 2r$

运用图象的物理意义解得 $v_0 < \sqrt{\frac{3F(L-2r)}{M}}$

解法四：利用相对运动(变换参考系)

以 B 为参考系可得 A 的加速度 $a = \frac{3F}{2M}$

临界时 $v_0^2 = 2a\Delta s$

而 $\Delta s = L - 2r$

解得 $v_0 < \sqrt{\frac{3F(L-2r)}{M}}$

本题最后的解法三与解法四本质上是运用了数学方法等效性，例如图象或者变换参考系等。此类发散思维的角度会在下一部分详细分析及说明，在此也想说明物理规律等效性与数学方法等效性是可以共存的，两者都是我们在教学中培养学生发散思维的有效途径。

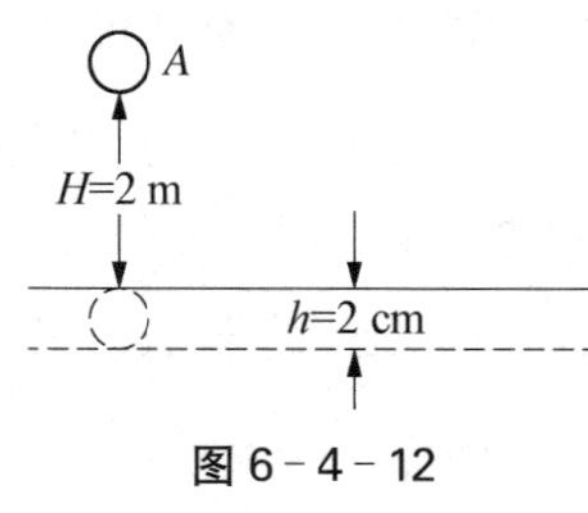

图 6-4-12

例 2：如图 6-4-12 所示，一质量为 2 kg 的铅球从离沙面 2 m 高处自由下落，陷入沙坑 2 cm 深处，求沙子对铅球的平均阻力。(g 取 10 m/s²)

本例题也同样采取的是在不同物理观念角度促进学生的发散思维以培养学生在物理学生中的高阶思维能力。

解法一：应用牛顿第二定律与运动学公式求解

设铅球做自由落体运动到沙面时的速度为 v，则有 $v^2 = 2gH$

铅球在沙坑中减速，则有 $v^2 = 2ah$

联立以上公式，解得：$a = \frac{H}{h}g$

小球在沙坑中运动时受到的平均阻力记为 F_f，由牛顿第二定律得

$$F_f - mg = ma$$

$$F_f = mg + ma = \frac{H+h}{h} \cdot mg = \frac{2+0.02}{0.02} \times 2 \times 10\ \text{N} = 2\,020\ \text{N}$$

解法二：分段应用动能定理求解

铅球自由下落到沙面时的速度记为 v，由动能定理得

$$mgH=\frac{1}{2}mv^2-0$$

铅球在沙中受到的阻力大小记为 F_f，由动能定理得

$$mgh-F_fh=0-\frac{1}{2}mv^2$$

联立以上两式得：

$$F_f=\frac{H+h}{h}mg=2\,020\ \mathrm{N}$$

解法三：对全程应用动能定理求解

铅球下落全过程都受到重力，只有进入沙中铅球才受到阻力 F_f。由动能定理得：$mg(H+h)-F_fh=0-0$ 代入数据得：$F_f=2\,020\ \mathrm{N}$

本题中的解法二和解法三是对动能定理的深入运用，进一步要求学生对动能定理全面性的理解。但更为重要的是了解动能定理本身也具有要求学生在面对多过程的情境时的"求异"思维。

通过一题多解，我们可以灵活运用已经掌握的不同物理观念去解答同一个问题，在此过程中可以发现不同知识结构之间的巧妙关系，从而形成更加系统、完整的知识体系。用多个物理观念的规律去处理同一物理问题，这样，脑海中储存的大量信息会充分调动起来，在探求问题的解法方案中，使思维极大地得到发散。引导学生在问题中"求异"，从宏观角度提取物理思想，对物理的概念、原理及应用建构内在联系，渗透创新精神的培养，提高物理学习中的高阶思维能力。

(2) 通过运用数学方法等效性，培养学生从不同的数学表现形式的角度思考问题的方法，达到培养学生发散思维的目的。

正如林勤老师在《物理教学中培养高中生高阶思维能力的思考》所提到的，"一题多解"要求学生不为解题定势左右，通过生成性思维，获得更多的解题方法。但是新的解题方法是技巧上的提高，还是解题思维上的变化，需要教师有所关注，才能正确点评和激励学生。因此在教学中指导学生运用不同数学方法分析同一道题目时，不仅关注求解方法差异，同时也从思维角度去分析类似问题，就可以更高效地培养学生

的高阶思维能力。

例 3：火车紧急刹车后经 7 s 停止，设火车匀减速直线运动，它在最后 1 s 内的位移是 2 m，则火车在刹车过程中通过的位移和开始刹车时的速度各是多少？

首先将火车视为质点，由题意画出草图：

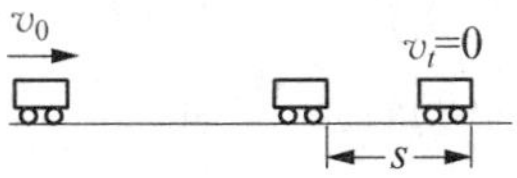

图 6-4-13

解法一：用基本公式、平均速度

质点在第 7 s 内的平均速度为：$v_7=\dfrac{s_7}{t_1}=\dfrac{v_6+0}{2}=2\,\text{m/s}$，

则第 6 s 末的速度：$v_6=4\,\text{m/s}$，

求出加速度：$a=\dfrac{0-v_6}{t_1}=-4\,\text{m/s}^2$，

求初速度：$0=v_0+at_7$，$v_0=at_7=4\times7=28(\text{m/s})$，

求位移：$s=v_0t_7+\dfrac{1}{2}at_7^2=28\times7-\dfrac{1}{2}\times4\times7^2=98(\text{m})$。

解法二：逆向思维，用推论

倒过来看，将匀减速的刹车过程看作初速度为 0，末速度为 28 m/s，加速度大小为 4 m/s² 的匀加速直线运动的逆过程。

由推论：$s_1:s_7=1:7^2=1:49$，

则 7 s 内的位移：$s_7=49\,s_1=49\times2=98\,\text{m}$，

求初速度：$s=\dfrac{v_0+v_t}{2}t$，得出 $v_0=28\,\text{m/s}$。

解法三：逆向思维，用推论

仍看作初速度为 0 的逆过程，用另一推论：

$s_{\text{I}}:s_{\text{II}}:s_{\text{III}}:\cdots=1:3:5:7:9:11:13$　得出 $s_{\text{I}}=2\,\text{m}$，

则总位移：$s=2(1+3+5+7+9+11+13)=98(\text{m})$ 最后求 v_0 同解法二。

解法四：图象法作出质点的速度-时间图象，质点第 7 s 内的位移大小为阴影部分小三角形面积：

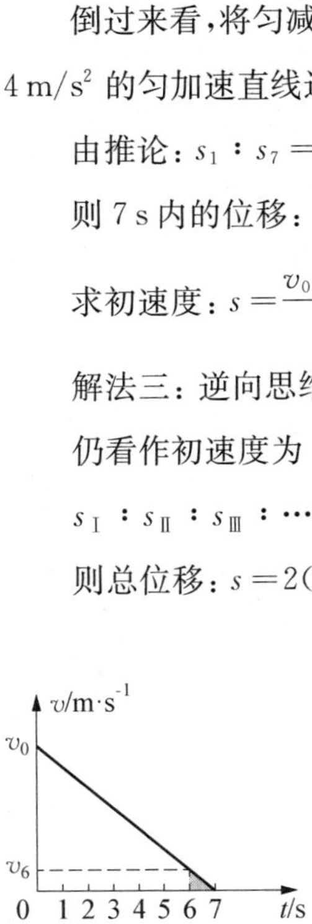

图 6-4-14

$$s_7=\frac{1\times v_6}{2},\ v_6=4\,\text{m/s},$$

小三角形与大三角形相似，有

$$v_6:v_0=1:7,\ v_0=28\,\text{m/s},$$

总位移为大三角形面积：$S=\frac{7\times 28}{2}=98(\text{m})$。

可以发现上一道例题主要针对一题多中运用数学方法等效性的情况。题目本身在难度上处于较为简单的程度，因此多数选修物理的学生是能够正确完成例题，但由于存在多种数学方法的解法，因此更加适合通过本道例题在课堂中产生相互评价各自的解题方法的环节。通过同学之间的相互激发和促进培养学生的发散思维的习惯和能力，同时增强学生数理结合的能力，感受数形结合、逆向思维等基本的数学思想在物理情境中的不同体现。

在这些方法中逆向思维在物理解题中很有用。有些物理问题，若用常规的正向思维方法去思考，往往不易求解，若采用逆向思维去反面推敲，则可使问题得到简明的解答。熟悉推论并能灵活应用它们，即能开拓解题的思路，又能简化解题过程。图象法解题的特点是直观，有些问题借助图象只需简单的计算就能求解。因此一题多解能训练大家的发散思维，对能力有较高的要求。

例 4：如图 6-4-15 所示，小圆环 A 吊着一个质量为 m_2 的物块并套在另一个竖直放置的大圆环上，有一细线一端拴在小圆环 A 上，另一端跨过固定在大圆环最高点 B 的一个小滑轮后吊着一个质量为 m_1 的物块。如果小圆环、滑轮、绳子的大小和质量以及相互之间的摩擦都可以忽略不计，绳子又不可伸长，若平衡时弦 AB 所对应的圆心角为 α，则两物块的质量比 $m_1:m_2$ 应为多少？

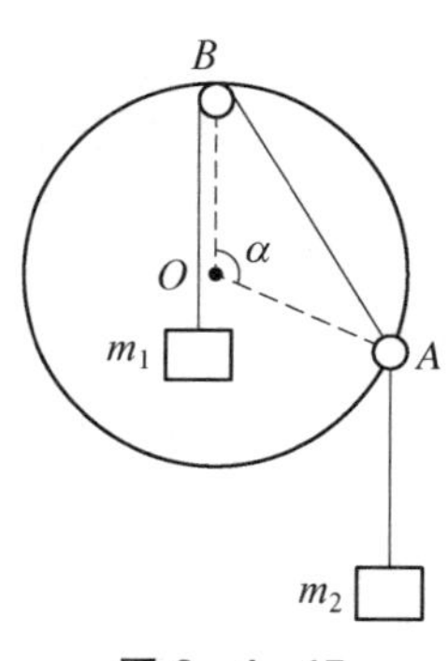

图 6-4-15

解法一：相似三角形法

对小圆环 A 受力分析，如图 6-4-16 所示，F_{T_1} 和 F_N 的合力与 F_{T_1} 平衡，由矢量三角形与几何三角形相似，可知：

$$\frac{m_2 g}{R}=\frac{m_1 g}{2R\sin\frac{\alpha}{2}}$$ 由此可得：$\frac{m_1}{m_2}=2\sin\frac{\alpha}{2}$ 。

解法二：正交分解法

建立如图 6-4-16 所示的坐标系，可知

$$\begin{cases}F_{T_2}=F_N=m_2 g,\\ 2F_{T_2}\sin\frac{\alpha}{2}=F_{T_1}=m_1 g。\end{cases}$$

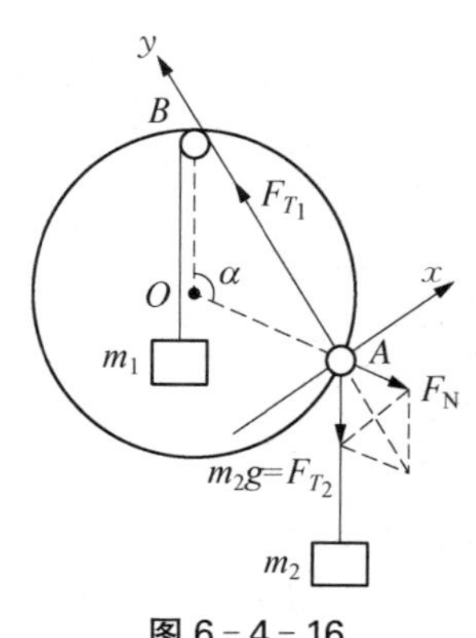

图 6-4-16

$\frac{m_1}{m_2}=2\sin\frac{\alpha}{2}$。

解法三：三力平衡的推论法

F_{T_2} 和 F_N 的合力与 F_{T_1} 平衡，则 F_{T_2} 与 F_N 所构成的平行四边形为菱形，有 $2F_{T_2}\sin\frac{\alpha}{2}=F_{T_1}$，$F_{T_2}=m_2 g$，$F_{T_1}=m_1 g$ 由此可得：$\frac{m_1}{m_2}=2\sin\frac{\alpha}{2}$。

通过对同一个问题的不同分析途径和方式，我们可以发现问题的关键点，从而应用不同的物理学规律和数学计算方法对问题进行解答，在此过程中，我们还可以充分认识到不同解题方法的优缺点，主动探求新思路新方法，并通过比较分析，更深刻理解不同规律之间的关系，深化对知识的理解。而分析问题的过程中所表现的发散思维更是培养高阶思维的重要方式。实质上，这些不同的解题方法从一定程度上也反映了物理规律、数学方法之间的紧密联系。因此，在日常的学习中，我们可以通过一题多解，不断充实自己的知识结构和思维能力，提高解题创新能力和发散思维能力。

3. 通过巧设难度适当的劣构问题，培养学生理解迁移概念和规律，解决实际问题的能力，同时也能引导学生从不同角度去分析和思考问题，提升思维品质中的分析评价和创造等高阶思维能力。

劣构问题其实又叫结构不良问题，在日常习题教学中，大部分的习题都是良构的问题，都有比较确定的条件范围和明确的结果或者结论。当然学生的自主解决实际问题能力和多角度深入探究的思维过程被压缩了，这些问题可以通过习题教学中对良构问题的劣构化来解决。由此从良构问题出发通过适当的修改，变成劣构问题，培养学生理解迁移概念、解决实际问题的能力。

例 1：如图所示，一个质量为 $m=1\,\text{kg}$ 的圆环套在一根固定在水平长直杆上，环与杆的动摩擦因素为 $\mu=0.2$，现在给环一个向右的初速度 $v_0=10\,\text{m/s}$，同时，对环施加一个竖直向上的作用力 $F=Kv$，（K 为常数，v 为速度），现已知 $K=2\,\text{Ns/m}$，求环在运动的过程中克服摩擦所做的功的大小。（假设杆足够长）

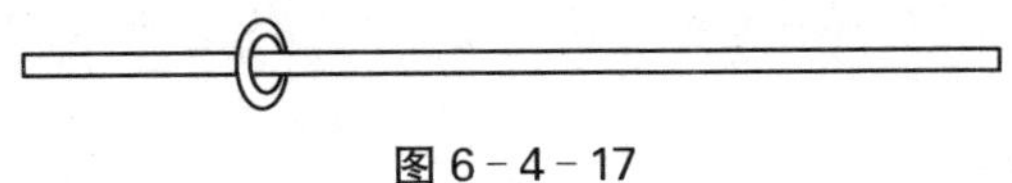

图 6-4-17

这是一道良构问题，数据比较具体，主要是将初始情况确定清楚了，因此学生分析起来相对容易。可以看出，一开始 $F=Kv_0=20\,\text{N}$，所以环竖直方向受到杆向下的

压力 $N=F-mg=10\,\text{N}$，所以摩擦力 $f=\mu N=2\,\text{N}$，圆环减速，之后当 $F=mg$ 时，摩擦力为0，之后圆环就做匀速直线运动。即 $kv_1=mg$，$v_1=5\,\text{m/s}$。最后用动能定理求出功，$W_{f克}=\frac{1}{2}mv_0^2-\frac{1}{2}mv_1^2=37.5\,\text{J}$。

进行修改，变成完全字母题。

如图 6-4-17 所示，一个质量为 m 的圆环套在一根固定的水平直杆上，环与杆的动摩擦因数为 μ，现给环一个向右的初速度 v_0，如果环在运动过程中还受到一个方向始终竖直向上的力 F 的作用，已知 $F=kv$（k 为常数，v 为速度），试讨论环在运动过程中克服摩擦力所做的功。（假设杆足够长）

这是从良构问题进行适当的修改，变成了劣构问题。因为初始的情况变的不确定了，这时需要根据一开始圆环受力和运动情况讨论了。即(1)一开始合力为零，$mg=F$，那么摩擦力为零，圆环匀速直线运动，摩擦力不做功。(2)当环一开始受到合力向下时，也就是 $mg>F$ 时，随着环做减速运动向上的拉力逐渐减小，N 越来越大，摩擦力也越来越大，环将最终静止；(3)当环一开始所受合力向上时，也就是 $mg<F$ 时，随着环速度的减小，竖直向上的拉力逐渐减小，当环向上的拉力减至和重力大小相等时，此时环受合力为0，杆不再给环阻力，环将保持此时速度不变，做匀速直线运动，分三种情况对环使用动能定理求出阻力对环做的功即可。

(1) 当 $mg=kv_0$ 时，即 $v_0=\frac{mg}{k}$，环做匀速运动，$W_{f克}=0$，环克服摩擦力所做的功为零；

(2) 当 $mg>kv_0$ 时，即 $v_0<\frac{mg}{k}$，环在运动过程中做减速运动，直至静止。由动能定理得环克服摩擦力所做的功为 $W_{f克}=\frac{1}{2}mv_0^2$；

(3) 当 $mg<kv_0$ 时，即 $v_0<\frac{mg}{k}$，环在运动过程中先做减速运动，当速度减小至满足 $mg=kv_1$ 时，$v_1=\frac{mg}{k}$，环开始做匀速运动。由动能定理得克服摩擦力做的功 $W_{f克}=\frac{1}{2}mv_0^2-\frac{1}{2}mv_1^2=\frac{1}{2}mv_0^2-\frac{m^3g^2}{2k^2}$。

通过适当的劣构问题，学生分析和解决实际问题变得更加全面。继续修改问题，还能培养学生的知识迁移能力，此问题还可以和电磁学相结合。

如图 6-4-18 所示，足够长的水平绝缘杆 MN，置于足够大的垂直纸面向内的匀强磁场中，磁场的磁感强度为 B，一个绝缘环 P 套在杆上，环的质量为 m，带电量为 q 的正电荷，与杆间的动摩擦因数为 μ，若使环以初速度 v_0 向右运动，试分析绝缘环克服摩擦力所做的功。

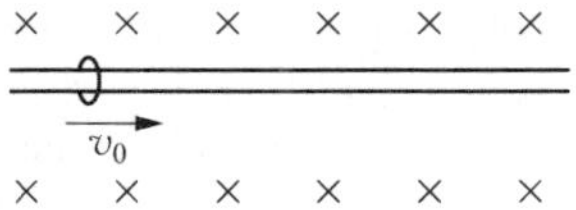

图 6-4-18

和前面的问题相对照，这个问题只是把 F 改成了洛伦兹力，其余思路一样。

当绝缘环以初速度 v_0 向右运动时，环受重力 mg、洛伦兹力 $F=qBv_0$ 及杆的弹力 N。由于 N 的大小、方向与重力和洛伦兹力大小有关，会约束水平方向的摩擦力变化，从而使绝缘环的最终运动可能有三种情况：

(1) 若开始时 $qBv_0=mg$，即 $v_0=\frac{mg}{qB}$，由于 $N=0$，绝缘环不受摩擦力作用，做匀速直线运动。绝缘环克服摩擦力所做的功 $W_{f1}=0$。

(2) 若开始时 $qBv_0<mg$，即 $v_0<\frac{mg}{qB}$，N 方向向上，绝缘环受杆摩擦力作用，做加速度变小的减速运动，直至静止。绝缘环克服摩擦力所做的功 $W_{f2}=\frac{1}{2}mv_0^2$。

(3) 若开始时 $qBv_0>mg$，即 $v_0>\frac{mg}{qB}$，N 方向向下，绝缘环受杆摩擦力作用，做减速直线运动，洛伦兹力 F 不断减小，当 $qBv_0=mg$ 时，$N=0$，绝缘环不受摩擦力作用，做匀速直线运动，即最终速度 $v=\frac{mg}{qB}$。绝缘环克服摩擦力所做的功：

$$W_{f3}=\frac{1}{2}mv_0^2-\frac{1}{2}mv^2=\frac{1}{2}m\left[v_0^2-\left(\frac{mg}{qB}\right)^2\right]。$$

根据题设的条件和基础知识，通过某一物理现象的分析，作出相应的判断，对导出的结果进行较为完整的分类讨论。培养了学生对概念和规律的迁移能力和思维的深度和广度，提高解决实际问题的综合能力，对高阶思维的培养起到很好的促进作用。

例 2：如图 6-4-19 所示，以 A、B 和 C、D 为端点的两半圆形光滑轨道固定于竖直平面内，一滑板静止在光滑水平面上，左端紧靠 B 点，上表面所在平面与两半圆分别相切于 B、C。一物体被轻放在水平匀速运动的传送带上 E 点，运动到 A 时刚好与传送带速度相同，然后经 A 沿半圆轨道滑下，再经 B 滑上滑板。滑板运动到 C

时被牢固粘连。物块可视为质点，质量为 m，滑块质量为 $M=2m$，两半圆半径均为 R，板长 $l=6.5R$，板右端到 C 的距离 L 在 $R<L<5R$ 范围内取值，E 距 A 为 $s=5R$。物块与传送带、物块与滑块之间的动摩擦因数均为 $\mu=0.5$，重力加速度取 g。

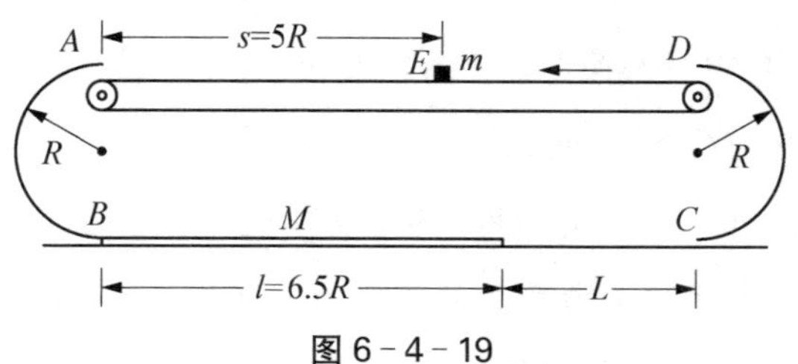

图 6-4-19

(1) 求物块滑到 B 点时的速度大小；

(2) 试讨论物块从滑上滑板到离开滑板右端的过程中，克服摩擦力做的功 W_1 与 L 的关系，并判断物块能否滑到 CD 轨道的中点。

解析：本题作为典型的分类讨论题型，在课堂解析过程中能够充分调动学生思维，提供分析评价的有利情境，培养学生解决问题中所需要的高阶思维能力。

(1) 设物块到达 B 点的速度为 v_B，对物块从 E 到 B 由动能定理得

$\mu mg\cdot s+mg\cdot 2R=\frac{1}{2}mv_B^2-0$ ① 解得：$v_B=3\sqrt{gR}$ ②

(2) 假设物块与滑板达到共同速度 v 时，物块还没有离开滑板，对物块与滑板，由动量守恒，有 $mv_B=(m+M)v$ ③

设物块在滑板上运动的距离为 s_1，由能量守恒得：$\mu mg\cdot s_1=\frac{1}{2}mv_B^2-\frac{1}{2}(m+M)v^2$ ④

由③④，得：$s_1=6R<l=6.5R$ ⑤，即达到共同速度 v 时，物块不会脱离滑板滑下。

设此过程滑板向右运动的距离为 s_2，对滑板用动能定理 $\mu mgs_2=\frac{1}{2}Mv^2$ ⑥，由③⑥，得 $s_2=2R$。

(a) 当 $R<L<2R$ 时，滑块在滑板上一直减速到右端，设此时的速度为 v_c，对物块由动能定理得 $-\mu mg(l+L)=\frac{1}{2}mv_C^2-\frac{1}{2}mv_B^2$ ⑦ 解得 $v_c=\sqrt{(2.5R-L)g}>0$

所以克服摩擦力所做的功 $W_f=\mu mg(l+L)=3.25\mu gR+0.5mgL$

设物块离开滑板沿圆轨道上升的高度为 H，由机械能守恒得：$\frac{1}{2}mv_C^2=mgH$ ⑧，解得 $H<\frac{3}{4}R$，故物块不能滑到 CD 轨道中点。

(b) 当 $2R\leqslant L<5R$ 时，滑块与滑板最终一起运动至滑板与 C 相碰，碰后滑块在滑板上继续做减速运动到右端，设此时的速度为 v_{C1}，对物块由动能定理得

$-\mu mg(l+s_2)=\frac{1}{2}mv_{C1}^2-\frac{1}{2}mv_B^2$ ⑨，解得：$v_{C1}=\sqrt{\frac{gR}{2}}>0$，

所以克服摩擦力所做的功 $W_f=\mu mg(l+s_2)=4.25mgR$，

设物块离开滑板沿圆轨道上升的高度为 h，由机械能守恒得：$\frac{1}{2}mv_{C1}^2=mgh$ ⑩，

解得：$h=\frac{R}{4}<R$，故物块不能滑到 CD 轨道中点。

林勤老师在《提升劣构问题解决能力的教学策略》中提到，判断是否劣构问题的关键是问题的条件是否清晰，导致了结论的不确定。因此需要对条件界定分类讨论。在分类讨论过程中就可以将问题转换为几个良构问题的解决。劣构问题本身具有诸多的不确定性，解决劣构问题也较解决良构问题有较大的难度。所以劣构能够激发学生解决问题的积极性，帮助学生开发思维潜质，是提高思维能力的有效途径。

4. 通过设置开放型问题，从不同角度思考可能的原因，把握好高阶思维培养中的分析、评价、创造的环节，培养学生高阶思维能力。

例 1：有两束均有质子和氘核混合组成的粒子流，第一束中的质子和氘核具有相同的动量，第二束中的质子和氘核具有相同的动能。现打算将质子和氘核分开，以下方法中可行的是(　　)。

A. 让第一束粒子流垂直电场方向进入匀强电场后穿出

B. 让第一束粒子流垂直磁场方向进入匀强磁场后穿出

C. 让第二束粒子流垂直电场方向进入匀强电场后穿出

D. 让第二束粒子流垂直磁场方向进入匀强磁场后穿出

解析：带电粒子垂直进入匀强电场做类平抛运动，其通过宽度为 L 的匀强电场后的偏转角度为 $\tan\varphi=\frac{v_y}{v_x}=\frac{at}{v_0}=\frac{\frac{qE}{m}\cdot\frac{L}{v_0}}{v_0}=\frac{qEL}{mv_0^2}=\frac{mqEL}{p^2}$。质子和氘核的电荷量相

同，而质量不同，当它们具有相同动量时，由于偏转角度不同而能够分开(它们的偏移量 $y=\frac{1}{2}at^2=\frac{1}{2}\frac{qEL^2}{mv_0^2}=\frac{mqEL^2}{2p^2}$ 也不同)。当它们具有相同的动能时，其偏转角度和偏移量都相同，沿同一轨迹运行，不能分开。

带电粒子垂直进入匀强磁场时做匀速圆周运动，其轨道半径为 $r=\frac{mv_0}{qB}=\frac{\sqrt{2mE_k}}{qB}$。当质子和氘核具有相同动量时，其轨道半径相同，不能分开；当它们具有相同动能时，轨道半径不同，通过不同路径，可以分开。所以选 A、D。

本题将分析、评价、创造的学生思维过程呈现得非常充分。基于分析过程的评价、基于评价的创造，对生活中的劣构问题解决，给出了清晰的思路。事实上，分析、评价、创造的环节，不仅是认知教育目标的高阶思维培养要求，也是问题解决维度应该重视的过程。

五、课题研究的成效

(一) 学生习题课学习兴趣和能力的提高

在习题课教学中关注学生高阶思维能力的培养，通过设置针对性的题型与问题能够更有效地提升学生的学习动力与兴趣，也为学生面对复杂的高中物理学习打下坚实的心理基础。在习题课的课堂上，学生的学习积极性以及敢于挑战难题挑战自我的信心明显提升，学生经过一段时间的培养已经养成了善于合作、敢于分析和理性评价的良好习惯，这必将为学生培养高阶思维的能力以及高中阶段的物理学习带来巨大的促进作用。

(二) 进一步认识了在习题课教学中学生高阶思维培养的意义

在对习题课教学的设计研究中，对高阶思维有了更深刻的认识，也更加明确了培养学生高阶思维能力的意义。在习题课的教学中提高了对高阶思维关注的主动性，配合有效的教学策略提升主动调动学生逻辑思维和发散思维的机会，由此加强学生思维的形成，内化思维方式与能力，以此培养学生高阶思维能力。高中物理习题课本就是为了在物理学科中巩固和提炼所学的知识和能力而生成的一种课堂类型，而思维的发生就是反思——问题生成——探究、批判——解决问题的过程。因此在高中物理习题课中深入的研究如何培养学生高阶思维是十分重要的，也是对学生思维的培养事半功倍的做法之一。

（三）提炼总结了在习题课教学中学生思维培养的教学策略

通过课题研究的实践，提炼了在习题课中发展和培养学生思维能力的教学策略。其中包括有意识地通过“设置递进式问题”的形式，引发学生的思考，培养学生逻辑思维能力和分析思维能力。通过设置一题多解型的问题，培养学生发散思维能力和全面分析问题的能力，提升高阶思维品质。通过巧设难度适当的劣构问题，培养学生理解迁移概念和规律、解决实际问题的能力，同时也能引导学生从不同角度去分析和思考问题，提升思维品质中的分析评价和创造等高阶思维能力。以及通过设置开放型问题，从不同角度思考可能的原因，把握好高阶思维培养中的分析、评价、创造的环节，培养学生高阶思维能力。

在习题课中培养学生的高阶思维能力的研究能让习题课教学更有方向性和针对性，让习题课的过程更能培养学生的发散思维、逻辑思维和分析思维能力等。虽然现在设想的教学策略还有许多不够完善的地方，但是我相信通过不断的优化教学策略会更有效地促进学生的思维发展。

六、课题研究的思考

（一）教学策略仍然需要进一步优化

在课堂上学生是学习的主体，教师是对学生的学习起到引导，帮助其打开思维的火花，并促进其各方面能力发展的作用。在习题教学中，教师要让自己熟悉的教学内容，通过适当的处理和转化，采用多种方式，帮助学生的思维由低阶向高阶不断过渡，不断深入，提升学生物理核心素养，这确实是值得我们认真思索的重要课题。在习题上进行研究，针对最新等级考的新题，以及新教材的到来，进一步的深入探讨研究和拓展，将是今后努力的方向。

（二）习题课中题目的形式还需更加多元

本文目前所涉及的题型都是在高中物理教学中较为常用以及较为成熟的。典型题型和问题固然有自己的优势，但这些题目却不是专门为了在物理学科中培养和提升高阶思维所设计的。因此目前的研究工作主要还是在现有的题目中进行选择和修改，制定有效的教学策略。但我们作为深刻了解培养高阶思维重要性的教师而言，也更应该积极鼓励更多的教师参与其中，编制更为合适的题目与问题情境，帮助学生提升思维的品质。

参考文献：

[1] 刘鹏汉. 例谈“一题多问、一题多解”在高三物理习题课中的应用[J]. 学周刊，2015.07：160.

[2] 钟桂林. 从一道物理难题一题多解谈高中物理的思维的培养[J]. 中学物理，2016.17：76—77.

[3] 龙洋. 高中物理学习中“一题多解”的应用[J]. 文理导航 2017.05.

[4] 陈卫真. 思维导图在高中物理综合复习中的应用研究[J]. 读与写（教育教学刊），2016，(2).

[5] 吴刚. 在习题教学中培养学生的高阶思维能力[J]. 物理教师，2019.

[6] 林勤. 在物理概念、规律教学中培养学生的高阶思维能力[J]. 物理教学，2015.4.

[7] 林勤. 物理教学中培养高中生高阶思维能力的思考[J]. 物理教学探讨，2014.11.

[8] 巫建芬. 高中物理教学中高阶思维能力的培养策略——以《自由落体运动》教学设计为例[J]. 湖南中学物理，2017(10).

[9] 曹键粮，彭朝阳. 巧设物理“问题链”发展学生的高阶思维能力[J]. 物理教学探讨，2018.2.

五、高、初中物理学习衔接中的学生思维培养

子课题研究报告五

高、初中物理学习衔接中的学生思维培养

上海市市西中学　徐欢欢

一、课题的提出与意义

（一）学生培养中思维目标的意义

青少年学生思维能力的培养，历来是古今中外教育家关注的问题。

中国古代教育家孔子（公元前551年—公元前479年）就曾指出：“学而不思则罔，思而不学则殆”。把思维、思考、思辨放在了学习的重要地位。捷克著名教育家《大教学论》作者夸美纽斯（1592年—1670年）也说过：“智慧比宝石和珍珠还珍贵，教师必须重视‘开发心智’”。瑞士近代最有名的儿童心理学家，认知发展理论的代表皮亚杰（1896年—1980年）则指出：“只有在学习者仔细思考时才会导致有意义的学习”，把“仔细思考”看成了有意义学习的基本条件。《给教师100条建议》的作者、前苏联当代卓越的教育家苏霍姆林斯基（1918年—1970年）也说过：“学生的脑力活动中，摆在第一位的并不是背书，不是记住别人思想，而是让学生本人进行思考”。从这些教育大家的叙述中，我们可以清晰地看到思维的培养，正是学生“学力”发展中极为关键的

内容。

2016年9月，受教育部委托，北京师范大学林崇德教授课题组在“我国基础教育和高等教育阶段学生核心素养总体框架”报告中，也将“理性思维、批判质疑、勤于反思”列为了“中国学生发展核心素养”中“科学精神、学会学习”的重要条目。

教育部《普通高中物理课程标准(2017版)》中，“科学思维”则作为学科核心素养的重要内容被明确提出，并架构了由“物理模型、科学推理、科学论证、质疑创新”组成的具体内容，与2011版《物理课程标准》对学生思维培养的培养目标相比，不仅更为具体，也有了大跨步的提升。

学生的思维培养内容是丰富的，要求也有所差异，指向性也不尽相同。而高阶思维能力的发展，则是思维能力培养中应该予以关注的。

2012年3月19日至23日，第46届国际英语外语教师协会(IATEFL)国际学术年会在苏格兰最大的城市——格拉斯哥举行。年会吸引了全世界2 300余位代表参加，另有近10万人通过互联网注册并参与“格拉斯哥在线”的直播。国家基础教育实验中心外语教育研究中心也选派了由五人组成的代表团参加此次盛会。本次年会上提出的要在教学中培养学生高阶思维的目标，引起了国际国内教育界人士的普遍关注，也使学生思维培养的目标再次成为了热点问题。

(二) 高、初中物理学习衔接中的学生思维分析

高、初中物理学习的衔接，往往是学生开始高中物理学习不适应、形成学习障碍或隐性兴趣下降的起点。所以也成为了一线物理教师教学中较为关注的问题。截止到2020年10月，在百度搜索中键入“初、高中物理衔接”的关键字，会出现440 000万条相关目录，这也说明了初、高中物理学习的衔接问题是物理教学中教师应该面对和帮助学生解决的问题。

从各类文献的分析看，初、高中物理衔接学习的主要困难包括：初、高中物理概念规律形成场景的差异、内容难度的差异、学习基础与学习方法的差异、问题解决时单一性与综合性的差异、数学方法与运用的差异，教材叙述的通俗易懂与严谨、简练、抽象的差异，以及学生学习过程中思维的差异等。这也是学生在学习物理的过程中会明显感觉跨度比较大，不适应的原因所在。

而在上述这些原因中，对学生思维的要求和培养，应该是我们特别需要关注的问题。

根据2011版《义务教育阶段物理课程标准》，对于初中学生的思维要求是“养成

良好的思维习惯，在分析问题和解决问题时尝试运用科学知识和科学研究方法”。而在2017版《高中阶段物理学科课程标准》中，不仅明确提出了“科学思维”的具体内容：物理建模、科学推理、科学论证、质疑创新，还将科学思维水平具体划分为五个层次，对学生思维培养的要求有了大跨步的提升。

初中学生物理学习是有思维要求的，但从总体来看，是大量现象和实验观察基础上的形象思维。由感性到理性，由直观到抽象，与学生日常生活的感受和体验相吻合，所以学生学习起来并不感到生疏和跨度。

高中物理的学习，除在概念和规律学习中具有归纳概括的方法之外，还包括演绎推理的方法，逻辑思维的方法。需要从实验出发、从建立物理模型出发、从图像的分析和数学推导出发、从已存在的概念出发，获得新知和问题解决。这就与日常生活现象的联系不像初中那样紧密，不一定遵循从感性到理性的过程。而解决问题时的多侧面、多方法、多层次的分析思考，则对思维的抽象、迁移、发散的要求更高。

这里不妨看一下教材《自由落体》内容的编写要求。

《自由落体》是高一第一学期内容。教材首先介绍了伽利略对亚里士多德“重的物体下落快、轻的物体下落慢”观点的质疑。伽利略使用假设的模型：重物与一个轻物相连、重物与一个轻物合并，这样下落中前者的速度将小于重物下落的速度，后者的速度将大于重物下落速度，矛盾的结论使亚里士多德的观点不攻自破。逻辑推理成为了教材所叙述的第一个思维要求的内容。

接着教材介绍了伽利略斜面实验，根据位移与时间平方成正比的测量，得到了沿斜面下滑的物体做的是匀加速直线运动的结论。这就是基于实验的分析、评价和创造，形成了思维学习的第二个要求的内容。

再利用斜面结论的外推，得到了所有竖直下落物体都是做匀加速直线运动的结论。这就是思维的抽象，成为了思维学习的第三个要求的内容。

通过频闪照片和DIS实验，得到自由落体运动规律后，教材设计了学生活动：人的反应时间的测定。该活动的设计体现了思维的发散与迁移，也成为了思维学习的第四个要求的内容。

从以上分析不难看出，高中物理教材在编写中，不仅涉及了学科物理观念（概念和规律）的学习内容，对学生的思维发展也予以了明确的要求，这种思维的要求，往往就会成为初、高中物理衔接学习过程中学生典型的不适应内容。

本课题的申报，就是为了解决初、高中物理衔接过程中学生思维发展的困难，通过教学实践的探索、提炼和总结，进而解决学生这一思维困难的教学对策与方法。

二、课题研究的目标和内容

课题研究的目标：为了解决初、高中物理衔接过程中学生思维发展的困难，通过教学实践的探索，提炼和总结相关的教学对策与方法。

课题研究的内容：

（一）思维科学的相关内容

（二）思维与物理学的发展

（三）初高中物理衔接学习中对学生思维能力的培养

1. 信息技术—抽象思维的形象化

2. 数形结合—发散思维的直观化

3. 实验评价—思维辨析的显性化

4. 经典借鉴—思维推理的深刻性

三、课题关键词解释

本课题所提出的初、高中物理衔接过程，是指高一新生物理学习的起始阶段，即高一年级第一学期学生的物理学习。教材编写的第一学期物理学习的内容，一共只有三章。第一章《匀变速直线运动》、第二章《力和力的平衡》、第三章《牛顿应用定律》。课题提出的学生的思维培养工作，即为这一阶段、针对这三章内容开展的教学实践。

四、资料和文献分析

初、高中物理衔接阶段学生学习的困难和不适应，多年来一直是一线物理教师研究的内容之一。各种文献与资料也较为丰富。经过本课题的查询与分析，这些资料大体可以分为以下几类：

第一类，初、高中物理衔接阶段，学生学习困难和不适应的总体表现、原因和对策。包括课标教学的要求不同、教学内容的差异、学生物理学习基础的影响、实验操作探究性的适应、课堂教学容量及节奏的变化、数学工具使用难度增加等。这类文献如《新课标下初、高中物理教学衔接的策略》（方红霞《教学与管理中学版》2014 年）《新课标下初、高中物理教学“衔接”的对策研究》（李黄川《吉林教育》2016 年）等。

第二类，初、高中物理衔接阶段，学生学习困难和不适应的心理分析及对策。包括学习难度对学生学习心理影响、动手能力差异的心理影响、应用物理知识解决实际问题的心理影响等。这一类文献以《物理学习心理分析》（乔际平首都师大出版社

2000年版)为代表。

第三类,初、高中物理衔接阶段,对学生学习方式、方法不适应的指导策略。包括自学习惯、学习方法、解题习惯等。这类文献以《新课改背景下初、高中物理教学衔接问题研究》(梅正锋《教师教育论坛》2008年)、《新课程理念下初、高中物理教学衔接问题的探索与实践》(王芦苇—《学周刊a版》2020年)等。

尽管上述这些文献,在谈及初、高中物理衔接阶段学习时,都涉及到了学生思维的影响,并提出了相关的指导策略。但总体来看,都是对若干影响因素整体而言的。专题研究初、高中衔接过程中学生思维培养的专著,几乎没有。这也是本课题研究的意义所在。

五、课题研究的实践

(一) 思维与物理学的发展

1. 思维的简析

思维是人类所具有的高级认识活动的最高形式。

按照信息论的观点,思维是对新输入信息与脑内储存知识经验进行一系列复杂的心智操作过程。它不仅使人们能够反映由感觉器官所直接感知的事物,还能够反映出事物间的内在联系。

思维是能够对事物的分析、比较、综合、抽象和概括,能够用推理或判断间接地反映事物本质的认识,能够凭记忆、想象以处理抽象事物从而理解其意义的过程。

根据神经学研究,思维理论性抽象性内容主要在大脑皮层尤其是前额叶内进行;思维的情绪性内容,还要结合边缘系统和脑干网状结构,是神经网络内按照注意定向进行的、有程序的、神经兴奋与抑制交互作用的冲动活动。

通常意义上的思维,涉及所有的认知或智力活动。它探索与发现事物的内部本质联系和规律性,是认识过程的高级阶段。思维对事物的间接反映,是指它通过其他媒介作用认识客观事物,及借助于已有的知识、经验和已知的条件推测未知的事物。思维的概括性表现在它对一类事物非本质属性的摒弃和对其共同本质特征的反映。

高级思维则是由已知前提开始到得出结论过程的思维。这个前提可以由外界刺激造成的知觉引起,也可以由本身内在的记忆激起。

除逻辑思维之外,还有形象思维、顿悟思维等等思维形式的存在。逻辑思维也叫抽象思维,形象思维也叫具象思维,顿悟思维也叫灵感思维。

2. 思维的分类

思维按照不同的分类有多种形式。如：

归纳思维：从一个个具体的事例中，推导出它们的一般规律和共同结论的思维。

演绎思维：把一般规律应用于一个个具体事例的思维。在逻辑学上又叫演绎推理。它是从一般的原理、原则推及到个别具体事例的思维方法。

批判思维：一面品评和批判自己的想法或假说，一面进行思维。在解决问题的时候，历来都强调批判思维。批判思维包括独立自主、自信、思考、不迷信权威、头脑开放、尊重他人六大要素。

集中思维：从许多资料中，找出合乎逻辑的联系，从而导出一定的结论；对几种解决方案加以比较研究，从而导出一种解决办法的，就属于这种思维。

侧向思维：利用“局外”信息来发现解决问题的途径的思维，如同眼睛的侧视。侧向思维就是从其他领域得到启示的思维方法。

求异思维：也叫发散性思维。同一个问题探求多种答案，最常见的就是数学中的一题多解或语文中的一词多意。

求证思维：就是用自己掌握的知识和经验去验证某一个结论的思维。求证思维的结构包括论题、论据和论证方式。每个人每天都会用到求证思维。

逆向思维：从反面想，看看结果是什么。

横向思维：简单地说就是左思右想，思前想后。这种思维大都是从与之相关的事物中寻找解决问题的突破口。横向思维的思维方向大多是围绕同一个问题从不同的角度去分析，或是在对各个与之相关的事物的分析中寻找答案。

递进思维：从目前的一步为起点，以更深的目标为方向，一步一步深入达到的思维。如同数学运算中的多步运算。

想象思维：就是在联想中思维，这是在已知材料的基础上经过新的配合创造出新形象的思维，是由此及彼的过程。

分解思维：把一个问题分解成各个部分，从每个部分及其相互关系中去寻找答案。

推理思维：通过判断、推理去解答问题。也是一种逻辑思维。先要对一个事物进行分析、判断，得出结论再以此类推。

对比思维：通过对两种相同或是不同事物的对比进行思维，寻找事物的异同及其本质与特性。

交叉思维：从一头寻找答案，在一定的点暂时停顿，再从另一头找答案，也在这点上停顿，两头交叉汇合沟通思路，找出正确的答案。在解决较为复杂的问题时经常要用到这种思维。

转化思维：在解决问题的过程中遇到障碍时，把问题由一种形式转换成另一种形式，使问题变得更简单、更清晰。

跳跃思维：研究问题时，跳过事物的某些中间环节，省略某些次要的过程，直接达到终点。

直觉思维：一次性猛然接触事物本质的思维，它是得出结论后再去论证的思维。这种思维需要平时对事物本质认识的积累。直觉思维由显意识→潜意识→显意识构成一个动态整体结构，以整体性和跃迁性区别于其他思维形式。

渗透思维：分析问题时，看到错综复杂的互相渗透的因素，通过对这些潜在因素关系的分析解决问题。

统摄思维：凭借思维来把握事物的全貌，并统摄推论各个环节。它是用一个概念取代若干个概念，是一种高度抽象的思维。

幻想思维："脱离现实性"是它最主要的特点。幻想思维可以在人脑中纵横驰骋，也可在毫无现实干扰的理想状态下，进行任意方向的发散，从而构成了创造性思维的重要组成部分。因为幻想的脱离实际，也就无法避免错误的产生，但只要幻想最终能回到现实中来并加以现实的检验，错误就会被发现和纠正。

灵感思维：人们在创造过程中达到高潮阶段以后出现的一种最富有创造性的思维突破。它常常以"一闪念"的形式出现，是由人们潜意识思维与显意识思维多次迭加而形成的，也是人们进行长期创造性思维活动达到的一种境界。

平行思维：是为了解决一个较为大型的问题，需要从不同的方向寻求互不干扰、互不冲突即平行的方法来解决问题的一种思路。它也是发散思维的一种形式。

组合思维：在思维过程中，通过对若干要素的重新组合，产生新的事物或是创意。组合法是根据需要，将不同的事物组合在一起，从而创造出新的事物。

辩证思维：是科学思维的一种重要方式，以变化发展的视角认识事物，通常被认为与逻辑思维相对立。运用辩证法的规律进行思维，主要运用质与量互相转化、对立统一、否定之否定三个规律，抓住关键、找准重点、洞察事物发展规律。

综合思维：就是多种思维方式结合起来运用。很多问题光靠一种思维方式是不能解决的，必须有多种思维方式综合运用才能解答。

核心思维：就是对事物只索取重点，不关心任何杂乱无章的东西，学识渊博的人才具有这种凝聚核心的思维方式，在他们看来这个世界都是裸露的。它有别于思维核心整个思维运行中最初的奇点，这一点还没有定位角色。

虚拟思维：21世纪高速发展的网络时代，科学家们不得不定性虚拟思维的含义。它是以自我核心为实点参照，以大脑为初始虚拟折射平台，以网络信息为外部虚拟折射平台的现实思维过程。

除了上述的思维分类，还有其他多种形式的分类。如以思维的形式来分类：有感性思维与理性思维之分；如根据思维结论是否有明确的思考步骤及思维过程中意识的清晰程度分类，可以把思维分为直觉思维和分析思维；以思维的基础：日常经验或以理论为指导划分，可以分为经验思维和理论思维；按思维的凭借物分类：有抽象思维、形象思维、动作思维之分；按思维的整体性来分类：有系统性思维与片面性思维之分；以思维的相对层次分类：可以有高级、低级之分；根据思维解决问题的指向性分类：聚合思维、发散思维；根据思维创新程度分类：常规思维、创造性思维；按事物的唯一性分类：可以有逻辑思维与辩证思维等等。

上面之所以罗列了诸多的思维形式，最主要的目的是：一方面为了对思维的本质和内容更好地学习，加深对思维形式与特征的了解，使课题的研究过程更具有理论的指导与支撑，通过对思维科学的学习提升自己对学生思维的培养，并更具有方向性和针对性。另一方面，则是能用思维的理论指导自己在教学中的行为。例如，对概念的形成的思维方法进行总结，对学生问题求解时思维的应用能予以分析，对学生的思维能予以拓展，凸显初、高中物理学习中思维的差异与要求。使学生能在学习过程中有意识培养和发展自己的思维。从而在整个高中学习阶段，获得更大的收获。

(二) 思维与物理学的发展

中学物理教学过程中，我们最为关心的是学生认知过程和问题解决过程中的思维形式，可以借鉴物理学发展中思维的运用，来理解这个问题。

(1) 分析与综合。这是最基本的思维活动。分析是指在头脑中把事物的整体分解为各个组成部分的过程，或者把整体中的个别特性、个别方面分解出来的过程；综合是指在头脑中把对象的各个组成部分联系起来，或把事物的个别特性、个别方面结合成整体的过程。分析和综合是相反而又紧密联系的同一思维过程不可分割的两个方面。没有分析，人们则不能清楚地认识客观事物，各种对象就会变得笼统模糊；离开综合，人们则对客观事物的各个部分、个别特征等有机成分产生片面认识，无法从对象的有机组成因素中完整地认识事物。

例如：抛射体运动是一种运动的叠加。它可以分解为竖直方向的匀加速直线运动和水平方向的匀速直线运动，也分别符合匀加速直线运动和匀速直线运动的规律。二者的合成就是轨迹为曲线的抛体运动，这就是典型的分析与综合的思维。

再例如：对于光子的研究。如果从光的传播或大多数粒子行为看，光具有波动性，能够干涉、衍射和偏振。如果从光对其他微粒的作用或少数粒子的行为看，则其具有粒子性，能够产生光电效应。将二者的性质和特点合起来研究，光子就具有了波粒二象性。光波也成为了德布罗意提出的几率波(物质波)。

(2) 比较与分类。比较是在头脑中确定对象之间差异点和共同点的思维过程。分类是根据对象的共同点和差异点，把它们区分为不同类别的思维方式。比较是分类的基础，在认识客观事物中具有重要的意义。只有通过比较才能确认事物的主要和次要特征，共同点和不同点，进而把事物分门别类，揭示出事物之间的从属关系使知识系统化。

例如：麦克斯韦通过把力线和不可压缩流体的流线加以类比，找到了法拉第力线的数学描述。薛定谔通过力学与光学类比，创立了波动力学。

再例如：普利斯特利通过电力与引力的类比，根据金属容器内表面上没有任何电荷，在内部也没有任何电力，再结合早已做出的均匀球壳内万有引力为零的论证，早在库仑定律提出的 18 年前，就提出了一个机智的猜测：电的吸引力遵从与万有引力相同的规律，即与距离的平方成反比。

这些都突出说明了类比与分类思维的意义。

(3) 抽象和概括。抽象是在分析、综合、比较的基础上，抽取同类事物共同的、本质的特征而舍弃非本质特征的思维过程。概括是把事物的共同点、本质特征综合起来的思维过程。抽象是形成概念的必要过程和前提。

例如：物理模型的建构。这是为了便于研究而建立的高度抽象的反映事物本质特征的理想物体。在构造物理模型时，对复杂事物加以抽象简化，突出了研究对象的主要特征，成为了便于计算推理，探索物质运动的规律，建立物理方程的方法。

再例如：牛顿在发现万有引力定律的过程中，就使用了抽象简化建立理想模型的方法：从圆周运动到椭圆运动，从球体到质点，从单体问题到两体问题。

这样的例子还有很多，物理学中有许多通过物理模型建立物理方程的实例。克劳修斯提出理想气体模型，推导出气体压强公式；范德瓦尔斯分子模型的提出，为真实气体方程的建立打下基础；卡诺提出理想热机模型和理想循环过程，为卡诺定理的确立作了铺垫；安培提出分子电流模型，对物质磁性的本质作了解释；麦克斯韦用分子涡旋的力学模型，导出了磁力公式、磁能公式，解释了电磁感应现象。

物理学中的质点、刚体、单摆、点电荷、绝对黑体以及各种原子模型都是物理模型的建构，都使用了抽象和概括的思维方法。

(4) 归纳与演绎。

归纳和演绎这两种方法既互相区别、互相对立，又互相联系、互相补充。归纳是演绎的基础。演绎是从归纳结束的地方开始的，演绎的一般知识来源于经验归纳的结果。同时，演绎是归纳的前导，没有演绎也就没有归纳。一切科学的真理都是归纳和演绎辩证统一的产物，离开演绎的归纳和离开归纳的演绎，都不能达到科学的真理。

例如：牛顿发现万有引力定律的过程是归纳，而海王星的发现则是演绎的突出例证。

再例如：电子偶转化为光子的发现也是通过演绎推理所做出的科学预见的结果。本世纪初，当电子偶(电子和正电子)变为辐射这一现象被发现时，唯心主义者解释为物质的消灭，但是，物理学家们坚信物质和能量守恒定律适用于任何物质形式或任何能量变换。他们运用演绎法，认定辐射现象也是如此，终于发现电子转化为光子即转向为电磁辐射的规律。

认识思维的不同形式，就是为了在教学中更好地理解教材对学生思维的要求，关注学生学习中思维的过程，采取相应的教学策略，立足学科核心素养的培育，促进学生的思维发展。

(三) 初、高中物理衔接学习中对学生思维能力的培养

1. 信息技术—抽象思维的形象化

随着信息技术的发展，信息技术与教学手段整合是当前信息技术普及进程中的一个重要落脚点。在传统的中学物理教学中，对于观察一些极限情况、瞬时情况的实验现象，学生在客观条件上不具备观察的器材和能力，因此传统中学物理课堂中的局限、枯燥、抽象的弊端暴露无遗。为了解决这个问题，我们可以通过动画、短视频或利用教学软件等现代信息技术，将客观事实形象地呈现在学生面前，促进学生对知识更好的理解掌握。

例 1：即时速度的教学

高一物理第一章 C 节中提到了平均速度和瞬时速度的概念，教材中先通过等效

替代的思想方法定义了平均速度，接着在平均速度的基础上用极限法定义了瞬时速度。这实际上是高度抽象的思维方式。初中学生的物理学习中，没有这样的思维经历，所以衔接学习对学生是个难点。

如何突破这一难点，我设计了信息化技术进行了图象演示。

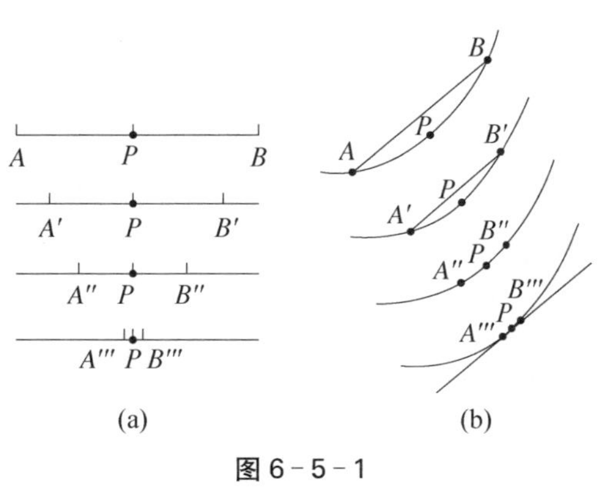

图 6-5-1

首先描绘了从位移图象的两侧不断逼近 P 点（所求瞬时速度的位置）的 a 图示意。在不断的逼近过程中，平均速度的值逐渐趋向了 P 点的瞬时速度。然后，再了曲线上 P 点的处理。当选择点 A、B 距离较远时，AB 是一条折线。当 AB 逐渐接近 P 点时，这条折线逐渐变成了直线，当 AB 点足够接近时，折线 AB 就转化为了 P 点的切线。就可以表示 P 点瞬时速度。

在体会了这种抽象方法后，我们还可以使用 DIS 系统，利用信息技术将抽象的事实形象地呈现在学生的面前。学生通过自己动手做实验，选择不同的挡光片形成类似的“取极限”过程，感受“平均速度”向“瞬时速度”的转变过程。使抽象思维具有了形象化表现。

例 2：匀变速直线运动的 $v-t$ 图象的教学

在学习匀变速直线运动的速度-时间图象时，也可以利用信息技术辅助教学。学生在初中就已经学过匀速直线运动，而高中阶段在研究匀变速直线运动的速度-时间图象规律时，首先面临的难题仍然是“极限”思想的建立。为了解决学生的认知困难，将抽象问题形象化，我在教学时使用了计算机演示模拟程序，利用计算机的模拟绘图功能，将这个动态过程演示了出来，让学生形象地体会这个抽象的思维方法。

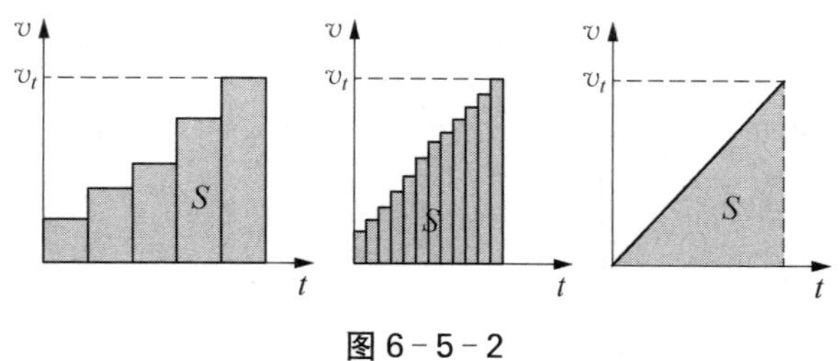

图 6-5-2

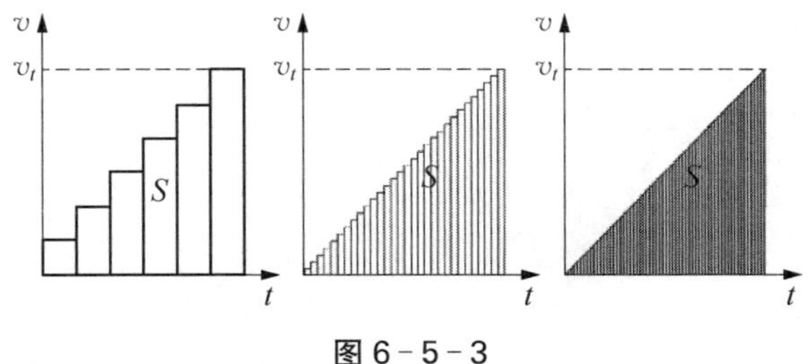

图 6-5-3

通过信息技术手段，不仅解决了传统物理实验课堂上的难点问题，促进了学生物理学习中抽象思维变得形象化、具体化，而且使得教学演示中可以“慢镜头”“逐帧暂停”，极大地方便了教师的讲解和分析。

2. 数形结合——发散思维的直观化

表述物理规律通常可以用文字叙述、数学公式以及函数图象三种方法。但是刚进入高中的学生，大多习惯于数学公式求解，函数图象的处理往往较为薄弱。高一的学生在解决物理问题的时候，经常不能通过物理情境进行图象描述。尤其是在遇到稍微复杂一点的问题时，更是觉得无从下手，不会利用图象解决实际物理问题。而函数图象的问题解决又恰是最直观化的方法。因此，在这个阶段应该培养学生利用数学公式并结合物理图象解题的能力。

例 1：$\Delta X = at^2$ 的证明

对于在研究匀变速直线过程中，相邻相等时间内的位移差是定值（即 $\Delta X = aT^2$）的证明过程的教学就是一例：

如图(a)，如果采用出公式的证明，其步骤如下：

$$X_{AB} = v_A T + \frac{1}{2}aT^2,$$

$$X_{BC} = v_A \cdot 2T + \frac{1}{2}a(2T)^2 - S_{AB} = v_A T + \frac{3}{2}aT^2,$$

$$X_{CD} = v_A \cdot 3T + \frac{1}{2}a(3T)^2 - S_{BC} = v_A T + \frac{5}{2}aT^2,$$

$$\vdots$$

$$X_{n-1} = v_A \cdot (n-1)T + \frac{1}{2}a[(n-1)T]^2 - X_{n-2} = v_A T + \frac{(n+1)}{2}$$

$$X_n = v_A \cdot nT + \frac{1}{2}a(nT)^2 - X_{n-1} = v_A T + \frac{(n+2)}{2}aT^2,$$

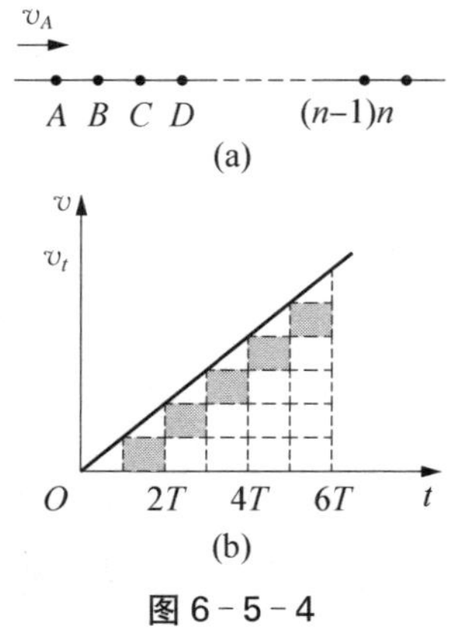

图 6-5-4

将上述相邻两式做差,可得到:$X_{BC}-X_{AB}=aT^2$

$$X_{CD}-X_{BC}=aT^2,$$

$$\vdots$$

$$X_n-X_{n-1}=aT^2$$

经过演绎推导,利用类似数学中的归纳法可以得到公式 $\Delta X=aT^2$,尽管学生对于这个方法还比较陌生,但是这个结果仍然可以令学生信服。

除了上面使用数学公式的推导外,能否利用图象来证明,从而发展学生的发散思维呢?

我组织了学生讨论,并在此基础上完成了这样的教学。如图(b)所示,在速度时间图像中,图线与横坐标围成的图形面积表示位移,阴影部分的矩形面积表示在相等时间内的两段相邻的位移的差值。矩形的长为时间间隔 T,矩形的宽为时间间隔 T 内速度的增量 Δv,其数值大小为定值 aT,因此矩形面积为 $S=aT^2$,则公式 $\Delta X=aT^2$ 得证。

这样的教学,就是数形结合、发展学生发散思维的典型案例。学生也因此而特别关注到图象的描绘与应用。

例 2:小球之间的距离与时间的函数关系

A、B 两个小球均以 v_0 大小的初速度,从同一点起分别向左、右两个方向做匀变速直线运动,其加速度大小均为 a,方向向右,试写出两个小球之间距离与时间的函数关系。

高一学生还没有接触过“相对速度”的概念,所以这道题我们可以根据匀变速直线运动基本规律求解。按照数学公式的求解,其满足如下关系:

对 A 球:$s_A=v_0t+\dfrac{1}{2}at^2$,

对 B 球:$s_B=v_0t-\dfrac{1}{2}at^2$,

而这距离:$\Delta s=s_A+s_B=2v_0t$。

这里的数学公式求解是比较简单的。但从数形结合、培养发散思维的角度看,还需要引导学生从图象上分析求解。我们可以利用速度-时间图象来分析。

注意到两个小球的运动方向相反,有正负差异,且具有相同的加速度(相同斜率)，就可以得到(c)图。

由图(a)可以看出，在时间 $t < t_1$ 时，两个小球相背运动，则其距离等于两个小球各自的位移 s_A、s_B 的和，即图象中黄色部分与绿色部分的加和。根据几何关系，两球间距离 $\Delta s = s_A + s_B = 2v_0 t$。

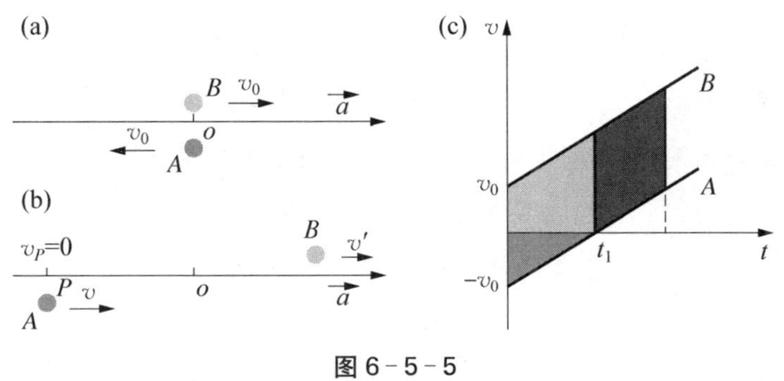

图 6-5-5

当两个小球运动时间为 t_1 时，此时小球 A 运动到 P 点，其速度 $v_P = 0$，在接下来 $t > t_1$ 的时间里两个小球将做同向的匀加速直线运动，因此接下来两个小球之间的距离应该为面积的差值，即图中的红色部分，由几何关系仍然有 $\Delta s = s_A + s_B = 2v_0 t$。因此在两个小球运动的全程，小球间距离与时间的函数关系为：$\Delta s = s_A + s_B = 2v_0 t$。

通过以上题目可以看出，借助物理图象，可以把问题中的物理情境形象地描绘出来，把复杂的物理关系反映在简单直观的物理图象中，达到数形结合的教学目的，帮助高一学生更好地提升思维品质。

3. 实验评价—思维辨析的显性化

在高中物理的学习过程中，由于日常生活经验不足，学生会在一些问题的辨析时遇到困难。此时就可以通过物理实验，将客观事实显性地呈现在学生面前，达到思维的评价。

例 1：支架端点受力的分解

高一物理第二章力和力的平衡包含力的分解内容。力的分解可以按照力的作用效果进行分解。学生在这一部分的学习过程中，当细线与轻杆组成的支架在端点挂有重物时，对重力的分解往往会产生明显的疑惑，学生无法根据经验进行“感觉判断”而出现思维判断的不确定——重力在轻杆与细线分力方向。这时就可以通过做实验来进行思维的评价。我在这个问题教学时，选择了一位学生与我配合。用一根筷子，

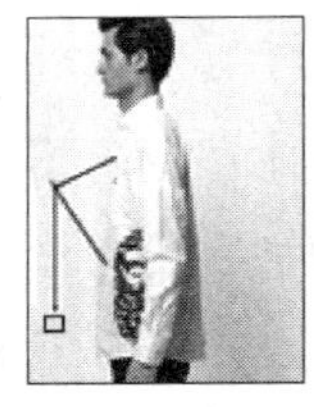
图 6－5－6

一端支撑在腹部，另一端，系上细绳并系在学生衬衫的纽扣上，同时在系绳与筷子的端点处挂上砝码，如图 6－5－6。学生就会明显观察到筷子对腹部有下压的趋势，而衬衫则会被向外拉出。这个实验就可以将力的实际作用效果明显地展示在学生面前，将思维辨析的结果显性化。

例 2：虚接触的教学

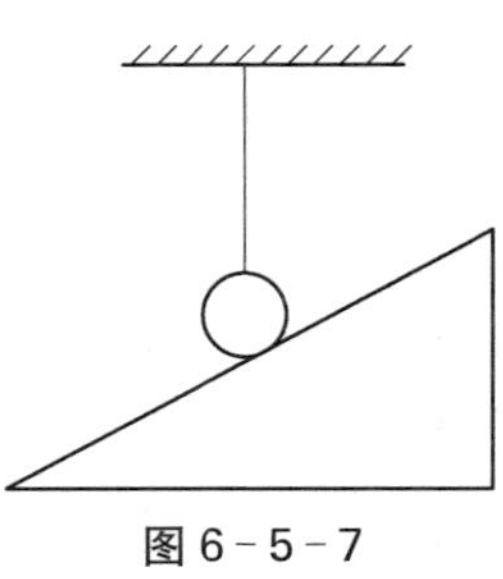
图 6－5－7

在学习弹力知识时，常常会碰到虚接触的情况，学生在刚开始接触这类问题时，往往有诸多思维迷惑。比如在倾斜的斜面上用一根细线竖直吊着一个小球，细线被刚好拉直。此时小球是否会受到斜面给它的弹力，就需要学生判断。如果在平衡的相关知识学习后，这类问题的判断不存在问题。但学生刚接触弹力，对于这个问题的辨析就存在了一定困难。为了解决学生的思维困难，我在教学中设置了这样的实验，如图 6－5－7。将小球用细线悬挂在铁架台下方，然后让小球的底端刚好与斜面接触。然后把小球下方的斜面撤掉，此时学生可以发现撤掉斜面后小球的状态没有发生变化，据此，学生就可以做出判断，小球不会受到斜面给它的弹力，小球与斜面的接触属于虚接触。

实验是物理学科的基本特点，不仅可以验证、推导出若干物理概念和规律，也可以在学生进行思维判断时提供直观的说明，因此重视实验教学是提升学生思维判断能力，使思维的辨析显性化的重要手段。

4. 经典借鉴—思维推理的深刻性

思维的深刻性是学生思维品质的体现，衔接阶段的学生往往停留在对思维问题的表面分析上，对思维问题的深刻性是不太理解的，我们可以通过教学案例和物理学发展史中的一些故事让学生去感悟思维的深刻性。

例 1：牛顿第一定律的教学分析

学生在初中就已经接触过牛顿第一定律，其在初中学习内容中被称为惯性定律，但初中的学习主要是通过观察生活中的大量事实和部分教学实验，从形象思维的角度得出惯性定律的内容。在高中的学习中，教材对牛顿第一定律的介绍，尤其是对伽利略的研究做了详细说明。伽利略在研究这个问题时，利用了推理演绎的科学思维方法、完成了斜面实验、又设计了著名的“理想实验”，最后再把实验和逻辑推理（包括数学推演）和谐地结合起来，最终得到了惯性定律。

教材对这一过程的介绍与初中的“惯性定律”的学习迥然不同。特别是“理想实验”的设计，充分体现了思维的魅力，也反映了伽利略思维的深刻性。这是教学中培养学生思维能力需要特别关注的地方，也是应该让学生细心体会的内容。

例 2：物理学四大神兽的介绍

物理学发展史中，四大神兽的故事广为流传。这就是拉普拉斯兽、芝诺的龟、麦克斯韦妖和薛定谔的猫。结合学习内容给学生介绍这样的故事。这不仅能激发学生的学习兴趣，还可以让学生体会思考和分析问题时思维的深刻性。

在瞬时速度和匀变速直线运动 $v-t$ 图象的极限思想学习后，我给学生介绍了芝诺的乌龟。

芝诺的乌龟所描述的是让乌龟在阿基里斯（古希腊最快的速跑者）前面 1 000 米处开始，并且假定阿基里斯的速度是乌龟的 10 倍。比赛开始后，若阿基里斯跑了 1 000 米，设所用的时间为 t，此时乌龟便领先他 100 米；当阿基里斯跑完下一个 100 米时，他所用的时间为 $\frac{t}{10}$，乌龟仍然前于他 10 米。当阿基里斯跑完下一个 10 米时，他所用的时间为 $\frac{t}{100}$，乌龟仍然前于他 1 米……于是，芝诺得到了结论，阿基里斯能够继续逼近乌龟，但决不可能追上它。

这当然是悖论，但这则悖论曾经困扰了整个科学界上千年之久。芝诺利用了物质的无限可分性的极限思想，但是在“有限”范围内的“无限”。正好像中国古代的《庄子》中所述，“一尺之棰，日取其半，万世不竭”。这里的“万世不竭”也是“有限”范围内的“无限”，所以就形成了悖论。

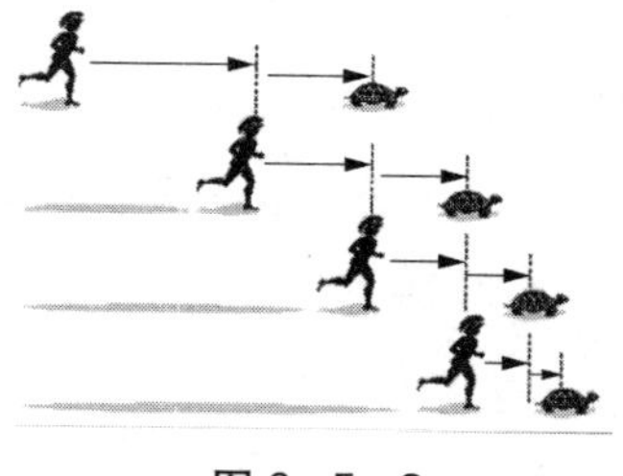

图 6-5-8

通过芝诺的龟的极限思想，与破解这一悖论的“无限”与“有限”的分析，既使学生加深了对教材中“速度”与“匀变速直线运动的 $v-t$ 图象”的极限方法的认识，也使学生对极限的概念有了新的体会，增加了学生思维的深刻性。

再比如，牛顿定律学习后，我为学生介绍了拉普拉斯兽。拉普拉斯是一位天文学家，也是牛顿的无限崇拜者。他利用牛顿定律解决了多个天文学问题，取得了令人瞩目的成就。因而提出了：如果有这样一个智者，能清楚地知道宇宙中物体的位置和状态，能够知道并根据物体的运动数据进行计算，那么，它就能根据牛顿运动定律预测出未来的一切。而这个智者就是所谓的拉普拉斯兽。

这当然也是一个悖论。特别是当量子力学、相对论面世之后，悖论不攻自破。即使是现在的高一学生，在牛顿运动定律学习后，也已经了解了牛顿定律只适用于经典物理学问题，只能适用于宏观、低速的情况，在微观物理的分析中，是不能使用的。

但是对于悖论的提出和科学家对于悖论破解的追求，以及之后的量子论的解释等内容，则让学生可以感受到宏观低速与微观高速间差异，理解牛顿运动定律的局限性。这就促进了学生思维的深刻性的发展。

学生思维的培养是物理教学中的一个重要任务，关注高初中物理学习衔接过程的思维培养，更是高中物理启蒙教学中教师应该引起重视、进行精心设计的问题。物理教学要落实学科的核心素养，培养学生的科学思维，需要我们不断地探索与不断地实践。

六、课题研究的成果

(一) 学生衔接过程中的学习情绪和能力的提高

关注衔接阶段的学生思维培养，为学生的学习过程带来了活力，也为学生后续的高中物理学习奠定了良好的基础。在我的教学班级中，学生学习的情绪热烈、思维活泼，问题意识明显增强，师生间问题的讨论和辨析、生生之间的讨论和辨析，已经成为了学习中的常态，必将给学生高中物理学习带来更大的收获。

(二) 进一步认识了衔接过程学生思维培养的意义

课题研究中，通过对思维的基本认识，特别是思维在物理学发展中作用的学习，使我进一步明确了学生在物理学习中思维能力培养意义，在初、高中物理学习的衔接过程的教学中，提高了我对思维关注的自觉性和主动性。

尽管影响学生初、高中物理学习衔接过程学习的因素有很多，但思维的发展对学生高中物理学习、乃至对学生今后的发展，一定有着重要的影响。我们的教学应该为学生的终身发展打下良好的基础，应该为学生的能力培养打下良好的基础。

(三) 提炼总结了衔接过程学生思维培养的教学策略

课题研究的实践，提炼了初、高中物理学习衔接过程中，发展和培养学生思维能力的教学策略。这就是使用信息技术——将抽象思维形象化；使用数形结合——将发散思维直观化；利用实验评价——将思维辨析显性化；利用经典借鉴——将思维推理深刻性。

也许这些教学策略还很浅显，也可能有不完备之处，但是这都是教学实践中，我对思维培养的感悟和体会。基于学生思维培养目标的物理教学和研究，会使我今后的物理教学更有方向性和教学针对性。

七、课题研究的反思

（一）学生学习效果需要进一步检验

尽管教学中充分关注了学生的思维培养，使学生意识到了与初中物理学习的要求不同，促进了学生在思维能力、学习能力、讨论辨析能力等方面的改变。但对学生物理学习中的学业水平的影响，还需要进一步检验。一方面，教育的效果是滞后的，教学策略的影响也并非一朝一夕。另一方面，影响学生学业水平的因素是多方面的。例如学生物理学习的学业基础、班主任老师所教学科对学生的影响、家长专业对学生的影响、学生发展志向对物理学习的影响等。因此在短期内（如一个学期）用学生学业水平对学生衡量，可能是不够全面和科学的。

初高中物理衔接过程的思维培养效果，应该更加关注高一年级衔接过程之后（高一年级第一学期之后）学习过程的学业水平发展。

（二）思维能力的评价仍然需要继续研究

学生思维水平的评价，是本课题尚未能够研究的问题。

评价问题、特别是思维水平的评价，是一个极为复杂、也充满了挑战性的问题。从文献资料的学习看，现在多有这样几种方式。一是采用问卷形式，通过学生自己的感悟来回答。另一种是采用有针对性的物理问题求解，来反映学生的思维。如教育部《物理课标》在科学思维水平调研时采用的方法。还有一种则是采用工具和量表，同时根据所测量结果进行分类分级评价。而这种方法不仅需要大量数据形成量表，还将涉及到量表的科学性和教育统计。

本课题的继续研究中，将借鉴评价的各种方法，开展后续的研究。

（三）思维培养需要多个学科和学校各种活动的共同呼应

事实上，学生的思维培养不仅关乎到学生物理学习的水平，也关系到对学生的整体培养和终身发展。仅仅开展单一学科的培养是比较单薄的，应该形成各学科教学过程中共同关注这项工作。同时还应该与学校其他各种活动相结合，例如与学校科技节的制作发明活动、文史节的辩论活动、学生演讲及课题研究活动等相结合。在这些方面，学生思维的培养工作仍有较大的空间，我们应该整合这些内容，使对青少年学生的思维培养，成为更加广泛的整合。

参考文献：

[1] 乔际平. 物理学习心理分析. 首都师范大学出版社，2000. 3.
[2] 廖伯琴. 中学物理课程改革的目标与实施. 高等教育出版社，2003. 11.
[3] 陈刚. 物理教学设计. 华师大出版社，2009. 9.
[4] 林勤. 高中生高阶思维能力培养的实践研究. 华师大出版社，2019. 6.

六、初中物理探究性实验教学中培养学生高阶思维的研究

子课题研究报告六

初中物理探究性实验教学中培养学生高阶思维的研究

青云中学　李敏
彭浦四中　施丽媛

一、课题的研究背景

（一）培养学生高阶思维目标的意义

课改“核心素养”中“理性思维”目标的提出，催生了我国教育对于高阶思维能力培养的关注。钟启泉教授指出：发展高阶思维，需要高阶学习活动予以支持。要以学习者为中心；要开展问题求解的学习活动；要形成知识共享、互动合作的学习模式，同时还应该注重交叉学科知识的学习，注重环境营造，注重教师有意义地引导。高阶思维能力的培养是国内外教育教学改革的方向，是近几年国内教育界人士越来越重视的问题。它起源于对布鲁姆教育目标分类的理解和认识。根据布鲁姆的认识分类理论，人类的认识从低级到高级可以分为记忆、理解、适用、综合、评价、创造六种。而高阶思维对应布鲁姆教育目标分类“分析、综合、创造”的认识层次。高阶思维是高阶能力的核心，是在较高认知水平层次上的心智活动或者认知能力所应对的思维，是一种能对思维予以评价的思维，是生成性思维和批判性思维的互补应用的思维。高阶思维是现代社会创新能力、决策力和批判思维能力的核心，体现了知识经济时代对人才素质提出的新要求，是适应时代发展的关键能力。促进学生高阶思维能力的发展是一种弘扬人的主体性，开发人的潜能，发展人的创造性，培养健全人格的素质教育的具体体现，也是新课程改革的主要精神之一。

（二）物理探究性实验中培养学生高阶思维的分析

物理是一门以观察和实验为基础的自然学科，物理实验对于提高物理教学质量，培养学生高阶思维，全面落实核心素养价值观的目标，所具有的作用是其他学科教学内容和形式所不能替代的。在物理教学过程中，培养学生思维的渠道是多方面的，而利用物理探究性实验课是培养学生高阶思维行之有效的方式之一。香港学者陈浩文博士在谈到如何提升高阶思维曾指出：要提升高阶思维，就要培养学生的论证、反驳、筛选和利用信息的能力；要培养学生的公民意识，判断、决定能力；要理解学科的思维方式。而在物理探究性实验课中，学生自主地发现问题，作出假设，设计探讨实验方案，动手操作实验，分析实验数据，得出实验结论，相互评价实验，正符合如何培养学生的高阶思维的模式。在探究实验课上，学生综合、灵活地运用所学的知识和方法解决问题，倡导学生主动参与，乐于探究，勤于动手，培养收集和处理信息的能力、获取新知识的能力、分析和解决问题的能力。在这个过程中，知识的研究、方法的习得与思维的发展有机结合、高度统一。问题的求解、决策体现了较高认知水平层次上的心智活动，教师通过对学生进行科学思维方式的训练，培养学生实事求是、独立思考、开拓创新的意识和严谨的科学态度，既能传授知识又能培养学生高阶思维能力。

（三）目前初中探究性实验教学现状

通过教学实践，我们会发现：学生在实验操作技能考试中可以拿到高分甚至满分，但是在涉及到实验探究思维方面的题目，学生的失分率是很高的，而且许多出错的答案令人意想不到，有些答案缺乏物理常识，有些答案缺乏科学依据，但总的来说，产生这些答案背后的原因是学生实验探究思维能力的缺乏。而能力的欠缺，一部分原因是有许多一线教师对实验探究能力理解不透彻，简单地将实验探究能力理解为操作能力，在日常教学中偏重于实验操作技能的训练，大大忽视了思维能力的发展。因为实验操作类的能力容易检测把控，而思维类能力属于内隐性技能，它的发生、作用、执行过程不容易察觉，更不容易监控，往往被忽略掉。而且我们更习惯于总结性评价，过于关注实验探究的结果，片面地将实验操作成功等同于实验探究成功。教师意识不到，自然不能引导学生发展高阶思维能力，学生缺乏指引和引领，高阶思维能力提升缓慢。一部分教师虽然意识到实验探究能力应当包括思维层次的能力，但不能有效培养学生的这种能力或者不能有效评价这种能力。

二、课题研究的目标和内容

课题研究的目标：初中物理探究性实验教学，培养学生的高阶思维。

课题研究的内容：

1. 进一步分析在初中物理探究实验的各个环节培养学生高阶思维能力的可行性。

2. 在初中探究性实验教学中培养学生高阶思维的实践策略。

三、课题核心概念界定

1. 探究实验。探究实验在概念上可界定为实验者在不知晓实验结果的前提下，通过自己实验、探索、分析、研究得出结论，从而形成科学概念的一种认知活动。初中阶段的探究性实验要求实验者能够经历科学家在探究物理规律过程中的一些简单的科学探究步骤，体验科学家科学探究的过程和方法，激发学生对科学探究的兴趣，进一步培养学生的科学探究能力。

2. 实验探究。实验探究是学生进行科学探究的重要方式，科学探究有多种形式，可以通过理论推导进行研究，可以通过实验活动进行研究，可以通过数字模拟手段进行探究等。具体到初中阶段的实验探究就是科学探究借助于初中生的物理实验的形式，去发现问题、分析问题、探究问题，最终达到解决问题的途径。初中阶段学生最重要的科学探究活动就是实验探究。学生的实验探究活动能激发认知兴趣和学习动机，使学生的学习不再局限于现成知识和静态结论，还能追溯知识的来源和演变过程，揭示发展过程中的科学思想和方法，极大满足了中学生探究心理的需求。

3. 高阶思维。1956 年，布卢姆《教育目标分类认知表》面世。这张表里，布卢姆对于认知的水平进行了划分，把认知的水平分为了六个层次。这就是：记忆、理解、应用、分析、综合和评价。这就是说对于认知的内容，是有不同的要求和水平的。高阶思维，指的就是对应 1956 年版布卢姆《教育目标分类认知表》分析、综合、评价，或 2001 版分析、评价、创造，这三个认知层次的思维水平。所以，高阶思维是较高认知水平层次上的心智活动或认知能力所对应的思维。

四、课题研究的实践

(一) 进一步分析在初中物理探究实验的各个环节培养学生高阶思维能力的可行性。

物理教学中一项重要任务是使学生的思维能力不断提高，能更好地理解和掌握物理概念、规律、实验，能解决物理问题。而学生思维能力培养是一个复杂而艰巨的任务，教师在教学中需要根据学生所处年龄段的思维发展规律及学生的具体情况结合教学任务，有步骤地从比较、分析、综合、评价、归纳、演绎和创造等方面及有目的性地对学生进行思维能力的培养。在初中物理实验教学中，探究性实验是一种实践性、创造性很强的教学活动，同一个实验可以设计不同的实验方案，实验的具体做法和实验器材的选择都可以不同，这就提高了对物理实验的要求，在此过程中，教师应该引导学生更加注重对实验中的科学思想和科学方法的思考，通过探究性实验培养和提高学生科学探究能力和高阶思维能力。

根据初中生思维能力发展的特点，初中的物理探究性实验要在教师的指导下进行，以实验为载体，模仿科学家进行科学探究历程，掌握物理知识和实验技能，将实验和思维能力培养结合起来。探究性实验不是简单机械地按照实验步骤完成实验，而是包括提出问题、合理猜想和假设、实验方案设计、实验操作、分析与交流、应用与创造等多个探究环节的活动，目的是促进学生的知识建构和思维能力的提高。

在提出问题的情景创设引入环节，教师创设一定的问题情境，利用多种信息渠道和手段让学生感知问题并启发思维，激发学生的好奇心，通过实验观察的同时有效引发学生的思考。在合理猜想和假设环节，教师要引导学生进行合理的猜想，对于学生明显不合理的猜想，分析其不可行性，若无法在逻辑上引导学生，也可以通过实验验证，让学生评价自己的猜想是否合理从而得到较为科学的假设。实验方案设计环节，是很重要的能培养学生高阶思维能力的环节，是实验过程具体化的体现。教师的任务是充分引导学生多角度发散性的思维，联系和运用所学的知识设计实验方案，并且组织学生分析和评价自己和其他学生的实验方案，考察实验方案的科学性、严密性和可操作性，对各方案进行分析比较和修正后实施实验。在实验操作环节，学生要积极动手实验、认真观察和测量、勤于动脑思维，分析假设和结果间的差异，在实验操作过程中遇到的问题，可与小组同学分析讨论，再次改进实验方案，教师可以帮助学生因势利导突破操作的难点和关键。在实验过程中，教师应引导启发学生使实验研究向更广更深的方向发展，从而不断激活学生的思维，使学生的分析、解决问题的能力得到提高。在分析和交流环节，教师可以组织学生展示实验报告、自评、互评或辩论等形式，相互借鉴，启迪思维，批判吸纳，完善想法。通过充分参与讨论和评价，让学生充分投入到比较、分析、综合、评价、归纳、演绎和概括等思维活动中去，真正提升学生的高阶思维能力水平。应用与创造环节，学生需要利用所学的知识解释生活中的现象，让物理知识回归生活，将知识进行迁移、在原有思维基础上迸发新的思维，并对思维进行评价。

（二）在初中探究性实验教学中培养学生高阶思维的实践策略。

1. 提高学生学习兴趣是培养学生高阶思维的前提

兴趣是最好的老师，如果学生对学习产生了兴趣，那么学习过程对他们来说就不再是一种负担而是一种享受。由于物理学科是一门实验学科，而平时生活中又充满了物理现象，我们可以通过这一特点诱发学生学习物理的兴趣，探究和验证物理的规律。

（1）巧用有趣的实验小视频提高学生学习兴趣

【案例分析 1】

在“重力”这节课的引入部分，教师播放了一个视频：对比同一个小球在太空和地球上虽然处于相同位置，但是他们的运动状态是不同的。于是，教师向学生提问：“为什么在太空中的小球与在地球上的小球处于不同的运动状态呢？”学生们看了视频之后感觉非常新奇，都在自己的脑海中快速翻阅自己所知但又不是很全面的科学知识，纷纷举手回答：“可能是由于重力的作用。”教师肯定了学生的回答并引出重力的定义：地球表面附近的物体，由于地球的吸引而受到的力叫做重力。用字母 G 表示。

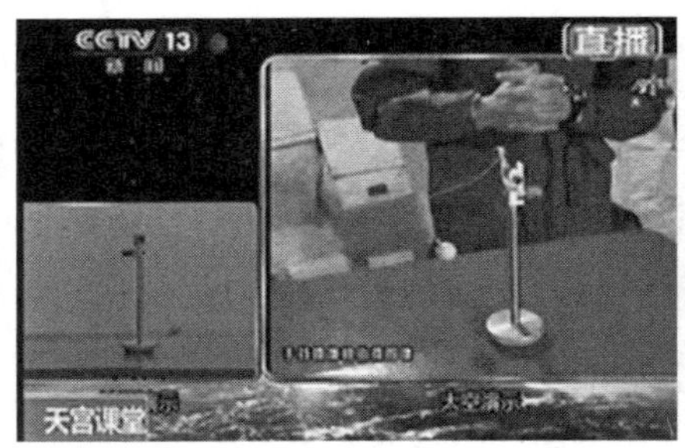

图 6-6-1

教师在课堂中列举了大量生活中与重力相关的实例进行铺垫，例如：树上的苹果掉下来是因为重力的作用；如果关闭飞机的发动机，飞机会掉下来是因为重力的作用；河水从高处向低处流动是因为重力的作用，等等。通过分析生活中大量重力的实例，运用归纳的科学思维方法帮助学生形成重力的概念，帮助学生加强对重力的理解。随后同学们也能举例生活中和重力相关的现象，例如：树上的树叶掉落之后最终会落向地面；下雨下雪等自然现象；单摆放手后的往复摆动，等等。

通过观看视频对比同一个小球在太空和地球上不同的运动状态引出重力。学生也许见过小球在地球上的运动情况，但是几乎没有同学能想象到或者见过小球在太空中的运动状态，学生对这个视频充满了好奇和新奇感，立刻调动了学生学习的积极性。这样就能通过提高学生的学习兴趣让学生快速进入学习状态。之后，教师列举了大量生活中与重力相关的实例进行铺垫，运用归纳的科学思维方法可以帮助学生形成重力的概念，易于学生对重力的理解。恰到好处的情景设置，能点燃学生的求知欲和学习思维的兴奋点，调动学生学习的主动性，让学生在不知不觉中自然而然地进入学习状态，激发了学生之后所要完成的重力探究实验的积极性。

(2) 课堂多做小实验提高学生学习兴趣促进学生高阶思维

【案例分析 2】

在讲解重力方向时，教师演示实验将三个小球向不同方向抛出：(1)把一只小球举到一定高度后放手，观察小球的运动情况。(2)把一只小球斜向上抛出，观察小球离开手后的运动情况。(3)让一只小球从讲台上沿直线滚动，观察小球离开桌面后的运动情况。问：这几种情况下，小球的最终运动方向有什么共同点？再通过列举单摆运动时摆球的最终运动方向；在斜塔中抛下物体的最终运动方向；学生通过小组分析交流归纳得出结论：重力的方向竖直向下。

老师通过分析归纳的科学方法可以培养学生的科学核心素养，促进学生的高阶思维。

2. 巧用实验创设思维情景激发学生高阶思维

提出问题是探究教学的起点，通过物理实验为学生创设相关情景，引起学生的学习兴趣，激发学生的学习热情，引发学生的质疑精神，让学生积极地参与到探究实验中。

【案例分析 3】

在摩擦力探究实验中，教师设计了两个学生小实验让学生体验滑动摩擦力，并引导学生猜测滑动摩擦力可能和什么因素有关。

小实验：

a. 将手分别轻压和重压在水平桌面上，匀速拖动，比较两次手的感觉有什么不同。

b. 将薄砂纸的两面分别轻压在水平木板上，匀速拖动，比较两次的感觉有什么不同。

通过学生小实验，学生猜测滑动摩擦力可能与压力和接触面粗糙程度有关。在提出问题之后，教师可以引导学生分组设计实验。

这两个小实验能激发学生探索知识的动力，主动思考滑动摩擦力与哪些因素有关,激发学生的求知欲望和探究思维,为高阶思维的培养奠定基础。

3. 培养学生的自主学习能力促进高阶思维

目前在我们的传统课堂上,教与学的形式大多数以学生被动接受知识,而不是主动探究、积极构建学习,以至于多数教学依旧在低阶思维的基础上。教学更重要的是教学研究的过程和方法。

(1) 教师有效引导培养学生自主学习

【案例分析 4】

在"重力"这堂课中,为了让学生探究重力与哪些因素有关,教师鼓励学生自主猜想、设计实验、分小组完成实验。在教师的巡回点拨和适当指导下,学生得出重力与质量有关,与物体形状、物体所处的高度、物质种类、物体体积都无关。整个环节,都是学生自主学习、自主探究得出实验结论,学生的高阶思维得到有效的提升。

(2) 微课小视频翻转课堂有助于学生自主学习

【案例分析 5】

教师制作的微课小视频"重力作图",详细地描述了重力作图的步骤和注意事项,通过翻转课堂的方式,提高了学生在课堂和课后的学习的兴趣,有助于培养学生的自主学习能力和良好的学习习惯。

(3) 引导学生类比建模培养学生高阶思维模式

【案例分析 6】

在课堂中,学习 g 的物理意义时,教师将 g 的物理意义类比速度 v 的物理意义。例如:小车的速度 $v=9.8$ 米/秒的物理意义是:小车在一秒内通过的路程是 9.8 米。类比速度的物理意义,$g=9.8$ 牛/千克的物理意义是什么呢?学生能立刻理解并说出:质量一千克的物体在地球上受到的重力为 9.8 牛。通过类比的科学建模方式提高学生的思维活跃度,培养了学生勤于思考的学习能力。

4. 在探究实验中培养学生的质疑和评价能力促进高阶思维

实验是物理学的基础,也是培养学生科学素养的基础,实验的关键在于引导学生在动手中学习物理。在动手实验中思考,思考中动手实验,做到动手实验与思考相结合,充分利用实验现象来引导学生思考,这样既能起到深化物理知识的作用,又能培养学生利用实验来探究和解决物理问题的能力。

【案例分析 7】

在探究重力与哪些因素有关的实验中,教师提问:"我们学习了重力之后,同学们猜测重力可能与哪些因素有关呢?”通过学生们的分组讨论大家提出了多种猜测,例如:重力是否与物体形状有关?重力是否与物体所处的高度有关?重力是否与物质种类有关?重力是否与物体质量有关?重力是否与物体体积有关?等等。在提出问题之后,教师可以引导学生分组设计实验。

1. 第一组学生探究重力是否与物体的形状有关?

学生通过控制变量法设计:测量同一块橡皮泥的重力,改变橡皮泥的形状,多组实验多次测量。

	圆形重力(牛)	正方形重力(牛)	三角形重力(牛)
橡皮泥 1(50 克)	0.5	0.5	0.5
橡皮泥 2(100 克)	1	1	1
橡皮泥 3(150 克)	1.5	1.5	1.5

学生分析实验数据交流归纳得出结论:重力与物体的形状无关。

2. 第二组学生探究重力是否与物体所处的高度有关?

学生通过控制变量法设计:测量同一钩码的重力,改变物体所处的高度,多组实验多次测量。

	0.1 米高度重力(牛)	0.5 米高度重力(牛)	1 米高度重力(牛)
50 克钩码	0.5	0.5	0.5
100 克钩码	1	1	1
150 克钩码	1.5	1.5	1.5

学生分析实验数据交流归纳得出结论:重力与物体所处的高度无关。

3. 第三组学生探究重力是否与物质种类有关?

学生通过控制变量法设计:测量相同质量不同谷物的重力,多组实验多次测量。

	50 克谷物重力(牛)	100 克谷物重力(牛)	150 克谷物重力(牛)
大米	0.5	1	1.5
绿豆	0.5	1	1.5
黄豆	0.5	1	1.5

学生分析实验数据交流归纳得出结论：重力与物质的种类无关。

4. 第四组学生探究重力是否与物体质量有关？

在设计实验的过程中，学生们提出了不同种类的实验方案，并进行了相互评价：

方案一：有的学生提出自己设计的实验方案，测量不同质量的钩码可以得出实验结论。

方案二：有的学生提出，如果只测量一种物质的重力，实验形式太过于单一，没有较强的说服力。可以设计一个表格，多选择几种物质，测量它们相同质量和不同质量的重力，这样既可以得出重力与物体质量的关系，也可以观察分析得出重力与物质种类的关系。

通过学生们的讨论，大家一致觉得第二种实验方法更好。

学生通过控制变量法设计：

	50克重力(牛)	100克重力(牛)	150克重力(牛)
钩码	0.5	1	1.5
铜块	0.5	1	1.5
铁块	0.5	1	1.5

学生分析实验数据交流归纳得出结论：重力与物质的种类无关。

重力与质量成正比。

为了让学生探究重力与哪些因素有关，教师鼓励学生自主探究、设计实验、分小组完成实验。小组成员团结协作，相互质疑，相互纠错，相互补充，教师指导点拨，最终设计出一套完整的可以实施的实验方案。学生根据实验方案进行实验、观察、记录数据、交流分析归纳得出实验结论。在交流环节，学生积极分享实验中遇到的问题和解决方法，互相取长补短。在最后一个探究重力与质量和物质种类的环节中，学生通过相互评价实验方案，优化完善了实验环节，将两个小实验设计成一个巧妙并且一目了然的实验方案。学生从实验的评估反思中汲取了经验，有利于学生养成研究的科学态度和勇于探究知识的进取精神以及提高学生批判性的思维模式。

【案例分析8】

在探究滑动摩擦力与哪些因素有关的实验中，通过教师的引导，学生分组设计了探究实验的方案：

1. 第一组学生探究滑动摩擦力是否与物体接触面的粗糙程度有关。

学生通过控制变量法设计：测量同一木块，保持物体受到的压力相同，改变物体接触面的粗糙程度，多组实验多次测量。

	玻璃上滑动时受到的摩擦力(牛)	木板上滑动时受到的摩擦力(牛)	砂皮上滑动时受到的摩擦力(牛)
木块 1(50 克)	0.9	1.2	2.5
木块 2(100 克)	1.2	1.6	3.1
木块 3(150 克)	1.5	1.9	3.8

学生分析实验数据交流归纳得出结论：物体受到的滑动摩擦力与接触面的粗糙程度有关，接触面越粗糙，滑动摩擦力越大。

与此同时，在教师的引导下，有学生会提出质疑：在实验过程中，由于大小不同的木块都参与了实验，物体的受力面积大小是否也会影响滑动摩擦力的大小？于是，学生设计了探究滑动摩擦力与物体接触面积是否有关的实验方案。

2. 第二组学生探究滑动摩擦力是否与物体接触面的接触面积有关。

学生通过控制变量法设计：测量同一木块，保持物体受到的压力相同，改变物体接触面的面积大小，多组实验多次测量。

	木板横放受到的摩擦力(牛)	木板侧放受到的摩擦力(牛)	木板竖放受到的摩擦力(牛)
木块 1(50 克)	1.2	1.2	1.2
木块 2(100 克)	1.6	1.6	1.6
木块 3(150 克)	1.9	1.9	1.9

学生分析实验数据交流归纳得出结论：物体受到的滑动摩擦力与接触面的受力面积大小无关。

3. 第三组学生探究滑动摩擦力是否与物体受到的压力有关？

学生通过控制变量法设计：测量同一木块，保持接触面粗糙程度相同，改变物体受到的压力大小，多组实验多次测量。

	玻璃上滑动时受到的摩擦力(牛)	木板上滑动时受到的摩擦力(牛)	砂皮上滑动时受到的摩擦力(牛)
木块1(加50克砝码)	1.3	1.7	3.1
木块1(加100克砝码)	1.5	1.9	3.7
木块1(加150克砝码)	1.8	2.3	4.6

学生分析实验数据交流归纳得出结论：物体受到的滑动摩擦力与物体受到压力有关，压力越大，滑动摩擦力越大。

学生在设计实验方案的过程中，教师可以抓住问题，及时引导求异思维，组织学生讨论辨析。

学生在讨论中如果发现实验方案和探究内容并不完善，有缺陷或者不足，学生能及时指出评价并重新设计修改，这样的思维既包含了生成性思维，又体现了批判性思维，培养了学生的高阶思维能力。

学生通过相互讨论，实验的研究方案越来越清晰。学生通过遇到问题，提出假设，经过分析、推理、设计实验方案，批判性地思考和解决问题，实现了从原有思维基础上的思维升华，完成了高阶思维的培养。

五、课题研究的成果

(一) 学生探究实验过程中探究情绪和实验思维能力的提高

在探究实验期间培养学生的高阶思维能力的过程中，由于教师的引导和激发，学生探究实验的积极性得到了很大的提升。与以往教师手把手的教学生，学生被动学习知识形成了鲜明的对比。在设计实验时，学生思维活跃，热情高涨，师生间和生生间的讨论非常激烈，充满了辩证和批判思维，培养了学生的实验能力和高阶思维，提升了学生的创新能力、决策力和批判思维能力。为将来物理的学习奠定了良好的基础。

(二) 进一步认识了探究实验培养学生高阶思维的意义

课题研究中，通过对高阶思维的基本认识，尤其是高阶思维在物理学发展中的重要作用，使我进一步明确了学生在物理学习中高阶思维能力培养的意义，提高了我将来在教学中对高阶思维关注的主动性和广泛性。

虽然初中物理对于学生高阶思维的培养由于学生年龄和能力的影响有一定的局限性，但是随着高阶思维模式习惯的养成，为学生的终身学习和发展打下了良好的基础，使学生一生受用。

（三）提炼总结了探究实验教学过程中培养学生高阶思维的教学策略

课题研究的实践，提炼了培养学生高阶思维能力的教学策略。通过使用信息技术——将抽象思维形象化；使用数形结合——将发散思维直观化；利用实验评价——将思维辨析显性化；利用经典借鉴——将思维推理深刻化。

六、课题研究的反思

（一）教学实践中，缺乏对学生实验探究能力思维层面的有效评价

在研究者的班级中，教师有意识在探究性实验教学中培养学生的高阶思维能力，但是对学生高阶思维能力水平的评价需要进一步研究。对学生思维能力水平的评价，是本课题尚未解决的问题之一。学生评价是课程改革和实践中的难点，也是推进课程改革的重要手段。目前，初中生的物理实验探究能力的评定缺乏有效的评价体系、具体的评价标准，教师不能准确地评价这种能力。而对思维水平的评价本身是一个极为复杂的问题。但是，教师不能准确评价这种能力，得不到真实可靠的评价结果，就不能设计出有效的教学措施进行培养。目前有问卷形式、物理试卷考查形式等方法来反映学生的思维水平。在本课题研究中，将继续设计优化评价量表，以考查学生高阶思维能力情况。

（二）高阶思维能力的培养需要教师更深刻的认识和理解

思维能力的提升是教学中一个重要任务。但是，高阶思维的内容包括什么，学生认知阶段教师应该关注什么，怎样在学生的学习阶段发展他们的创新意识和思维，怎样让更多的教师能够意识到这些问题，并通过结合本学科的学习特点，培养学生的高阶思维能力，这些都是本研究需要进一步研究和解决的问题。

参考文献：

[1] 教育部.普通高中物理学科课程标准(2017 年版).
[2] 杜裕泽.从验证性实验到探究性实验.中学课程辅导，2019(20).
[3] 蒋志龙.浅谈初中物理探究性实验教学.数理化学习，2012(4).
[4] 孙富禹，陈海英.初中物理探究性实验教学的研究.教育科学：全文版，2016(8).

七、探究性物理实验教学培养学生高阶思维的实践研究

子课题研究报告七

探究性物理实验教学培养学生高阶思维的实践研究

（上海市华东模范中学　陈锦涛；上海市彭浦第三中学　俞菁）

一、课题的研究背景及意义

《中学物理学科教学基本要求》在“核心能力矩阵”中目前指出：“科学探究是学生的学习目标，也是学生重要的学习方式。科学探究能力是科学素养的重要组成部分，也是学生通过物理课程学习应具备的核心能力。”[1]

传统的学生实验很多是在结论已经知道的情况下进行实验验证，属于验证性物理实验，更多强调对实验基本技能的培养。而探究性实验是学生在教师指导下，从自然生活、生活现象和实验观察中发现与物理有关的问题，作出假设、制定计划、搜集证据、解释问题和表达交流，并在研究过程中主动地获取知识、应用知识、解决问题，培养实验探究能力的一种教学活动。在实际的教学活动中，由于考虑到学生能力互助、学生时间紧张或者实验器材数量的限制，也为了更好地培养学生的探究能力和合作交流能力，更多的是采用合作探究性物理实验。在这个探究实验教学过程中，主动掌握知识、熟悉研究方法与思维的发展融合在一起，体现了较高认知水平层次上的心智活动，达到了对科学思维方法的训练，培养了学生主动探究、独立思考、开拓创新的意识，培养了学生的高阶思维——分析（Analysis）、评价（Evaluation）与创造（Creation）的能力。

高阶思维超越简单的记忆和信息检索，表现为一种以高层次认知水平为主的综合性能力，强调学生系列能力的发展，其中包括批判性的评价信息、自主学习、解决问题、创造性思维、批判性思维、信息素养及协作等能力，不同于低阶思维中的知道（Knowledge）、理解（Comprehension）、应用（Application）。[2]

目前教学中对于高阶思维能力培养重视程度不够，大多数物理教师都将重点放在学生学习成绩的提升上，专注于知识内容的讲解，忽视了学生思维能力的培养，同时对学生高阶能力提升也缺少正确认识。另外，也缺乏有效的教学模式，传统的教学实质并没有发生转变，有效思考的问题设置不多，限制了学生在学习过程中反思、批判等思维活动，严重影响了学生在物理教学中的高阶思维能力发展。从目前的社会

需求来看，物理人才除了要掌握较扎实的基础知识外，还要具有较强的物理知识实践能力，包括分析问题能力、解决问题能力和创新能力等等，这就需要物理教师改变目前教学中的不足，积极尝试发展学生的高阶思维能力。[3]

因此，教师可以根据探究物理实验的特点，制订高阶思维能力培养的目标，有意识地培养学生的高阶思维能力，从而使得物理成为培养学生思维能力的主要学科之一。

二、研究的目标与内容

课题研究的目标：根据科学探究的六个要素渗透在整套教材和全程教学中的特点，通过初、高中的探究性物理实验教学实践的探索，提炼和总结培养学生的高阶思维的教学对策与方法。

课题研究的内容：

（一）在物理探究性实验的各要素中培养学生高阶思维

1. 探究性实验的要素一："提出问题"
2. 探究性实验的要素二："作出假设"
3. 探究性实验的要素三："制定计划"
4. 探究性实验的要素四："搜集证据"
5. 探究性实验的要素五："解释问题"
6. 探究性实验的要素六："表达交流"

（二）探究性物理实验教学培养高阶思维的分析

1. 物理探究性实验对学生"自主学习能力"的培养
2. 探究性实验的要素二："作出假设"
3. 物理探究性实验对学生"批判性思维"的培养

三、课题关键词解释

科学探究六个要素：提出问题、作出假设、制定计划、搜集证据、解释问题、表达交流。在学生的某个科学探究活动中，可涉及所有的要素，也可以只涉及部分要素。

四、课题研究的实践

（一）在物理探究性实验的各要素中培养学生高阶思维

1. 探究性实验的要素一："提出问题"

教师通过语言引导、情景展示或情境创设等方式使学生能从教师提供的日常生活信息、自然现象或观察中，发现值得探究且与物理学相关的问题。鼓励学生从实际生活和日常学习中发现物理知识，结合个人兴趣对探究方向进行选择，或与同伴进行交流，规范、明确地表达问题，最终确定探究方向。

例如：在八年级实验探究“同一直线上二力合成的规律”的教学过程中，初二学生刚开始接触物理，动手能力不强，实验探究能力较弱，本实验尝试采用启发引导的方法，引导学生提出问题，从而完成实验猜想。图 6－7－1 是放在水平桌面上的一根弹簧，图 6－7－2 和图 6－7－3 中是分别用一个力和用两个力将这根弹簧从原长拉长到 O 点，把下面细线遮住，猜一猜图 6－7－2 和图 6－7－3 哪个图是用一个力拉，哪个图是两个力拉得到的？

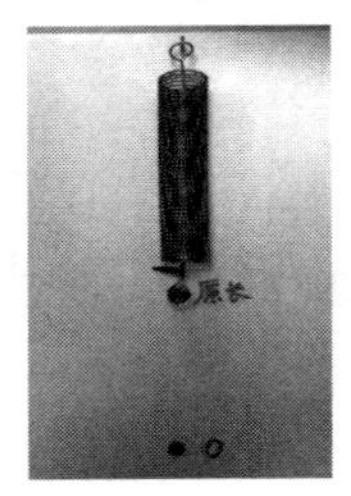

图 6－7－1

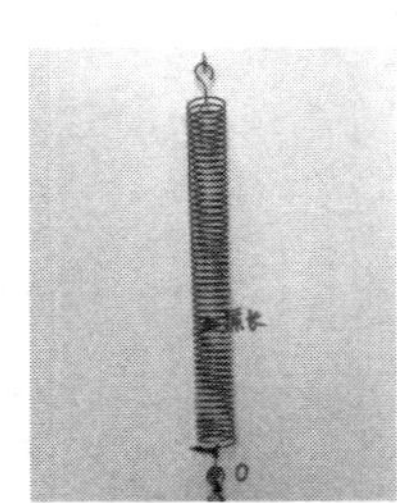
图 6－7－2

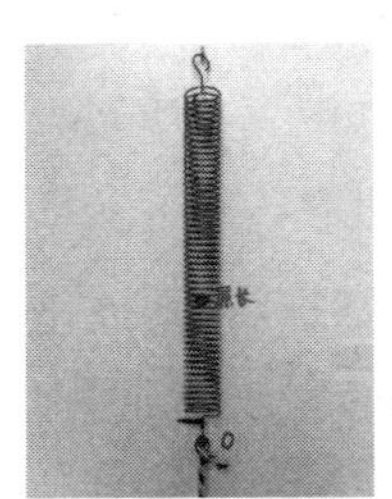
图 6－7－3

（通过一个力的作用效果与两个力的作用效果相同，提出“合力和分力”的概念和“等效替代”的物理思想方法，引入新课，紧扣主题。）

注重调动学生的积极性，从“猜一猜”开始引入，创建物理情境、渲染气氛，既唤起学生浓厚的学习兴趣，又能促使他们的思维活动。教师自己制作实验视频，在课堂教学中合理借助于多媒体技术，引领学生进入直观、形象的场景，使学生犹如身临其境，体会了等效替代的物理思想，建立了合力与分力的概念。还让学生举出生活中的两个事例：两个小孩提着一桶水，也可以一个大人提着这桶水；早晨上学的时候可以一个手提着这个书包，也可以用两个力背着这个书包，这两个生活事例完全贴近学生生活情境，从而提出问题：同一方向两个分力与合力在大小、方向上有什么关系？通过此活动使物理教学过程变成学生积极参与的活动过程，锻炼和培养了学生的概括能力、探讨研究问题的能力，使学生的高阶思维得到发展，这一部分也为后续实验猜想与实验操作做铺垫。

“提出问题”这一要素培养学生高阶思维的能力的关系：这个过程可以培养学生的高阶思维中分析能力、信息整合能力和协作能力。

2. 探究性实验的要素二:"作出假设"

学生应根据个人的生活经验或学习认知对问题的可能答案提出猜想和假设。或通过合作学习的方式,或个人自主对已有的猜想和假设进行梳理,并且结合猜想与问题作出预测。

例如:还是接着上面"探究同一直线上二力合成的规律"的教学为例:在完成"提出问题"后,引导学生回顾了学生熟悉的"曹冲称象"故事,"曹冲称象"这个故事作用有三点,首先熟悉了等效替代的科学思想方法,其次为后续探究实验猜想提供了依据,也为后续实验设计保证力的效果相同,需要标记点 O 作了铺垫。这些生活中的例子,结合信息技术使用,使物理课堂更加直观,化深奥为通俗,化抽象为具体,化枯燥为生动,为提出猜想与假设提供了依据。

还例如在高中物理"探究静电力与哪些因素有关"这个实验时,在猜想与假设环节,学生很容易想到与静电力的大小与带电体的电量有关,与带电体之间的距离有关,但是引导学生进一步思考与带电体自身的大小及形状有关,与带电体所处的空间物质即介质有关就是一个难点。可以给予形状、大小不同的带电体或者处于不同的介质中(两个电荷中间有介质,比如水或者一堵墙,让学生通过实验体会是否两个电荷之间的力的作用有影响)……然后建立理想模型,完成实验方案。还有在探究向心力大小与各相关因素的关系时,让学生根据生活体验和用一个细线拉着一个小球转动这个小实验,猜想影响向心力大小的相关因素,引导学生可以用一根细绳拉着不同质量的小球进行体验,作出有依据的猜想,猜想出向心力大小与做圆周运动物体的质量 m 大小,与圆周运动的半径大小,与圆周运动的快慢(线速度 v、角速度 ω)有关。

"作出假设"与培养学生高阶思维的能力的关系:在教学过程中,教师应引导学生发挥多维度的发散性思维对问题进行猜想,并在学生梳理猜想的过程中提醒学生审视不同假设之间的关系,用高阶思维中的批判性思维规避存在逻辑关系的不同假设。

3. 探究性实验的要素三:"制定计划"

在教师的启发下,学生应能够根据问题与假设用各类方法进行实验方案的设计,能个人自主或小组合作下根据所设计的实验方案选择合适的实验器材、制定严密的实验步骤,并选择合适的方式对搜集的数据进行处理。其中,实验器材的选择要注意精确度的互相适配等问题,实验步骤的制定需要考虑到多次实验对实验结果准确性的影响等问题。

例如在八年级探究平面镜成像的特点的实验中,由于八年级首次经历探究实验,制定实验方案有一定的困难。在根据生活经验让学生猜想平面镜成像的特点后,可以通过两方面引导学生制定实验方案,一是引导思考如何验证像与物的大小相等?实验过程中如何确定像的位置,怎么样把像与物的大小测出来,如何判断是否相等?二是可以通过有限的实验器材引导学生设计实验方案,给学生准备一块平面镜、一块玻璃板、刻度尺、白纸、火柴,以及两个相同的蜡烛和几根不同大小和长度的蜡烛。通过这些材料的引导和设问,小组讨论,引导学生分小组制定出实验方案,他们的自主学习能力和创新能力得到了提升。

“制定计划”与培养学生高阶思维的能力的关系:这些都是对学生高阶思维中自主学习能力和创新能力的培养和提升。教师的指导是以学生个人能力为基础,以培养学生高阶思维为目标进行的教学。

4. 探究性实验的要素四:“搜集证据”

要求学生能根据实验方案正确组装、调试和使用实验器材,根据所设计的实验步骤进行规范的实验操作,并根据所需测量的数据或所需观察的现象设计合理、有效的调查量表。实验操作过程中,若发现实验方案设计不当,及时总结问题所在,进行方案的修改和再设计。

“搜集证据”和培养学生高阶思维的能力关系:整个操作过程中对学生的高阶思维能力——观察能力、解决问题能力、实践能力等各有考查,教师也要注重对学生能力的观察和引导。

5. 探究性实验的要素五:“解释问题”

学生应能够对实验现象和测量数据进行处理,并思考和整理数据间的关系,以此对问题的猜想做出判断,让学生通过分析、比较、归纳、概括等思维方式给出最终的探究结果。另外,对方案的设计和实验的操作做出评估或改进的设想。教师应引导学生收拢思维，排除非关联因素，聚焦问题的核心。

例如在八年级探究凸透镜成像的规律的实验中，既需要学生分析物距与像距的数据，又需要学生归纳成像的正倒立、大小和实虚情况等，对于学生处理实验数据和实验现象的能力有较高的要求。在学生归纳分析的过程中，对于成像情况的分类较容易完成，主要的难点在于物距和像距的数据分析及与焦距的比较。教师需要帮助学生寻找合适的处理数据的方法。其一，可以引导学生设计实验数据表格，将物距以增序罗列，进一步分析成像情况相同的数据中物距、像距与焦距之间的关系。其二，可以引导学生建立数轴，将成像情况相同的数据的物距和像距分别标注在数轴上，并在数轴上标出一倍焦距和二倍焦距，便于学生分析归纳物距、像距与焦距的关系。

完成物距、像距数据的处理和成像情况的归纳之后，请学生总结凸透镜成像的规律，并评价两种数据处理的方法。

“解释问题”与培养学生高阶思维的能力的关系：在这一阶段培养了学生高阶思维中的分析和评价能力。

6. 探究性实验的要素六：“表达交流”

学生无论是个人自主完成探究实验还是以小组合作的形式完成探究实验，在探究过程中，教师与学生或是学生与学生之间的表达、协商、分工和合作等方面都要求学生能够叙述清晰、语言规范，能够倾听他人的想法、提出个人的见解，并最终将探究结果整理成文。教师需在探究过程中时刻注意学生的文字措辞和语言组织，要鼓励学生敢于表达自己的思想，学生自由表达思想，同时强调学生的表达要用词规范、语句完整，另外教师也要分析到学生没能领会到的深层次的问题。

例如在九年级物理“探究导体中电流与电压的关系”的实验是初中电学中重要的探究实验，重点突出的要素是“处理数据”、“表达与交流”。学生在分组实验，收集、记录实验数据的基础上绘制 $U-I$ 图象，寻找通过导体中的电流与两端的电压的关系，然后全班各小组交流上述实验获得的数据和图象，学生在同一个 $U-I$ 坐标系中画出不同小组(三个小组以上)所做的不同导体的 $U-I$ 图象，鼓励学生组内进行交流，说出各图线的相同之处和不同之处，讨论它们的意义，然后派出小组代表进行全班交流，各组互相补充，在学生自由表达交流中不断补充完善，总结得出正确结论。

“表达交流”与培养学生高阶思维的能力的关系：在这一过程中，培养学生高阶思维中的表达能力和协作能力。

(二) 探究性物理实验教学培养高阶思维的分析

物理探究性实验的六个要素中，每一个要素都可以培养学生的高阶思维。完整包含六要素的物理探究性实验可以从整体的角度培养和考查学生高阶思维的水平。

1. 物理探究性实验对学生“自主学习能力”的培养

“自主学习”是以学生为学习主体的现代化学习方式。在物理探究性实验中，学生可通过多种方式和手段实现自我能力的提升。

在“作出假设”阶段，学生要针对提出的问题作出有根据的合理猜想，若学生的实际经验不足以完成全面的、合理的猜想，学生可以通过小组讨论、检索信息、阅读资料、交流讨论等方式完善自己对问题的初步认识，从而针对问题进一步作出合理的假设。

在“表达交流”这一要素中，设计探究实验方案，是物理探究性实验的重要环节，能够让学生自由发表自己的观点，通过自己的努力寻找相关的证据，在组内形成可靠的实验方案；另外探究实验对学生最高的要求之一是能自主完成探究报告。报告的格式、分层、形式等内容都需要学生自己思考、制定、修改和再制定、再修改，撰写报告的过程就是促使学生自主学习、独立判断的过程。

另外，在探究性实验的“搜集证据”过程中，教师也可以培养学生自主选择信息渠道，较为全面地搜集相关资料。

2. 物理探究性实验对学生“解决问题能力”的培养

“解决问题能力”是学生能够借助个人经验和已有知识，在理解、分析的基础上发现和界定问题，并提出解决方案。

物理探究性实验的实验操作过程中，常常会发生一些实验方案设计过程中预测不到的现实问题，发现、界定并解决这些问题就是在培养学生的解决问题能力。例如，在探究性的电学实验中，当电路发生故障，就需要学生根据电路中的现象和所测量的数据进行现象分析和故障判断，最终解决电路故障。

在实验的交流和合作过程中，也常常会遇到对方理解不正确或小组内成员间意见不合的问题，面对人际交往中的问题，也需要学生根据当下情境分析问题产生的原因，并思考解决矛盾的方法。

探究性实验的各个环节都有可能出现问题，面对问题的出现，教师可以引导学生，学生也可以自主思考解决问题。既培养了学生解决问题的能力，也避免同类型问题的再次发生。

探究性实验的习题也能解决问题的培养，也是提高学生高阶思维的教育契机之一。教师在讲解习题时注意问题难度的铺设、注重问题逻辑的连接、倾听学生回答的表达，尽可能给学生更多的思考空间和表达机会，并且教师要及时作出合理、有效的回应。

下面以一道初三的探究实验习题为例：

案例：如图 6－7－4 所示(a)、(b)、(c)是某同学用同一个实验装置做“探究动能大小与哪些因素有关”的实验。(实心铜球、钢球的体积相同，$h_1 > h_2 > h_3$)

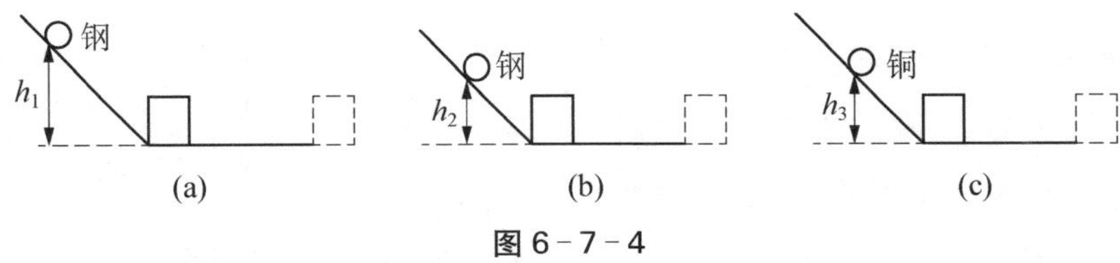

图 6－7－4

(A) 要研究动能与质量的关系，我们应选择________两图比较。

(B) 要研究动能与速度的关系，我们应选择________两图比较。

讲解：

教师：请同学们来说一说这类实验题的解题方法、分析思路。

学生：先划关键句，确定“研究对象”，再找变化量，判断它对研究对象的影响，或者公式推导，以此确定“影响因素”。

教师：同学们，目前我们对于探究性实验题有了基本的解题方法和思路，那么探究性实验的学习大致上分成几个板块呢？

学生：实验包括“实验名称”、“实验目的”、“实验器材”、“实验步骤”、“数据表格”和“实验结论”，有些实验还有“实验原理”。

教师：回答得很好。

我们每次做学生实验都要完成这几大板块的学习。而探究性实验的考查落实到试题上，主要的考查内容可以归类为“理解实验过程”、“分析实验证据”和“总结实验结论”三个方面，而其中“理解实验过程”在难度上可以升级为请同学们在“理解”的基础上辅助题干完成“设计实验方案”。

刚刚同学们说了说探究性实验题的解题方法，总结得很好，通过这个基本方法能够把这道题答出来，但是，同学们真的理解这个实验的整个过程和所有的学习板块吗？

学生：理解啦！

教师：那么哪位同学能说一说这个实验的实验器材？

同学们都安静了，几秒钟之后，有一只手举了起来。

学生甲：老师我来说。我觉得根据图片里展示的，需要小球、平面、方块和刻度尺。

教师：（将学生回答的器材写在黑板上）什么样的小球？几个？

学生：物质种类不同的小球，两个。

教师：同学们同意吗？

学生：老师，我不同意。我认为“物质种类”不会影响“动能”。

学生：应该是体积相同而物质种类不同的小球。

学生：哦！只要“质量”不同就可以了，可以直接选择质量不同的小球，或者体积相同物质种类不同的小球也可以。

教师：这两种不同的方案有什么区别呢？

学生：实验器材的选择是为了改变物体的“质量”，只要能体现“质量”的不同就可以，至于具体如何体现“质量”不同，选择不同的方式就搭配不同的实验器材，以不同的方式来体现“质量”这一变量，也就形成不同的实验方案了。

教师：哦，原来如此。同学们同意吗？

学生：老师，我同意。

教师：那么一定要是球体吗？

学生们陷入了思考。

教师：其他同学也来说一说，这道题一定要用球体吗？

同学们七嘴八舌讨论开了，这个问题他们从未思考过，到了期末阶段，这道题对他们而言已经从曾经的理解型题目变为了背诵型题目，学生们往往看到题面就能背出相对应的结论、解出正确答案。找出“研究对象”和“影响因素”对学生们而言没有难度，而题目问题之外的环节他们并未思考过。

最终还是原先那位同学举手继续回答：老师，我觉得用其他形状的物体也可以，但是效果没有球体好，其他形状的物体从斜面滑下来的过程中可能会卡住什么的，观察起来不太方便，会对实验结果有影响。

教师：什么叫卡住？

学生：就是滑下来的时候可能不太顺或者什么的。

教师：其他同学听懂了吗？

其余同学坐着，一言不发，可能不知道答案，也可能有想法，但是不知道如何表达。

教师：同学们，那我来说一说，你们看看是否同意？

刚刚同学说“其他形状的物体从斜面滑下来的过程中可能会卡住什么的”，老师的理解是如果是其他形状的物体，从斜面上滑下来的过程中和斜面之间一定会有滑动摩擦力。是这个意思吗？

刚刚回答问题的学生立刻说：是的！我就是这个意思。

教师：其他同学同意这种说法吗？那么球体相比其他形状物体的优势在哪里呢？

另一位学生：小球和斜面之间是滚动摩擦力，相同条件下，滚动摩擦比滑动摩擦小得多！

教师：说得很好！这道题中实验器材的选择还涉及到了我们上一章节的摩擦力的知识。所以总结一下，实验器材需要的是“两个质量相同的小球”。（同时在板书上将“两个质量相同的”这几个字补充在原有的“小球”前面。）

回忆我们曾经学习“探究平面镜成像的特点”实验中，实验器材有“两支相同的蜡烛”，既说明了实验器材的数量，又说明了器材的特点。

……

教师：这节课，我们通过讨论“实验器材”来完善我们对实验过程的理解。同学们的交流和分享也得到了修正和补充。希望同学们对“理解实验过程”能有更精确的解读，对探究性实验的要素有更深刻的理解。

（1）案例总结

在讲解一开始教师就请学生总结解题方法和分析思路，在学生已经掌握的基础之上，进而要求学生理解实验过程、完善实验板块，并说明理由。在前几章节学习和本章节新课教学的基础上，学生已经理解学习内容，掌握同类型题目的解题方法，所以在此次练习阶段，教师的目标在“巩固学习内容”的基础上要向“培养学生能力”的方向发展。请学生设计实验器材，在学生以为会解题的基础上提出疑问，不仅可以拓展学生们的思维，更可以考查学生对实验过程的理解、对实际问题的分析、对各章节内容的融合、语言的组织和表达等各方面的高阶思维能力。

(2) 本案例对学生高阶思维的培养

本案例是以提高学生高阶思维为前提设计的，其中提问的角度和问题的铺设大都为提高学生的高阶思维。

在教学中，教师请学生思考并选择实验器材。同学们通过思考、表达、分析、比较得出大家都认可的实验器材，并归纳选择器材的原则，同时，让学生们反思自己的答案并评价他人的答案，目标是培养学生解决实际问题的能力、分析能力、评价能力和表达能力等。将“动能”的知识点与“摩擦力”的知识点相结合，并与“平面镜成像的特点”的内容作类比，让学生知识的迁移能力、融合能力得到启发，也让学生思维的发散性、严密性得到发展。

作为一个探究性实验的习题讲解教学，还原了部分探究性实验的过程，巩固了探究性实验的要素，变换方式培养学生的高阶思维。

3. 物理探究性实验对学生“批判性思维”的培养

思维的每一部分都应该经得起质疑、批判和证实。批判性思维就是通过一定的标准评价思维，进而改善思维。

教师如果坚持给予学生准确的知识或是对教学过程严格一致，这种情况下很难培养学生的批判性思维。而在设计探究实验方案环节，教师可在学生设计探究方案的基础上，通过展示探究方案，鼓励学生互相评价，引导学生提出质疑，不断完善探究方案，从而培养学生的批判性思维。

在物理探究性实验的“制定计划”过程中，要求学生依据问题与假设制定研究方案。一个合格的研究方案的形成不免要经过推翻或修改，一个合格的研究方案成型之后必须通过合理、恰当的评价。学生还可以从不同的角度制定出不同的研究方案，方案与方案之间的优劣也必须通过合理、恰当的选择。整个推翻、修改、评价和选择的过程正是教师培养学生批判性思维的过程。

例如，在八年级上学期的探究性实验教学中，教师会多次提到多次实验的重要性及其目的。该学期后期讲解牛顿第一定律时，教师演示实验的过程中，从亚里士多德到伽利略再到牛顿的观点，教育学生要具有批判精神，要相信客观事实，而非一家之辞。到八年级下学期学习探究杠杆平衡的条件实验中，实验要求学生将杠杆调节到水平平衡状态，而经过多次实验，最终的结论是“当杠杆平衡时，动力乘以动力臂等于阻力乘以阻力臂”。有学生提出:“老师,我们没有做过杠杆绕支点匀速转动状态下的实验,实验结论只能得到当杠杆水平平衡时,动力乘以动力臂等于阻力乘以阻力臂。”学生的想法没有错,教师应肯定他的批判精神和批判性思维,再对知识点进行详细的解释和答疑。

学生的批判性思维是需要教师引导和鼓励的,在学生提出质疑时,教师也要注意学生的质疑依据和评判标准是否客观有理。

4. 物理探究性实验对学生“迁移能力”的培养

学习是一个连续的过程,在这一过程中,旧知识是学生学习新知识的基础,对学生学习新知识的顺序、方法和结构等方面产生影响,而新知识的习得也会对学生旧知识的经验、技能和策略等加以巩固或改进。这种新旧学习之间相互影响的强弱程度就是学生的迁移能力的高低。

探究性实验的过程有一定的相似性,实验数据可以用相同的方法进行处理,实验结论可以用相似的逻辑顺序进行归纳等。探究性实验名称和目的是新的,但是实验方案的设计思路、数据表格的设计要点、实验数据的处理方法和实验结论的总结规范可以是相同的,是可以借鉴旧知识进行知识迁移的。学生的迁移能力需要教师的引导和训练。

例如,在八年级上的中期学习 $s-t$ 图象时,教师分析讲解图象坐标系的建立以及由点的分布到直线的形成过程,并最终可得做匀速直线运动的物体,其纵坐标路程与横坐标时间是成正比的。

到八年级上的后期学习探究物体重力与质量的关系实验中,学生在处理重力和质量的数据时,教师可以引导类比 $s-t$ 图象中所学的知识,辅导学生建立 $G-m$ 坐标系对重力和质量两个物理量进行分析。将所收集到的重力与质量的数据以点的形式表现在坐标系中,观察点的分布从而得出 $G-m$ 图象,分析图象进一步归纳物体重力与质量的关系。而这一方法,在九年级探究导体中电流与电压的关系中也可以使用。

经过教师多次的类比和引导,帮助学生建立一定的学习策略,培养学生在学习新知识主动思考其与原有知识的相关性,从而增强学生的迁移能力。

四、课题研究的成果

(一) 学生培养自身高阶思维能力意识的产生和提升

通过本课题的研究,我们在平时教学过程中会向提高学生高阶思维能力倾斜,让学生意识到高阶思维的存在和提高自身高阶思维能力的重要性。相比于原先老师教、学生学的基本教学过程，现在学生们除了学习知识，也更有意识在学习知识的同时提高自身高阶思维的能力，知道学习学科基本知识和培养自身高阶思维能力的差异性和统一性，促使学生想要进一步提高自身高阶思维的能力。

（二）学生高阶思维能力的提升

通过本课题对学生在探究性实验的高阶思维能力有意识培养和训练，发现学生在探究六要素的各方各面都有所提高，对于探究性实验的流程更熟悉、完成更规范。在实验过程中，通过学生回答、小组合作情况反映了学生表达能力的显著提高，实验完成过程中也体现出学生的解决问题能力、批判性思维和迁移能力有显著提高，实验前的资料搜集、新物理问题的提出中也可看出学生自主学习能力的提高。

（三）在探究性实验中培养学生高阶思维能力的方法总结

在本课题的研究过程中，我们梳理了初、高中的探究性实验，包括学生实验和教师演示实验，对于在探究性实验课中提高学生自主学习能力、解决问题能力、批判性思维和迁移能力有方法上的总结和提炼。对于今后在其他课型中进一步提高学生高阶思维能力有很大的指导作用。

五、课题研究的思考

（一）结合物理各类课型进一步研究

本研究仅限于在探究性实验中培养学生的高阶思维能力，但是物理学科其他类型的实验和除实验课外的其他课型中也都渗透着高阶思维。在本研究的基础上，教师还可以继续研究其他物理课中对于学生高阶思维能力的培养方法和策略。

（二）结果的显现需要时间

探究性实验中不同高阶思维能力的教育需要合适的契机，初、高中阶段探究性实验很多，但不同的实验有不同的特点，能够培养的高阶思维能力不同。另外，高阶思维能力的培养需要时间，其结果的显现也需要适当的机会。在我们研究阶段，可以看到学生部分能力的提高，但是并不全面，还需要更长的教学时间来验证实践研究的成果。

（三）高阶思维能力的评估有待研究

思维的评价是目前教育的一个问题，高阶思维的评价还不够完善。我们在研究过程中能够发现学生在探究性实验中的成长和变化，学生的分析能力、评价能力和创造能力都有不同程度的提高，但是科学的、准确的评价体系仍不完善，后续有待进一步研究。

参考文献：

[1] 上海市教育委员会教学研究室.上海市高中物理学科教学基本要求(2017年版)[M].上海：华东师范大学教育出版社,2017(01).

[2] 李贵安,邓泓,周详,李文洁,杨文婷.中学物理教学中高阶思维能力的培养探究[J].教育理论研究,2015(36).

[3] 王集峰.物理教学中高阶思维能力培养现状探究[J].高中探索篇·课题荟萃,2020(14).